미래사회와
정부의 역할

미래사회와 정부의 역할

문명재 외

Shaping Government in the Future Society

문우사
MoonWoo

이 저서는 2014년 정부(교육부)의 재원으로 한국연구재단의 지원을 받아 수행된 연구임
(NRF-2014S1A3A2044630)

머리말

미래 정부는 어떤 모습일까? 정부는 과학통신기술의 발전, 사회문화의 변화, 정치적 참여 요구 증가, 그리고 세계화 등의 다양한 환경에 영향을 받는다. 기존의 사회문제는 더 심화되고 공공서비스의 질에 대한 요구도 더 높아질 것이다. 정부는 새로운 행정환경에 끊임없이 적응하고 경쟁력을 유지해나가야 한다.

미래 정부의 모습을 정확하게 예측하는 것은 어려운 일이지만 미래의 행정환경을 가늠해보면서 미래 정부가 어떤 모습을 갖추어야 하는지 살펴볼 수 있다. 정부는 단순히 정부와 시장을 통한 사회적 문제해결을 넘어 정부와 시장의 완충지대인 사회적 부문의 역량을 강화해나가야 한다. 이 책에서는 미래 환경 변화의 도전과 기회, 공공가치의 융합, 협력적 거버넌스, 갈등해결과 통합 그리고 지속 가능한 개발 등의 주요 사회변화를 살펴보고, 인적자원관리, 성과관리, 복지, 국제관계 및 국제개발협력, 재정정책의 분야에서 성공적인 미래 정부의 역할을 제시해본다.

2017년 6월

연세대학교 행정학과 교수

정부 역량과 정부의 질 사업단장/SSK – 국제레짐과 성공적인 정부 연구단장

문 명 재

차 례

제1부

사회 변화와 미래 정부

제1장

뉴노멀 시대의 미래 정부: 도전과 변화

* 문명재(연세대학교 행정학과 교수)

본 장은 2015년에 발간된 『미래 전문가가 말하는 서울의 미래』 중에서 「뉴노멀 시대와 미래 정부: 도전과 기회」를 수정·보완하여 작성되었다.

Shaping Government in the Future Society

I. 서론

미래 정부는 어떤 모습일까? 다른 조직과 마찬가지로 정부도 새로운 행정환경에 끊임없이 적응하고 경쟁력을 유지해나가야 한다. 미래 정부를 정확하게 예측하는 것은 어려운 일이지만 미래의 행정환경을 가늠해보면서 미래 정부가 어떤 모습을 갖추어야 하는지 살펴볼 수 있다.

지난 반세기 동안 한국은 그동안 이룩한 눈부신 경제성장과 민주화의 영광을 채 누리기 전에 양극화의 상처를 해소하는 데 급급했다(문명재, 2011). 1945년 이후 우리나라는 장기적으로 앞을 내다보기보다는 단기적으로 오늘의 문제를 해결하기에 바빴다. 정부는 압축성장으로 인해 미래를 살펴볼 여력이 없었다. 우리는 경제적 성장이 최우선인 정책을 바탕으로 초기에는 경제성장만을 위해 희생하였지만 최근에는 정치적 성장, 그리고 사회적 발전을 이끌면서 각 분야의 평균적 발전이 아닌 순차적 발전을 이룩했다. 이러한 발전은 경제성장 과정에서 민주화운동, 독재정권·군사정권에서 문민정부로의 정권교체, OECD 가입, 올림픽 및 월드컵 등의 메가 이벤트 개최 등을 겪으며 현재의 모습을 갖추었다. 우리에게는 목표는 있었지만 비전은 없었다. 이제야 우리는 다함께 둘러앉아 미래 정부의 모습을 논의할 수 있는 역량과 여유를 갖추었다.

성장의 시대가 막을 내리고 있는 현실에서 미래 행정환경은 소위 뉴노멀new normal 시대와 맞물려 있다. 자원고갈, 경기침체 그리고 빈부격차가 더욱 가시화되면서 미래 행정환경은 더욱 열악해지고 정부는 더욱 많은 난제에 직면할 것으로 보인다. 행정수요는 높아지는데 재정자원은 낮아지면서 정부에 대한 신뢰나 공공서비스에 대한 만족도는 저하되는 삼중고에 직면할 가능성이 높다.

이러한 행정환경 변화에 대하여 정부는 어떻게 대응할 수 있을까? 본 장은 이러한 행정환경의 변화를 진단하고 미래 정부의 모습을 그려보고자 한다.

Ⅱ. 뉴노멀 시대와 행정환경 변화

최근 미국의 PwC Price waterhouse Coopers 컨설팅회사가 발표한 한 보고서는 다가올 행정환경 변화를 몇 가지로 요약하여 전망하고 있다.[1] 이 보고서의 핵심 내용을 한국적 상황을 고려하여 경제, 사회, 정치, 기술적 측면으로 요약하면 뉴노멀 시대, 저출산과 고령화 문제, 무경계borderless 현상과 위험사회, 재정적자와 신뢰적자 그리고 정보통신기술의 진화이다.

1. 경제적 결핍의 뉴노멀 시대

뉴노멀 시대는 국제채권펀드 핌코PIMCO의 최고경영자인 모하메드 엘 에리언Mohamed El-Erian이 『새로운 부의 탄생』(2008)이라는 책에서 처음으로 사용한 것으로 알려져 있다. 뉴노멀 시대는 그동안 경제성장 및 국가발전에 낙관적이었던 과거의 다양한 이론을 비판하면서 선진국이나 꾸준한 성장세를 보여온 후발주자들 모두 금융위기 이후 저성장, 저금리, 저물가, 부채증가 등 다양한 대내외적 요인으로 인해 성장정체의 기점에 직면하게 됨을 예측하고 있다(최현준, 2013). 우리나라의 경우에도 한강의 기적을 이루며 연간 8%의 경이로운 경제성장률을 이루었던 1980년대와 달리 2015년 현재의 한국은 연간 3%에도

1 아래 행정환경 변화와 관련된 부분은 PwC의 보고서에서 제시한 내용을 한국적 상황을 고려하여 부분적으로 반영하였다(PwC, 2015).

채 못 미치는 저성장시대로 돌입하였으며 이러한 현상은 앞으로도 피할 수 없을 것으로 보인다(정현수, 2015). 저성장은 소비와 경제활동 위축으로 이어지고 이로 인한 취업난과 실업문제는 국가적 난제로 만성화될 가능성이 높다.

2. 고령화 · 저출산 문제로 인한 사회적 변화

고령화 및 저출산 문제는 산업인력 감소와 경제성장 둔화의 가장 중요한 원인으로 사회변화의 핵심이다. 우리나라의 경우에 1960년대 2.9%에 불과했던 노인인구 비율이 2000년에 접어들면서 7%로 급증하였고 2015년 현재에는 13%에 육박하는 고령사회로 이미 접어들게 되었다(조재정, 2015). 물론 고령화는 세계적으로 일어나는 범국가적 현상이지만 우리나라의 경우 지속적인 출산율 감소와 맞물려 다른 국가에 비해 진행속도가 월등히 빠르다는 점에서 그 심각성이 크다. 2014년 기준 한국의 출산율은 가임여성 1명당 1.21로 OECD 34개국 중에서도 최하위이다. 고령화와 저출산 문제는 정부가 예측하지 못한 문제가 아님에도 불구하고 정책적 관성policy inertia을 제때에 대비하지 못했다는 점에서 심각성은 더욱 크다(하연희·문명재, 2007). 정부가 예측 가능한 사회변화조차도 대비하지 못한다면 예측이 어려운 사회문제를 해결하는 것을 기대하기 어렵기 때문이다. 이것이 바로 정부가 난제를 해결할 해법을 효과적으로 찾는 지능적 정부로 거듭나야 할 이유이다.

3. 늘어나는 공공서비스에 대한 요구, 그리고 재정적자와 신뢰적자

시민의식이 높아질수록 역량 있는 국민은 정부에게 보다 빠르고 투명한 고품질의 서비스를 요구한다. 동시에 개인의 특정한 상황에 맞는 개별적인 맞춤형 서비스를 요구하게 된다. 그러나 공공서비스의 질적 수준이 아무리 높아진다 해도 국민의 기대를 충족시키기는 여간 어려운 게 아니다. 한편 장기화된 경제불황과 빈부격차의 심화, 다양한 정치적 대립 등으로 인해 국민의 대정부 신뢰는 점차 낮아지고 있다. 최근 OECD에서 발표한 보고서에 따르면 우리나라 국민의 대정부 신뢰도는 10명 중 7명 정도가 정부를 불신한다고 응답하여 OECD 평균에 미치지 못하는 수준인 것으로 나타났다. **그림 1.1**에서 나타나듯이 정부의 효과성과 신뢰도는 정비례하는데 우리나라의 경우는 정부의 효과성에 비하여 신뢰도가 현저하게 낮아서 신뢰적자 국가임을 알 수 있다. 정부신뢰는 정책의 성공에 직결되는 요인으로, 신뢰적자는 정책효과를 저하시킨다.

행정서비스의 요구에 부응하기 위하여 필요한 정부의 재정은 지속적으로 악화되고 있다. 최근 그리스나 스페인 같은 국가들이 재정파탄으로 국가적 위기를 경험하고 있으며 우리나라도 늘어나는 재정적자에 빨간 신호등이 켜진 지 오래다. 범국가적 재정적자는 곧 해당 국가뿐 아니라 주변 국가의 경제성

그림 1.1 OECD 국가별 정부신뢰 및 정부역량 수준

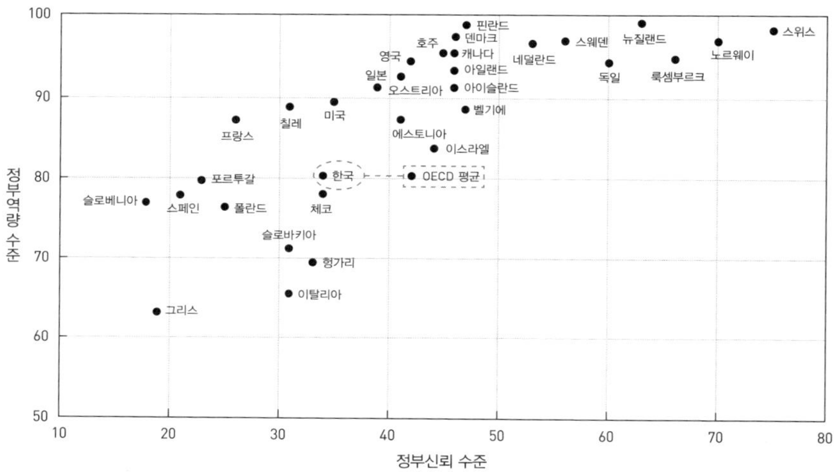

자료: OECD. (2015). *Government at a Glance and World Bank* (2015). World Bank Governance Indicator.

장에도 직접적인 타격을 미치며 이는 곧바로 세계적인 경제공황으로 이어지는 악순환의 시작을 의미한다.

4. 무경계 위험사회Borderless Risk Society 도래와 정보통신기술의 진화

세계화의 심화와 더불어 지속적인 국가 교류의 증대는 국가 및 지역 간 경계의 와해와 더불어 민간과 정부 간의 경계선을 더욱 허물었다. 해외직접투자나 자유무역협정의 확산이 국가 간의 경계를 허무는가 하면 신종플루나 메르스와 같이 다양한 전염병도 국가의 경계를 넘나들고 있다. 한 국가의 경제위기나 테러위기는 단순하게 개별 국가의 문제라기보다는 점차 국제적인 문제로 간주된다. 최근에 실시된 한 국민인식조사에 따르면 응답자는 우리 사회가 5년 전보다 심각한 위험사회로 진입하고 있다고 느끼고 있다(문명재·윤인진, 2015). 특히 에이즈, 조류독감 등 전염병의 창궐이나 지구온난화 등 환경위기와 같이 초국가적인 문제가 에너지 공급의 차질, 북한의 급변사태, 한반도 불안정과 갈등 등과 같은 국내적인 위험요소와 함께 향후 10년 내에 보다 높아질 것으로 인식하고 있다. 특히 전염병을 중요한 사회적 위험으로 보는 인식은 메르스 사태의 영향으로 2010년도 84.5%에서 2015년도에는 92.3%로 늘어났다. 지구온난화 등 환경위기로 인한 위협에 대한 응답도 86.8%에서 95.9%로 크게 증가하였다. **그림 1.2**에서 나타난 다양한 글로벌 위험은 실업문제부터 기후문제까지 미래 정부가 해결해야 할 중요한 정책난제를 잘 보여준다.

한편 무한경쟁시대에 국가 간 경계가 무너지면서 한편으로는 공공부문과 민간부문의 경계도 허물어지고 있다. 삼성과 같은 초국가기업은 특정 산업뿐만 아니라 국가의 경제상황을 좌지우지할 수 있는 주요 행위자로 변모하였다. 과거 정부의 전유물로 여겨졌던 보건이나 복지 영역, 교육 등 실로 다양한 정부역할이 민간으로 이전됨에 따라 정부와 민간은 경쟁자이자 협력자로 역동적인 자리매김을 하게 되었다. 한편 정보통신기술이 하루가 다르게 진화하고

그림 1.2 국가경쟁력에 영향을 미치는 위험요소

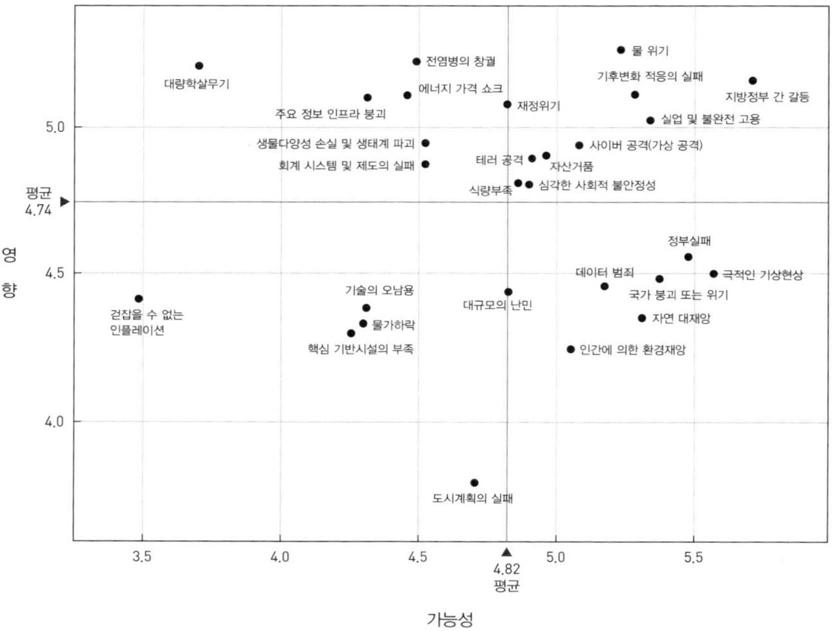

자료: World Economic Forum. (2015). *Global Risks 2015 Report*.

있다는 점에 주목할 필요가 있다. 클라우드 컴퓨팅이나 빅데이터 분석이 점차 보편화되고 있다. 이에 따라 정부도 보다 신속하고 정확하게 그리고 개별적인 서비스 요구에 효과적으로 대응하는 지능적인 정부로 거듭날 수 있는 기술적 토대가 갖추어지고 있다는 점은 긍정적이다. 미래 정부는 시민들이 과연 무엇을 원하는지 가장 중대한 사회문제가 무엇인지를 신속하고 정확하게 파악할 수 있도록 행정서비스의 양적, 질적 향상을 도모하고 '스마트한 정부'로 진화해나가야 한다.

Ⅲ. 미래 정부의 모습

앞서 살펴본 바와 같이 '뉴노멀 시대'의 등장으로 국가경제에서 항상 지향해왔던 '성장'과 '발전'의 패러다임을 더 이상 기대하기 어려우며 정부는 장기적인 저속성장에 대비하고 이에 맞추어 새로운 정부의 모습을 갖추고 정책의 좌표를 설정해야 한다. 미래 정부의 모습을 정부실패와 시장실패를 넘어선 '지속가능형 정부', 크라우드소싱 및 공동생산 등을 통한 '시민 중심의 정부', 그리고 정책수단 선택 및 조직 운영의 '지능적인 정부'로 구분하여 제시하고자 한다.[2]

1. 사회적 역량 강화에 기반을 둔 지속가능형 정부로 발전: 정부시장 실패와 정부실패를 넘어선 제3의 길

공공재 성격을 띤 공공서비스를 시장이 제대로 공급할 수 없는 시장실패는 정부의 적극적인 역할에 대한 사회적 요구로 이어졌고 공공부문의 성장을 가져왔다. 그러나 독점적인 지위를 가진 정부는 점차 비대해졌고 결국 비효율성이 높아지는 등 관료제적 폐단을 노정하였다. 관료제적 폐단과 비대화된 정부에 대한 비판은 1970년대 후반 이후 소위 신공공관리new public management의 확산을 가져왔다. 정부실패에 대한 신공공관리의 핵심적인 해법은 시장적 해결책으로서 작고 효율적인 정부를 처방하였다. 그러나 시장적 기제와 효율성에 대한 지나친 강조로 말미암아 때로는 공익성이나 형평성 등과 같은 공공가치가 훼손되게 되었다. 전통적인 정부와 시장이 궁극적인 해결책이 아니라는 것이 판명되었다.

2 정부의 인사, 조직, 재무에 대한 사항이나 관료제도에 대한 사항이 아닌 거시적 차원에서 미래 정부의 모습을 제시하였다는 점을 밝힌다.

결국 미래 정부는 시장실패와 정부실패의 교훈을 통하여 새로운 길을 모색해야 한다. 국방과 안보 등 전통적인 공공재는 정부가 제공하고 시장재는 시장이 자율적으로 제공할 수 있도록 시장을 활성화시켜야 한다. 그러나 사회적 불평등과 같이 정부나 시장이 단독으로 해결할 수 없거나 사회적 비용이 큰 사안에 대해서는 정부나 시장이 아닌 사회적 경제를 육성하여 사회적 해결책을 모색해나가야 한다. 즉 성공적인 미래 정부를 구축하기 위해서는 정부와 민간 어느 한쪽에 치우치지 않은 상생의 발전전략과 더불어 정부와 민간을 둘러싼 다양한 사회적 자본과 사회적 경제를 효과적으로 활용할 수 있는 체제를 구축해야 한다(PwC, 2015). 공공부문을 활용하는 정부 주도적 사회적 경제나 기업의 사회적 책임을 강화하는 민간 주도적 사회적 경제, 그리고 자생적인 사회적 경제를 종합적으로 육성함으로써 지속 가능한 사회적 역량을 강화시켜 나가야 한다. 단기적인 정책효과보다는 장기적이고 지속 가능한 정책을 통하여 정부, 시장 그리고 사회를 아우르는 협력적 거버넌스를 구축함으로써 정부실패와 시장실패를 넘어서 사회적이고 인간중심적인 지속 가능한 사회적 해결책을 담보할 수 있는 정책을 구현해나가야 한다. 이를 위해서 정부부문 내의 정부혁신government innovations뿐만 아니라 다양한 사회적 혁신social innovations이 중요하다.

2. 시민이 중심이 되는 크라우드소싱crowdsourcing 정부로 거듭나야

그동안 정부는 공공서비스를 직접 제공하거나 민간조직이나 비영리조직을 통하여 공공서비스를 위탁하여 제공하는 아웃소싱 방식을 활용하였다. 그러나 미래 정부는 기존의 직접제공 방식과 아웃소싱제공 방식 외에 개별 국민으로 하여금 직접 공공서비스를 제공하게 하는 참여형 서비스 방식인 크라우드소싱crowdsourcing 방식을 보다 적극적으로 활용할 것으로 보인다. 즉 공공서비스의 제공방식이 인소싱insourcing 모델에서 아웃소싱outsourcing 모델에 이어 크라우드소싱 모델로 진화하게 된다. 크라우드소싱은 2006년 와이어드 매거진 *Wired Magazine*의 객원 편집자인 제프 하우Jeff Howe가 처음으로 구상한 개념으로, 소비자를 의미하는 대중crowd과 위탁업무 혹은 외부자원의 활용outsourcing을 합성한 단어이다(유재훈, 2010). 크라우드소싱의 장점은 일반적인 의사결정 과정에서 예측하기 어려운 여러 가지 요인들을 효과적으로 탐색할 수 있을 뿐만 아니라 운영 과정상의 거래비용 감소 및 수요자들의 선호를 고려한 효과적인 운영방침을 수립할 수 있다는 점이며 정보통신기술의 발전으로 인하여 실제 구현이 가능해졌다.

오늘날 시민은 정부의 정책 발현 및 행정 운영에 있어 단순히 수요자의 역할을 뛰어넘어 보다 적극적이고 진취적인 역할을 수행하는 동반자이다. 미래 정부는 시민의 참여를 활성화시키고 단순히 시민의 의견을 정책에 반영하는 수준을 넘어 실제 시민이 정책대안을 제시하거나 정책을 결정하고 때로는 공공서비스 제공에 참여하는 역능적인 시민 중심의 정부로 진화해야 한다. 시민에 대한 가치관의 전환을 통해 성공적인 정부의 상을 '고객을 관리하는 형태'의 정부에서 '시민을 위해 운영되는 (혹은 시민에 의해 운영되는) 형태'로 진화시켜 시민소싱citizensourcing 정부로 발전해나가야 한다. 몇 해 전 미국의 오바마B. Obama 정부와 영국의 캐머런D. Cameron 전 총리가 실시한 시민소싱 방식인 'Challenge.gov'와 'Red Tape Challenge' 방식에 주목할 필요가 있다. 오바마 정부는 각 정부 부처의 중요한 정책문제에 대한 해결책을 국민에게 상금을 걸고 물어보았다. 영국의 캐머런 전 총리도 'Red Tape Challenge'라는 프로그램을 통하여 29개 분야의 5,662개의 규제에 대해서 국민의 의견을 적극적으로 수렴하여 3,095개의 규제를 개정 또는 철폐하는 시도를 하였으며, 이 중 1,376개 규제개혁 노력은 실제 경제적인 성과 창출에 큰 영향을 미친 것으로 평가받고 있다.[3]

3 www.edtapechallenge.cabinetoffice.gov.uk

3. 개방형 플랫폼 정부와 공동설계Co-design 공동생산Co-production 서비스

플랫폼 정부에 대한 관심이 늘어나고 있다. 이는 최근 웹 2.0 시대를 견인하는 기술발전과 함께 민간기업들이 플랫폼에 기반한 비즈니스 모델을 개발하고 웹을 통하여 많은 사람들이 생산자인 동시에 사용자가 되는 소위 '프로슈머prosumer'적 특성을 띠는 플랫폼 방식을 공공부문에도 적용하는 과정에서 활발하게 논의되고 있다. 애플이 아이폰 앱스토어를 통하여 플랫폼을 제공하고 앱 개발업자들은 이를 통해 자기들이 개발한 다양한 앱서비스를 제공함으로써 앱서비스의 새로운 생태계가 조성된 것이다. 많은 사람들이 자기가 가지고 있는 지식을 '위키피디아'라는 플랫폼을 통해 공유하고 여러 참여자에 의해서 축적된 다양한 정보를 많은 사람들이 활용하는 형태도 플랫폼을 통한 정보공유 형식이라고 할 수 있다. 웹 2.0을 견인하는 유튜브, 페이스북, 트위터 등 다양한 소셜미디어도 플랫폼 기반의 비즈니스 모델이다.

플랫폼 정부를 주창한 오라일리O'Reilly는 다양한 사회문제를 해결하는 과정에서 많은 시민이 정부와 함께 문제를 발견, 진단, 그리고 해결하는 과정에 참여할 수 있는 플랫폼 제공의 중요성을 강조했다. 이는 케틀D. Kettl이 국민의 참여가 매우 제한적인 정부, 즉 세금을 내면 서비스를 받는 형태의 전통적인 정부모형을 빗대어 표현한 소위 '자판기 정부vending machine government'에 대한 비판으로 시작되었다. 플랫폼 정부를 제시하면서 오라일리는 과거 정부에 대한 비판적 견해를 바탕으로 플랫폼 정부가 가지는 몇 가지 장점과 교훈을 강조한다. 첫째, 플랫폼 정부의 개방성은 혁신과 경제성장을 가져온다는 점이다. 플랫폼 정부는 다양한 기업이나 시민이 그들 나름대로 다양한 정보와 API를 활용하여 국민이 원하는 서비스를 제공할 수 있는 정보와 기회를 제공한다는 점에서 혁신을 촉진한다. 둘째, 가능한 한 단순한 시스템을 구축하고 자연스럽게 진화할 수 있도록 해야 한다는 점이다. 즉 정부가 과도하게 관여하거나 복잡한 시스템을 구축하여 국민의 자발적인 참여가 제한될 경우 플랫폼 정부의 장점은 사라질 수 있기 때문에 가능한 한 간단하면서도 쉽게 접근하여 사용할 수 있는 시스템을 구축하는 것이 중요하다. 셋째는 참여를 극대화할 수 있도록 시스템을 설계해야 한다는 점이다. 영국의 한 비영리단체인 마이소사이어티mySociety가 시민들이 각자 가로등이나 도로의 문제를 신고할 수 있도록 만든 'FixMyStreet'라는 시스템은 이제 미국의 'Open311'과 같이 유사한 API로 전파되어 시민들의 참여에 기반한 서비스 제공 방식으로 자리 잡고 있다. 플랫폼 정부의 핵심은 정부가 서비스를 제공하는 것이 아니라, 정부는 단지 참여를 극대화할 수 있는 플랫폼을 제공하고 시민이 서비스를 제공하는 것이다. 넷째, 제공된 정보를 적극적으로 활용하는 사용자를 적극적으로 통합해야 한다는 점이다. 구글이 Mash-up 등을 통하여 구글맵 정보를 활용하는 사이트를 적극 활용하여 보다 나은 정보를 제공하고자 노력한 사례는 시사하는 바가 크다. 다섯째는 소극적인 참여를 활성화해야 한다는 점이며 마지막으로 여섯째는 실험을 제약하는 장애물을 줄여야 한다는 점이다.

최근 액센추어Accenture는 플랫폼 정부의 유형을 서비스 설계와 생산에 참여하는 행위자의 범위와 내용에 따라서 **그림 1.3**과 같이 네 가지로 제시하였다. 첫 번째는 정부연계 플랫폼whole of government platform이다. 이는 정부 중심의 플

그림 1.3 액센추어의 플랫폼 모델

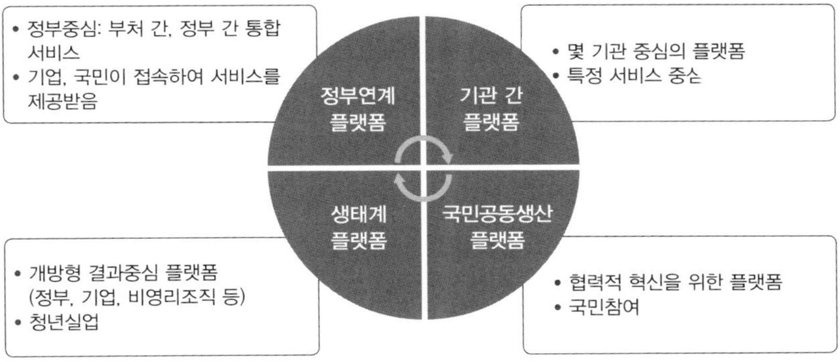

자료: Accenture Consulting

랫폼으로 부처 간 그리고 중앙정부와 지방정부를 연계하며 시민과 기업은 이를 활용해 플랫폼에 접속하여 서비스를 제공받는다. 두 번째는 특정한 서비스 중심 관련 몇 기관 간의 플랫폼peer platform으로 서비스를 중심으로 수직적으로 통합된 플랫폼이다. 이 플랫폼은 관련된 몇 기관이 중심이 되어 특정한 서비스를 제공하기 위하여 정보공유를 기반으로 상호 협력하여 서비스를 제공하고자 하는 경우에 만들어지는 플랫폼이다. 세 번째는 개방적 결과 중심의 생태계 플랫폼ecosystem platform으로 정부가 기업, 비영리기관 등 다양한 이해관계자와 함께 협력하는 경우에 형성하는 플랫폼이다. 예를 들면 청년실업의 문제와 같이 복잡한 정책 문제를 해결하기 위하여 부문 내 또는 부문 간의 협력이 필요한 경우에 정부가 지휘자와 같이 조정 기능을 수행하는 것이다. 마지막으로는 국민공동생산 플랫폼crowdsourcing platform으로 이는 앞에서 설명한 클라우드소싱 모델이 이에 해당되는데 혁신을 위하여 시민, 기업, 정부 등 다양한 채널로부터 새로운 아이디어를 공급받기 위한 플랫폼의 정부형태이다.

4. 난제 해결을 위한 복합적 정책도구를 선택하고 스마트 정부로 진화해야

미래에는 정보통신기술에 기반을 둔 '스마트 정부'에 대한 관심이 더욱 높아질 것이다. 스마트 정부의 목적에 따르면 정부는 국민 모두가 언제 어디서나 매체에 관계없이 자유롭게 원하는 정보를 획득하고 때로는 정책에 대한 개인적 견해를 제시할 수 있는 인프라를 조성함으로써 궁극적으로 국민을 위한 맞춤형 정부서비스를 지향하는 것에 초점을 두고 있다.[4]

하지만 단순히 전자정부 시스템의 도입이나 온라인 민주주의의 도입만으로 스마트 정부가 구현되지는 않는다. 진정한 스마트 정부는 단순한 전자정부

4 행정자치부. 「스마트 전자정부, 정부 3.0」.

나 온라인 민주주의와 같은 물리적인 인프라 구축을 뛰어넘어 사람의 행태를 근본적으로 이해하고 활용하는 넛지nudge적인 요소를 규제와 인센티브 등과 같은 정책수단과 함께 적극적으로 활용해나가야 한다.

'넛지'란 기존의 전통경제학에서 주장한 합리적 인간형에 대한 반론으로 시작된 것으로 특정한 목표를 달성하기 위해서 강요나 압박이 아니라 정보제공과 같은 현명한 개입을 통해서 개인들이 올바른 행동을 취할 수 있도록 자연스럽게 유도하는 행동전략을 의미한다(Thaler & Sunstein, 2009). 이는 조직구성원이나 국민들의 자발적인 참여를 유도함으로써 정부의 정책효과를 제고할 수 있는 방안으로 제시되고 있다. 최근 미국이나 영국을 비롯한 선진국들이 '넛지'를 통한 정부혁신을 지속적으로 추구하고 있다. 미국의 오바마 정부는 아무리 좋은 정보라 할지라도 수용성이나 접근성이 떨어질 경우에 서비스 대상자의 이해도나 참여가 적다는 행동경제학의 기본원리를 적용하였다. 예를 들면, '대학 입학에 필요한 서류를 문자 메시지를 통해 공지한' 결과 저소득층 학생들의 대학등록률이 5.7%나 증가하는 효과가 있었으며 '세금신고서 마지막 부분에 본인 확인 절차 추가'와 같은 기본적이고 단순한 정책변동을 실시하여 해당 분기에 정부 수익을 159만 달러나 증대시켰다(김윤이 외, 2015).

최근에 출간된 책에 소개된 영국의 세금 미납문제 해결 사례도 시사하는 바가 크다(김윤이 외, 2015). 기존에는 단순하게 규제와 정보라는 정책수단을 기술적으로 활용하여 세금미납안내서에 기한 일자와 처벌 내용을 간략하게 기술했다. 그러나 새로운 세금미납안내서에는 지역주민의 미납상태와 세금을 납부한 정보를 함께 기술함으로써 세금납부액이 2억 1,000만 파운드나 늘었다. 이는 정부가 규제와 정보, 그리고 인센티브와 같은 정책수단을 기계적으로 선택하기보다는 인간에 대한 이해를 바탕으로 스마트한 정부로 거듭나야 한다는 점을 시사해준다. 이러한 사례는 시민들로 하여금 자연스럽게 사회문제를 인식하게 하고 본인의 이익(사회적 평판)을 위해 자발적으로 문제를 해결하도록 유도한 좋은 사례라 할 수 있다.

한편 정부는 빅데이터를 활용하여 정책수요를 분석하고 해결책을 강구하는 지능적인 정부로 진화해야 한다. 단순한 업무절차의 자동화나 온라인 공공서비스, 그리고 온라인 시민소통을 넘어서 선제적으로 정책수요를 파악하고 다양한 정책대안을 분석할 수 있도록 클라우드 컴퓨팅과 모바일 기반 통신기술과 같은 정보통신기술을 폭넓게 활용함으로써 보다 능동적이고 지능적인 '스마트 정부'로 지속적으로 진화해야 한다.

5. 전통적 관료제의 대안적 형태 모색

베버M. Weber는 인간이 창조한 가장 효율적인 조직형태가 관료제라고 하였다. 관료제로 대표되는 계층적 조직구조는 정부뿐만 아니라 민간부문에서도 보편적으로 활용되고 있다. 그러나 계층적 조직구조는 변화적응성이 낮다는 한계점이 지속적으로 제기되고 있으며 이를 극복하기 위해서 정부와 민간은 다양한 노력을 시도하였다.

먼저 정부조직에서 시도한 성공적인 사례는 오바마 정부의 18F이다. 18F는 미국 연방정부의 총무청General Services Administration 산하의 조직이며 정부기관과 시민서비스에 필요한 기술적 문제를 해결하는 프로젝트 팀이다. 즉 기술을 통한 업무방식 및 공공서비스 제공방식을 개발하는 팀이다. 18F는 오바마 대통령의 정책인 'Healthcare.gov'의 홈페이지가 제대로 작동하지 않는 문제를 해결한 이후로 다양한 분야에서 적용되고 있다.[5] 기존의 관료제에서는 발생한 문제에 즉각적으로 대응하기가 어렵고 이 문제를 해결하기 위한 기능을 갖추기 위해서는 새로운 조직을 구성해야 하는 등의 한계가 있다. 18F와 같이 특정한 전문성을 가진 프로젝트 팀을 신설하여 관료제의 한계를 보완할 수 있을 것이며, 애자일agile 방식으로 운영하여 기술 지원 프로젝트 팀 외에 정보기술 서비스를 제공, 팀 또는 시민과의 커뮤니케이션 등에서도 활용 가능하다.

최근 민간부문에서 주목할 만한 도전이 이루어지고 있다. 온라인 유통업체

5 https://18f.gsa.gov/

인 자포스Zappos에서 도입한 홀라크라시holacracy이다. 홀라크라시는 Bernstein et al.(2016)가 『하버드 비즈니스 리뷰*Harvard Business Review*』에 소개한 조직형태다. 홀라크라시는 기존의 유기적organic 조직, 후기관료제적post-bureaucratic 조직, 후기-구조주의적post-structuralist 조직, 정보기반information-based 조직 등에 대한 연장선에 있으며 변화적응성adaptability과 조직신뢰성reliability을 균형적으로 확보할 수 있는 조직이다. 전통적 계층제 구조와의 가장 큰 차이점은 자율관리시스템에 기반을 둔 의사결정구조를 통한 자율성과 조직 내 의사소통을 제고할 수 있다는 점이다. 먼저 자율성을 높이기 위해서 개인 역할 단위로 조직을 구성한다. 이러한 역할 단위를 서클circle이라고 한다. 개별 서클은 다른 서클로부터 완전하게 독립적으로 운영된다기보다는 목적에 따라서 자율적으로 작동하며 다수의 서클이 모여 상위의 목적을 수행하는 슈퍼서클super circle을 형성한다. 각 서클은 슈퍼서클 내에서 유기적으로 연계하여 업무를 수행한다. 두 번째로 조직 내 유기적인 의사소통을 가능하게 한다. 유기적 의사소통을 위해서 대표링크representative link와 리드링크lead link를 구성하였다. 대표링크는 상위 서클에 하위 서클의 입장을 전달하고 반면에 리드링크는 하위 서클에서 슈퍼서클의 입장을 대변한다. 리드링크는 일반적으로 슈퍼서클이 임명한 사람이다. 대표링크와 리드링크를 통해서 하위 서클과 슈퍼서클이 보다 유기적으로 연계될 수 있다(Robertson, 2016).

4차 산업혁명과 미래 사회가 강조되면서 정부조직의 변화에 대한 기대가 높아지고 있다. 19세기 조직구조가 21세기 행정환경과 기능을 수행할 수 있을 것인가의 문제이다. 정부가 민간에서 시도하고 있는 여러 가지 조직 실험을 동일하게 적용하는 것에는 한계가 있다. 정부는 변화 지향적이기도 해야 하지만 예측가능성과 안정성을 고려해야 한다. 관료제라는 큰 틀을 한 번에 대체할 필요는 없다. 정부는 전통적 관료제를 유지하면서 새로운 조직형태를 부분적 또는 실험적으로 수용하고 이를 정부조직 환경 내에서 조금씩 수정하여 진화해야 한다.

Ⅳ. 결론

지금까지 미래 정부가 처할 여러 가지 난제와 더불어 이를 극복하기 위한 올바른 미래 정부의 상像에 대해 논의하였다. 앞서 살펴본 대로 이미 행정환경은 저성장으로 대표되는 '뉴노멀 시대'와 맞물려 변화하고 있다. 한편 고령화와 저출산이 심화되고 국가 간 경계가 허물어지는 사회적 변화에 선제적으로 대응해야 한다. 국민의 신뢰를 회복하고 다원화된 시민사회의 목소리에 귀를 기울여야 할 뿐만 아니라 저성장, 고실업과 같은 난제를 다양한 행정수단을 활용하여 해결하는 것은 미래 정부의 중요한 과제이다. 이를 위하여 정부는 단순히 정부와 시장을 통한 사회적 문제해결을 넘어 정부와 시장의 완충지대인 사회적 부문의 역량을 강화해나가야 한다.

이러한 사회적 변화는 4차 산업혁명과 연계되어 여러 가지 변화를 이끌 것이다. 4차 산업혁명은 이미 사회에서 공론화되어 시작점을 출발하였다. 4차 산업혁명의 발전 방향에 발맞춰 나가기 위해서 미래 정부는 초지능형, 초연결성, 초민첩성의 역량을 갖추어야 한다. 미래 정부는 4차 산업혁명의 기술을 적극적으로 활용하여 초지능형 정부가 되어야 하며, 공공부문 밖의 다양한 행위자와 정부 내 다양한 부처, 그리고 국민을 연결하는 초연결형 정부가 되어야 한다. 초지능성과 초연결성을 구현하기 위해서 정부는 보다 빠른 대응과 자율성을 확보할 수 있는 초민첩형 정부가 되어야 한다. 나아가 시민을 더 이상 단순한 정책의 대상이나 공공서비스의 수혜자로 보지 않고, 그들과 함께 정책을 만들어가는 크라우드소싱crowdsourcing형 모델을 구축함과 동시에 행정환경에 선제적으로 대처하고 다양한 기술적 환경과 정책도구를 활용할 수 있는 미래 정부를 만들어가야 한다.

제2장

공공가치의 융합과 미래 정부

* 장용석(연세대학교 행정학과 교수)

* 황정윤(연세대학교 행정학과 박사수료)

본 장은 장용석·조문석·정장훈·김용현·최정윤(2011), 장용석·조희진(2013), 장용석·정장훈·조승희(2014), 장용석·김희성·황정윤·유미현(2015), 조희진·장용석(2016)의 내용을 재구성·보완한 것이다.

Shaping Government in the Future Society

Ⅰ. 서론

세계화는 국가 간의 경계를 약화시키고 국가, 기업, 시민사회 간 상호작용을 증가시킴으로써 특정 국가나 지역 등의 범위를 넘어선 보편적 사회 운영 원리들에 대한 논의를 촉발하였다(Meyer, Drori & Hwang, 2006). 세계화 시대에서 높아진 불확실성에 효과적으로 대응하기 위한 능력이 필요해짐에 따라, 일반적으로 적용 가능한 경영상의 모범 사례와 원칙best practices and principles의 중요성이 증가한 것이다. 이는 일반적으로 바람직하다고 여겨지는 가치들을 사회 내에서 명시적 혹은 암묵적으로 규정해놓은 보편적 규범universal norm이 크게 확대되었음을 의미한다(Jang, 2006; Mendel, 2006; Meyer, 2002).

현대 사회에서는 과거와 달리 국가의 독점적 권위는 상대적으로 약화된 반면, 개인이나 개별 조직들은 이제 사회에서 주체로서 어떠한 일을 자율적으로 결정할 권한을 부여받은 역능적 행위자empowered actor로 인정받게 되었다(Brunsson & Sahlin-Andersson, 2000). 이성과 합리주의가 지배하던 근대 산업사회에서는 많은 조직이나 개인들이 국가의 하위 집단, 수탁자, 혹은 대리인agent으로서 기능하였고, 소수만이 사회적으로 인정된 지위와 전문성을 바탕으로 특정 아이디어를 생산하고 전파할 권한을 부여받았다. 그러나 현대 사회에서는 이제 정부, 기업, 사회단체, 개인을 비롯한 많은 주체들이 자신들의 지위를 외부로부터 인정받거나 스스로 구축해나가기 시작하였다(Meyer et al., 1997; Jefferson & Meyer, 2000). 그에 따라 사회의 다양한 행위자들은 사회로부터 타당하다고 인정받는 표준화된 모델, 원리들을 받아들이고 이를 실천함으로써 점차 합리화rationalization되는 양상을 보이게 되었다(Meyer, 2000; Meyer, 2002; Moon &

Wotipka, 2006).

역능적 행위자성의 확대와 보편적 규범의 증가는 국가의 운영 원리 또한 크게 변화시켰다. 과거의 사회 운영 원리는 주로 경제적 가치, 즉 발전development 측면에만 집중되었다. 그러나 세계화의 진전으로 인한 환경의 불확실성이 증가함에 따라 이제 국가는 경제발전에만 집중하기보다 국민들이 더 나은 삶을 영위해갈 수 있도록 복지나 사회 서비스를 확장하고 환경보호를 위한 노력을 확대하고 있다(조희진, 2014). 즉, 과거에는 경제적 측면이 강조된 '발전'을 중심으로 한 국가의 경제발전, 과학발전, 산업발전 등이 강조되었다면, 이제는 '발전'에 더하여 사회적 측면이 강조된 '정의'가 함께 요구되면서 경제발전과 환경보호, 복지를 동시에 추구하게 된 것이다.

이렇듯 발전과 정의justice라는 복합적 가치가 전 세계적으로 광범위하게 확산되고 개별 행위자actor들도 이를 받아들여 자신들의 역할을 변화시킴에 따라 다양한 가치를 결합한 새로운 패러다임들이 출현하게 되었다. 효율성과 책임성의 공존, 이성과 감성의 조화, 창의와 규율의 결합 등 다양하고도 상충적인 가치들이 동시에 수용되는 방향으로 국가의 운영 패러다임이 변화한 것이다(Kaletsky, 2011; 정재호, 2013). 이러한 변화는 과거 하나의 가치를 추구하던 단선적 관리simple administration에서 다양한 가치들을 동시에 수용해야 하는 역동적 관리dynamic management로 공공부문 운영 원리의 성격 자체가 변모했음을 의미하는 것이기도 하다.

우리는 이렇듯 현대 사회의 운영 패러다임이 서로 다른 가치가 공존·혼합되는 방향으로 전환되고 있음에 주목한다. 과거에 비해 다양한 가치들이 다양한 영역에 걸쳐 요구됨에 따라 현재의 운영 패러다임이 다차원성을 띠게 된 것이다. 이에 본 장에서는 이러한 정부 운영 패러다임의 변화 현상을 종합적으로 고찰하고자 한다. 또한 이러한 변화가 미래 정부에 미칠 영향에 대해 논하고, 이를 바탕으로 융합 패러다임에 체계적으로 대응하기 위한 정책적 제언을 제시하고자 한다.

Ⅱ. 현황

현대 사회에서 나타나는 가장 큰 특징 중 하나는 바로 다양하고도 상충적인 가치들이 공존한다는 점이다. 특히 발전에 기반한 효율성과 정의에 기반한 책임성이라는 두 가지 상충적 가치가 동시에 수용되는 방향으로 운영 원리가 변화하고 있다. 이러한 변화는 비단 어느 한 영역에서만 국한되는 것이 아니라, 정부를 포함한 공공부문과 비영리조직, 민간기업 등 다양한 조직들에서 동시다발적으로 발생하고 있다.

공공부문의 경우, 제2차 세계대전이 끝난 직후 약 30년 동안 정부는 사회안전망을 구축하고 각종 사회, 경제적 규제를 확대하는 데 적극적인 노력을 기울여 왔다(Lee & Strang, 2006). 그러나 지속적인 규제의 추구는 곧 정부 규모의 팽창과 급기야 1970년대 후반의 경제위기를 초래하게 되었고, 그 결과 '성과'와 '결과'적 측면을 강조하는 '신공공관리NPM'가 중요한 패러다임으로 등장하였다(Moynihan, 2006). 이른바 민영화, 아웃소싱outsourcing 등을 통해 정부의 기능을 민간부문으로 이양시키고 성과평가, 성과급 등의 시장원리를 도입하게 된 것이다(Brown & Potoski, 2003; Lee & Strang, 2006; Dahlstrom & Lapuente, 2010). 이제 공공부문에서도 재원의 낭비 없이 국민들에게 양질의 공공서비스를 제공하기 위해 각종 개혁을 통한 효율 경영이 중요한 원리로 여겨지고 있다(Bae, 2012). 공공부문에서 전통적으로 강조되어 온 책임성 가치에 더해 효율성 가치가 새로이 강조됨으로써, 책임성과 효율성이 공존·조화되는 방향으로 그 패러다임이 변화한 것이다.

비영리조직 역시 다양한 시장원리들에 주목하고 있다. 전문성이나 합리화와는 거리가 있던 자발적 결사체 성격의 비영리조직도 권한과 책임이 증가함에 따라 특정 목적을 바탕으로 한 경영활동을 통해 주체적인 능력을 발휘하기 시작하였다(Meyer 2002; Hwang & Powell, 2009; Hwang & Colyvas, 2011). 비즈니스 스쿨 등에서 전문경영인 과정을 거친 인력들을 관리자로 채용하는 경향이 높아지면서 비영리조직도 민간기업의 경영모델을 적용하여 구조나 관행을 변화시키고 있다. 또한 비영리조직의 기금 모금에 대한 이해관계자들의 요구가 증가함에 따라 이에 관한 전략적 계획, 평가 등이 중요해졌다(Hwang & Powell, 2009). 무엇보다 비영리기관에도 프로세스 혁신, 서비스 차별화 등의 기업 경영 원리를 도입함으로써 전 인류의 삶의 질을 향상시키려는 '박애 자본주의'가 강조되고 있다. 사회 공헌의 기조가 개인적 이타심에 근거한 '자선'에서 '박애'로 전환되면서 사업의 성과가 중시되는 등 경제적 가치가 중심적으로 부상한 것이다(삼성경제연구소, 2013).

반면, 민간기업에서는 책임성과 사회적 가치 실현에 대한 요구가 증가하고 있다(Meyer & Bromley, 2012). 단기적 이익 극대화만을 추구해서는 경쟁력 확보의 한계에 다다랐기 때문이다. 이에 기업의 사회적 책임corporate social responsibility이 장기적으로 부를 창출하기 위한 지속가능경영의 일환으로 강조되고 있다. 특히, 1970년대 초반 국제연합UN, 경제협력개발기구OECD, 국제노동기구ILO 등 여러 국제기구에 의해 관련 가이드라인과 원칙이 도입되면서 기업의 사회적 역할은 크게 확대되는 추세이다(Campbell, 2007; Lim & Tsutsui, 2012). 이제 전 세계적으로 기업 및 공공기관에서 인권, 노동, 환경, 반부패 원칙 등을 준수하는 데 적극 동참하고 있다.

이처럼 정부와 시장은 지속가능발전이라는 국가 운영 패러다임의 영향을 받아 각각 기존에 추구하던 가치와는 상충되는 가치를 동시에 수용하면서 역할을 변화시키고 있다. 즉, 정부는 국민들을 위해 공공서비스를 제공하고 이들을 안전하게 보호해주는 것에서 나아가 효율화를, 시장은 이윤극대화 원리뿐 아니라 책임성의 가치를 강조하여 추구해나가고 있다. 이는 효율성과 책임성을 중심으로 운영 패러다임이 융합되고 있음을 의미하는 것이다.

효율성과 책임성의 논리가 동시에 강조되는 사례는 쉽게 발견된다. 먼저 현대 인적자원 관리제도에서 나타나는 효율성 제고와 책임성 강화 현상이다. 공공부문의 경우 신공공관리론NPM의 출현 이후 비효율적인 정부에 대한 대안으로서 성과주의 인사제도의 도입에 관한 논의가 본격화되었다. 세계화로 인한 경쟁의 격화, 불확실한 환경 변화가 일상이 되어버린 상황하에서 조직의 지속적인 경쟁우위를 확보하기 위한 방안으로 조직 내부 역량에 대한 관심 또한 고조되었다. 개별 조직의 역량이 조직 발전의 핵심 요소로 대두되면서, 구성원의 지식 동기 가치 등 인적자원을 효율적으로 활용하는 인적자원관리가 주요 관심사가 된 것이다. 이와 같은 변화는 기존의 연공주의형 인적자원관리에서 탈피한 고용유연화, 팀제, 성과급, 연봉제 등 고효율 성과주의로 요약된다.

그러나 이와 더불어 책임성 강화를 위한 인적자원 관리제도 또한 크게 확산되고 있다. 가족체계의 유지를 위한 일-가정 양립제도, 고용과 승진의 차별을 철폐하는 임용기회 확대제도 등 조직의 책임성을 강조하는 인적자원관리 혁신의 예들은 다양하다. 이는 1990년대 이후 인적자원관리에 있어 '형평'의 개념이 변화하였음을 의미한다. Bailey(1994)는 성과주의 인사제도의 출현 이후 체감할 수 있는 가장 큰 변화로 형평성의 개념이 재정립되고 있음에 주목하였다. 연공서열형 인사제도에 기반을 둔 동일한 직급 혹은 근속연수를 가진 구성원에게 동일한 연봉과 복리후생을 제공한다는 결과적 형평성의 개념에서, 성과주의에 기반을 둔 조직 구성원들이 공정하게 경쟁할 수 있는 근무여건을 조성하는 과정상 형평성의 개념으로 전환된 것이다. 즉 공공부문의 인사제도 내에도 일-가정 양립제도의 도입을 통해 능력 있는 여성에게 동등한 기회를 제공하고, 인종, 국적, 성별, 성적 기호sexual preference, 장애 여부 등에 의거하여 조직 구성원을 차별하지 않고 공정하게 대우하여 그들의 능력을 발휘할 수 있도록 해야 한다는 논리가 자리 잡게 되었다.

특히 공공부문의 경우 2000년대 초반 공공기관의 경영혁신과제는 주로 민간부문을 모델로 한 조직관리의 합리화, 예산의 적정성 확보 등과 같은 효율성 제고에 초점이 맞춰져 있던 반면, 2005년 이후로는 반부패 윤리경영의 강화, 공정 투명한 인사시스템 성립, 예산의 투명 관리, 사회형평적 인력 활용의 확대, 사회공헌활동, 노사 간 윈-윈 정책의 모범적 추진 등이 강조되기 시작하였다(기획예산처, 2007a). 이는 비효율적 요인을 최소화하는 행정개혁의 추진과 동시에 책임성 제고를 위한 다양한 정책들이 확대되어 감을 의미한다.

효율성과 책임성 융합이 발견되는 또 다른 중요한 예는 바로 사회적 기업에서 찾아볼 수 있다. 사회적 기업은 1970년대에 발생한 유럽의 경제불황에 따른 고실업 문제를 극복하기 위해 모색되었다. 현대 사회의 다양한 경제적·사회적 조건의 변화 속에서 종래 조직들의 한계를 뛰어넘는 혁신적 요소를 강조하면서 등장한 개념인 사회적 기업은 기업 지향적 성격을 지니면서도 창출된 이익을 지역사회나 소외된 자들을 위해 사용한다는 점에서 사회적, 환경적, 윤리적 측면을 동시에 지니고 있다. 즉, 사회적 기업은 사회적 연대 강화에 초점을 둔 사회적 경제 개념에 입각하여 보편적 이익을 도모하려는 목적을 지닌다(Dart, 2004; 김경휘·반정호, 2006; 조영복·양용희·김혜원, 2008). 이처럼 사회적 기업은 '사회적 가치'와 '착한 이윤'을 동시에 추구하는 특정 조직 형태라 할 수 있다(『조선일보』, 2012).

그림 2.1에서 볼 수 있듯 우리나라의 사회적 기업은 2007년 이후 급격한 성장을 보이고 있으며, 사회적 기업에서 종사하는 종사자 수 또한 크게 증가하였다. 이러한 사회적 기업의 폭발적 확대 현상의 이면에는 배타적인 것으로 간주되어 왔던 사회적 가치 및 경제적 가치의 조화를 중시하게 된 배경이 크

그림 2.1 연도별 사회적 기업 수 및 근로자 수

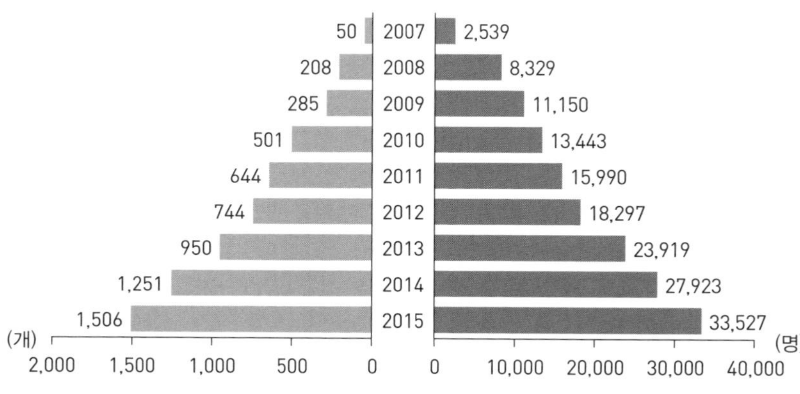

자료: 한국사회적기업진흥원. (2013; 2014). 『사회적 기업 개요집』. 한국사회적기업진흥원 홈페이지.

다. 과거에는 경제적 발전economic progress과 사회적 정의social justice, 경제적 가치와 사회적 가치, 효율성과 형평성 등이 동시에 추구할 수 없는 관계로 여겨져 왔다. 다양한 사회문제의 해결은 정부 고유의 영역으로 취급되어 왔으며, 기업은 이윤 추구의 목적만을 지니고 있었던 것이다. 그러나 이제 기업은 단순히 수익 창출이라는 고유의 역할을 넘어 사회적 책임을 실천하고 새로운 사회적 가치를 추구할 것을 요구받고 있다. 이러한 배경하에 경제적 가치와 사회적 가치라는, 서로 상충되는 가치들을 동시에 추구하기 위한 조직 형태가 사회적 기업이다. 즉, 기존의 자본주의의 핵심인 이윤극대화와 시장 중심의 원리만을 강조하기보다는 사회적 목적과 민주적 가치를 조화롭게 하고자 하는 경제 개념이 바로 사회적 기업인 것이다.

이상에서 살펴본 것처럼 국가, 정부, 비영리조직, 기업이 효율성과 책임성을 중심으로 상충된 가치들을 동시에 실현하려는 요구는 증가하고 있다. 이는 발전과 정의라는 보편적 규범이 전 세계적으로 확산됨과 동시에 국가, 정부, 기업, 비영리조직, 개인들이 역능적 행위자로서의 지위를 얻으면서 나타나게 된 현상이며, 공공부문에서의 운영 원리가 근본적으로 변화하고 있음을 보여주는 것이다.

Ⅲ. 주요 쟁점

이처럼 공공과 민간을 막론하고 사회에서 요구되는 다양한 가치들을 동시에 추구하는 현상은 이제 쉽게 확인할 수 있는 사실이다. 그러나 이러한 융합가치가 공공부문 내로 수용되는 과정에서 몇 가지 예상치 못한 결과 또한 초래될 수 있다.

1. 목표의 대치goal replacement

앞서 설명한 것처럼 공공부문이 본연의 목적에 해당되는 가치와는 상충되던 서로의 가치를 동시에 받아들임에 따라 거기에서는 이전과는 다른 새로운 가치가 더욱 부각, 강조되고 있다. 이러한 현상은 효율성과 책임성의 융합적 전환에 따른 정부의 역할 재정립reorientation으로도 정의될 수 있다. 그러나 이러한 상충적 운영 원리를 받아들이는 과정에서 발생하는 역기능 중 하나로 공공조직의 목표 대치 현상을 생각해볼 수 있다.

공공부문에서 효율성뿐만 아니라 공익성, 책임성, 투명성 등 다양한 가치가 강조되면서, 국민들은 정부에 효율적 공공서비스의 제공과 더불어 높은 수준의 도덕성 역시 요구하게 된다. 다시 말해 공공조직에서는 성과 차원의 효율성을 넘어 공공의 이익 구현이라는 책임성이 중요할 수밖에 없다. 그러나 공공부문에서 융합 패러다임의 영향으로 인해 효율성과 책임성 등 상충되는 가치를 동시에 추구하다 보면, 이들 간의 완전한 결합이 이루어지지 않을 가능성이 높다. 이때, 본연의 목적과 다른 가치들을 추구하는 과정에서 조직의 근본 목적이 다른 목적으로 대체되는, 목표의 대치 현상이 발생할 수 있다. 이는 극단적으로 조직의 근본적인 목적, 즉 조직의 존재 가치를 상실시킬 수 있다는 점에서 중요하다.

신자유주의의 영향으로 정부는 조직구조나 내부 절차, 정책 등 다양한 각도에서 높은 효율성을 달성해야 하는 압력을 받고 있다. 즉, 경쟁, 시장, 자유 등의 가치가 강조되는 사회문화적 환경에 의해 본질적으로 공익적 가치를 추구하던 공공부문은 효율성 증진을 위한 노력 또한 기울여야 하는 것이다(Dart, 2004). 이는 자칫하면 정부가 공공의 수요를 간과한 채 효율성만을 지속적으로 추진하는 결과를 낳을 수 있다. 예컨대 성과평가의 근본 취지가 왜곡된 채 아무런 의미 없는 평가체계나 인증제도가 양산될 수 있는 것이다. 이렇게 되면 공공조직들은 본업에 충실하기보다 평가 자체에만 매몰될 수 있다. 그뿐 아니라 공공영역의 무비판적인 효율성 수용과 시장에 대한 무한 신뢰는 갈등 심화, 승자독식 등 복잡한 사회문제들을 야기하여 책임성은 물론 효율성까지 저해시킨다.

사회적 기업의 경우에도 이들이 제대로 된 수익을 내지 못한다 할지라도 이러한 패러다임 변화를 거스를 수 없기에 정부의 계속적인 지원이 이루어져야 할 수도 있다. 2011년 11월, 21개 사회적 기업의 인증이 취소되었고 2014년 말 사업을 시작하지 못한 협동조합의 비중이 50%에 이르는 등 많은 사회적 기업들이 운영에 있어 정부 지원에 크게 의존하고 있다는 사실은 이러한 내용을 뒷받침한다(전용식, 2015). 이처럼 공공부문에서 다양하고 상반된 가치들을 받아들이는 과정에서 예기치 못한 결과가 발생할 수 있다.

2. 사회적 갈등과 대립의 발생

세계화로 인해 전통적으로 강한 국가에만 존재하였던 실질적 권위와 역능성empowerment이 그 밖의 군소 국가, 조직, 개인을 비롯한 여타 행위자들에게로 확대되면서 조직을 둘러싼 모든 이해관계자들의 가치가 격상됨에 따라 주주, 고객, 직원, 전문가, 지역사회, 정부 등과 함께 나아갈 길을 모색하는 협력의 과정이 요구되기 시작하였다(Meyer, 2002; Hwang, 2006; Davis, Whitman & Zald, 2008). 그에 따라 공공영역의 의사결정 과정에 있어서도 단순히 목표 달성을 위해 합리성에 근거한 비용-편익 분석 혹은 효과적 수단을 중시하는 '도구적 합리성'의 차원을 넘어 '소통적 합리성'이 강조되고 있다. 즉, 최적의 대안을 찾는 것에서 벗어나, 사회 구성원 모두가 인정할 수 있는 목표를 만들기 위한 합의 형성에 초점을 맞추게 된 것이다.

특히 '시민참여', '참여적 거버넌스' 등 참여의 기제가 공공관리 분야에 있어 중요한 이슈로 강조되고 있다. 이는 시민과의 소통을 중시하는 숙의민주주의의 개념이 강조되면서 최근에는 협동관리collaborative management의 개념으로도 변화하고 있다(Bingham & O'Leary, 2008; 나태준, 2010). 정부가 공공정책을 효과적으로 집행하기 위해서는 시민참여를 근간으로 공공조직을 운영·관리하고 정부의 정책방향을 결정해야 한다는 것이 정당한 과정으로 강조되고 있는 것이다.

그러나 실제 효율성과 책임성이라는 상반된 가치를 받아들여 정책을 설계하고 다양한 이해관계자들의 의견을 조율하는 과정은 상당한 노력을 필요로 한다. 사회 구성원들이 추구하는 가치의 스펙트럼이 넓기 때문에, 어느 한쪽의 입장을 수용하여 정책을 결정하는 것이 불가능하기 때문이다. 융합 패러다임을 수용하여 여러 관리기법의 개혁을 실시하였다고 하더라도 실제 기대했던 효과가 발휘될 것이라 장담하기 어렵고, 그 효과가 발휘되기까지는 상당한 물질적·시간적 비용이 소요될 수 있다(조희진, 2014). 그뿐 아니라 사회 구성원들의 참여를 바탕으로 한 의사결정과 이를 통한 정부 운영이 과연 사회에 도움이 되고 있는가에 대한 근본적 질문 역시 꾸준히 제기되고 있다. 물론 시민참여를 통한 숙의적 의사결정 과정이 진행되는 것은 바람직하지만, 민주주의와 시민의식의 미숙함으로 인해 부정적인 사회적 대가를 지불하고 있는 것 역시 현실이기 때문이다. 네트워크와 참여의 급속한 증가는 순기능적 차원과 더불어 여러 행위자와 그들의 이해를 토대로 갈등과 대립이 일어날 수 있는 역기능 역시 내포한다(Rittel & Webber, 1973). 이는 상반된 가치의 공존과 다양한 이익의 표명, 그리고 그 과정에서 나타나는 충돌 속에서 사회적 합의를 도출해 내는 일종의 사회적 진통에 해당하기 때문이다.

3. 부정합decoupling 양산

한편, 다양한 가치를 동시다발적으로 받아들이고 이를 실행하는 과정에서 발생하는 부작용 중 하나는 바로 부정합decoupling 현상이다. 부정합이란 제도의 도입과 운영을 비공식적으로 불일치시키는 것을 의미한다(Meyer & Rowan, 1977). 발전과 정의, 효율성과 책임성 등 다양한 가치의 공존은 사회발전에 기여하는 바가 크지만, 동시에 현실과의 부정합으로 인해 새로운 역기능을 초래할 수도 있다. 엄청난 사회적 잠재력을 내포한 융합은 언제나 합류적 경향과 더불어 분산이라는 역리적 현상을 동반한다(김문조, 2009: 144).

다양한 가치의 동시 수용은 높은 비용을 수반하므로 모든 행위자들이 이러한 운영 원리를 모두 내재화하지는 않는다. 이때 중요한 것은 바로 새로운 운영 원리를 받아들이는 행위자의 역량capacity이다. 융합 패러다임 수용의 진정성 정도는 이를 받아들이는 행위자의 역량 수준에 따라 달라진다. 공공조직들을 중심으로 생각해보면, 역량이 높은 상위 조직들은 사회에서 요구되는 다양한 경영 원리들을 조직 내에서 체화하여 실질적으로 이행하도록 노력할 것이다. 자원 및 역량이 충분하므로 미래를 위해 조직을 변화시키는 데 적극적으로 투자할 수 있기 때문이다. 또한 역량이 높은 조직, 국가들은 사회적으로 가시성visibility이 높으므로 성과를 드러내기 위해 사회에서 요구되는 보편적 경영 원리들을 실질적으로 이행하려 한다(정장훈, 2012).

반면, 역량이 낮은 경우 국제사회에서 요구되는 사회적 책임, 환경보호, 복지, 지속 가능한 발전 등의 가치들을 표면적으로 받아들일 가능성이 크다(Meyer et al., 1997). 현재 요구되는 운영 방식을 실행함으로써 나타나는 결과, 상황 등을 예측하고 실패 가능성을 줄이기 위해서는 다량의 정보가 필요하지만 역량이 낮은 조직들은 정보 수집 및 처리 능력에 한계가 있어 변화된 운영 방식에 실질적으로 몰입하는 것이 어렵기 때문이다(권구혁 등, 1999). 그 결과 공식적인 조직의 모습과 실제 조직의 행태가 다른 부정합화가 발생하게 된다(Meyer & Rowan, 1977; Meyer et al., 1997; 이항영 외, 2007; 정장훈 외, 2011). 공공조직들이 부정합을 통해 상충적 가치의 수용과 그 적응 과정에서 발생하는 여러 문제점이나 마찰을 완화buffering할 여지도 있지만, 이러한 실제와 이상ideal 간의 괴리는 사회 구성원들의 불만을 촉발하고 정부에 대한 신뢰를 낮출 수 있다는 점에서 부정적인 측면이 더 크다.

Ⅳ. 정책제언

그렇다면 앞에서 설명한 이러한 부정적 효과를 미연에 방지하고 융합 패러다임에 체계적으로 대응하기 위한 미래 정부의 역할은 과연 무엇일까. 우리는 그에 대한 해답으로 인센티브의 설계와 공감행정의 확대, 그리고 정책의 내재화를 위한 제도적 장치 마련이라는 세 가지 정책제언을 제시하고자 한다.

1. 인센티브의 설계

효율성과 책임성의 융합으로 공익 실현의 주체가 공공부문에서 민간부문으로까지 확대되고 있다는 사실은 곧 공공부문의 구조나 관리방식, 정책수단의 성격 등이 변화하고 있음을 시사한다. 공공부문에서 본연의 목적을 유지하면서도 그와는 상충된 가치를 유연하게 받아들이기 위해서는 가치들 간의 완전한 결합, 공존이 이루어질 수 있는 혁신적 정책설계가 필요하다.

이를 위해 융합 패러다임의 수용을 촉진하고 그 효과를 증진하기 위한 여러 인센티브정책에 대해 생각해볼 수 있다. 지속 가능한 사회를 구현하기 위해서는 기업과 국민의 인식을 변화시키고 사회적 책임이 자발적으로 이루어질 수 있는 생태계가 선행되어야 한다. 이는 정부가 경제적 보상이나 네트워크의 장, 교육, 홍보 등을 통해 기존의 관성을 깨고 사회 구성원들의 인식을 제고하기 위한 여러 정책적 인센티브를 제공하는 것에서 출발할 수 있다.

예컨대 사회적 기업의 경우라면, 이들에 대해 정부의 일방향적 지원을 추진하기보다는 이들이 사회적 가치를 직접 측정하고, 사회적 가치 창출에 기여한 부분에 대해 일종의 보상을 제공하는 방안을 생각할 수 있다(최태원, 2014). 공기업이나 일반 민간기업의 경우에도 마찬가지로 형식적인 사회적 책임에서 벗어나 실질적인 사회적·환경적 책임을 이행하도록 하기 위해서는, 실제 사회적 후생에 기여한 부분에 대해 조세 감면 등의 인센티브를 제공함으로써 사회적 후생을 고려한 기업활동이 이루어지도록 이들의 유인구조를 변화시키는 노력이 요구된다. 즉, 다양한 인센티브제도를 설계함으로써 효율성과 책임성이라는 상충된 가치 간의 간극을 줄이고, 그 연결 고리를 긴밀히 하려는 노력이 마련되어야 하는 것이다.

2. 공감행정의 확대

효율적인 합의의 형성과 갈등의 방지를 위한 제도적 장치로는 '공감행정'의 확대를 생각해볼 수 있다. 이를 위해서는 정책과정에서 사회적 행위자의 감성적 지지를 확보하기 위한 참여와 소통장치의 다각화 및 원칙의 유연한 적용을 바탕으로 다양한 아이디어의 수용장치를 구축해야 할 필요성이 제기된다. 공감행정을 통해 갈등으로 인한 사회적 비용을 줄이고 좀 더 손쉽게 사회적 합의에 이를 수 있는 것이다. 이러한 '공감행정'을 위해서는 첫째, 참여와 소통을 통해 내재화된 갈등을 표면화하고 다양한 행위자들의 참여를 확대시키고 이를 통해 정책어젠다의 정당성을 확대해야 한다. 둘째, 갈등을 표면화하면서 이성적 영역을 감성적으로 확대함으로써 다양한 행위자들의 감성적 지지를 통해 과정적 정당성을 확보하는 것이 필요하다. 또한 정책형성 과정에서 확립된 원칙을 유지하되 집행 과정에서의 불확실성을 받아들여 정책집행 과정에서 발생할 수 있는 갈등비용을 최소화하는 것도 요구된다.

이러한 관점에서 볼 때, 공공가치의 융합이란 Rifkin(2010)이 공존의 필수적인 조건으로 '공감'을 꼽는 것과 그 맥락을 같이한다고 볼 수 있다. 즉, 다른 이데올로기, 학문적 배경, 가치관을 가진 사람들을 단순한 추리를 통해서가 아니라 마치 자기의 것처럼 생각해보고 이해하는 것이 필요한 것이다.

3. 정책의 내재화를 위한 제도적 장치 마련

다양한 가치의 동시 수용은 대개 높은 비용을 수반하므로 조직들은 융합 패러다임에 기반한 운영 원리의 수용을 꺼릴 수 있다. 따라서 융합 패러다임에 대한 의례적인 몰입ceremonial commitment과 부정합화 현상을 완화시키기 위해서는 정책이나 제도의 도입과 채택에 치중하기보다는 오히려 그 내재화internalization 수준을 높이기 위한 각종 제도적 장치의 마련이 필요하다.

먼저, 다양한 운영 원리를 포함한 관리기법이 공공영역에 실질적으로 적용되기 위해서는 현실적인 실천 내용을 포함하도록 평가 및 인증의 세부 기준과 지표들이 우선적으로 개발되어야 할 것이다. 그에 더해 권위 있는 평가와 책임 있는 인증이 이루어지는 생태계 조성도 시급하다. 예컨대 대학의 평가와 같은 경우 평가 및 인증 기관이 언론사와 같은 기관인 경우가 많다. 그러나 이는 피평가조직의 대외적인 이미지 제고와 직결되므로, 공공조직으로 하여금 보편적 경영 원리의 실질적 내재화보다는 표면적인 도입을 통한 정당성 확보에 관심을 갖게 하고 더 많은 부정합을 양산할 뿐이다. 따라서 관련 생태계의 조성을 통해 평가의 신뢰성을 확보하고 부정합이 초래하는 여러 부정적 영향을 줄일 수 있다.

또한 현재의 평가 시스템은 그 혜택이 주로 인증, 수상 등 조직의 명예를 높이는 차원에 머무르고 있다는 점에서 한계를 지닌다. 그 때문에 역량이 낮은 조직들은 보편적 경영 원리의 도입을 포기하거나 이를 의례적으로 도입하는 선에서 멈출 수 있고, 역량이 높은 조직이라 하더라도 좋은 평가를 얻기 위해 그다지 노력을 기울이지 않을 가능성이 높다. 따라서 이의 실질적인 이행이 광범위하게 이루어질 수 있도록 명확한 정책의 이행구조가 설계될 때, 형식적 변화가 아니라 실제적 변화를 통한 '효과성'을 담보할 수 있다.

V. 결론

다양하고 상충적인 가치가 수용될 경우 개인의 존엄성 확대, 삶의 질 향상, 조직의 장기적인 경쟁력 확보, 국가의 지속 가능한 발전 등 여러 긍정적인 측면이 크다(Frank et al., 1995). 또한 다양한 가치의 동시 수용은 행위 주체를 둘러싼 환경의 개념과 범위를 확대하고 이에 속한 여러 이해관계자들과의 상호작용을 증가시켜 서로 간의 신뢰를 높이고, 다양한 구성원들을 아우르고 통합하는 좋은 사회good society로의 발전을 가능케 한다(Galbraith, 1996). 가치 융합적인 태도를 바탕으로 상충되는 가치들을 유기적으로 연계할 때 경제적 성과와 사회적 성과가 선순환한다는 연구 결과 등은 공공가치의 융합이 지닌 긍정적 측면을 단적으로 보여주는 것이다(조희진·장용석, 2016). 융합적 운영 원리를 받아들이는 데는 많은 비용이 소요되지만, 이것이 의례적인 몰입에 그치는 것이 아니라 실질적으로 이행된다면 그보다 더 큰 편익을 기대할 수 있다.

결국 효율성과 책임성의 융합이 패러독스의 상황으로 끝나지 않고 좋은 사회로의 발전, 국가의 번영으로 이어지도록 하기 위해 정부의 역할이 그 무엇보다 핵심적이다. 미래 정부는 다양한 가치들을 조화롭게 수용하고 이행할 수 있도록 여러 제도적 장치를 마련하고, 그 과정에서 발생하는 다양한 진통과 마찰을 효과적으로 예방 또는 완화하려는 노력을 지속해야 한다. 중요한 것은 융합 패러다임이 어떻게 작동하고, 어떠한 가치를 향해 나아가고 있는가를 이해하는 것이다. 이것이 전제될 때, 미래 정부의 바람직한 상像 또한 찾을 수 있다.

제3장

미래 정부와 협력적 거버넌스:

H-JUMP School의 민관협력 사례를 중심으로

* 홍순만(연세대학교 행정학과 교수)

* 김택규(연세대학교 행정학과 석사과정)

본 장은 해외 학술지 *Public Money & Management*에 게재 예정인 논문 Public-Private Partnership Meets Corporate Social Responsibility: The Case of H-JUMP School을 번역한 것이다.

Shaping Government in the Future Society

Ⅰ. 서론

최근 20년 동안, 협력적 거버넌스 관점은 점차 보편적인 것(Ansell & Gash, 2008; Austin, 2010; Donahue & Zeckhauser, 2011; Huxham & Vangen, 2013; Kelman & Hong, 2016)이 되어왔다.[1] 새로운 형태의 거버넌스하에서 공공기관들은 네트워크를 형성하여, 정부와 기업 및 비영리 부문에 영향을 미치고 각각 다른 정책형성 단계에서 작동하는 다수의 이해관계자들과 협력한다. 더 나아가 좀 더 복잡하고 상호 연결된 정책환경에서, 정부가 비정부 행위자의 비교우위를 활용할 수 있는 능력 여부는 공공의 목표를 달성하는 데 필요한 역량(Donahue and Zeckhauser, 2011)이 되었다. 이러한 거버넌스적 역량은 정부에 대한 행정수요 증가와 재정긴축이 동시에 요구될 것으로 예상되는 뉴노멀New Normal 시대에, 정부가 가져야 할 필수적인 덕목이 될 것으로 예상된다.

본 장에서는 앞으로 도래할 뉴노멀 시대의 협력적 거버넌스 모델이 될 수 있는 '삼자간 민관협력tripartite PPP'에 초점을 맞추고 분석을 하고자 한다. 삼자간 민관협력은 정부기관과 민간기업, 비영리조직NPO이 참여하는 민관협력의 한 형태이며, 이 모델에서 정부는 민관협력을 유지하는 중추적인 역할을 맡고 있다. 이러한 형태의 민관협력은 공공프로그램에 자금을 지원하는 영리기업의 행위동기가 기업의 사회적 책임CSR에 있다는 점과, 민간기업의 자금 지원이 상당 부분 정부의 재정부담을 덜어준다는 점에서 전통적인 민관협력과 차

1 본 연구에서는, 협력적 거버넌스 개념을 광의의 관점에서 "공공부문이 민간 주체의 참여를 이끌어내려는 노력과 함께 재량권을 공유하면서 공공의 목표를 추구하는 것"(Donahue & Zeckhauser, 2006)이라 정의하였다.

별점이 있다. 일반적인 민관협력 모델에서 독립적인 비영리조직들은 프로그램의 운영에 대해 전적으로 책임을 져왔고, 정부의 행정비용을 상당부분 감소시키는 데 기여해왔다. 정부기관은 예산의 일정 부분을 지원하고, 비정부 행위자들을 감독하며, 프로그램의 미션을 설계하고 로드맵을 이행하는 책임을 져왔다.

그러나 여기에서 제시하는 민관협력은 사회기반시설의 건설뿐만 아니라 공공서비스의 운영을 민간부문에 맡기는 전형적인 형태의 정부와 민간기업 간 민관협력과는 차이가 있다(Acerete et al., 2016; Fernandes et al., 2016; Hong, 2016a). 전통적 민관협력은 정부가 민간부문에 상환해주거나 미래에 발생한 운영수익을 민간부문이 가져갈 수 있도록 하는 대신 대규모 투자가 이루어지는 반면, 삼자간 민관협력에서는 전통적 민관협력에서 민간이 지는 재정적 부담보다 적은 부담을 지게 된다. 더욱이, 삼자간 민관협력은 전형적인 형태의 비영리조직과 민간기업 간 민관협력과도 다르다. 삼자간 민관협력에서 정부는 예산의 일부분을 지원하고 민관협력 참여 주체들의 기회주의적 태도와 성과를 감시하는 역할을 담당한다. 이는 협력을 재정적으로 지속 가능하게 이루어지도록 하는 데 긍정적으로 작용한다(Austin, 2010; Austin & Seitanidi, 2012).

이러한 삼자간 민관협력은 언뜻 재정적 제약에 직면한 정부의 입장에서는 공공서비스의 제공과 전형적인 민관협력 모두에 비해서 봤을 때 전혀 잃을 게 없는, 확실히 이점이 있는 선택지처럼 보일 수가 있다. 하지만, 비정부 행위자들과 협력을 시작하고 유지하는 단계에서 일반적으로 협상과 기회주의적 행태를 감독하는 것에 대한 거래비용transaction costs이 수반되기도 한다. 정책입안자policymaker는 이런 상충관계를 정확하게 인식하여야 한다(Globerman & Vining, 1996; Donahue & Zeckhauser, 2011).[2] 더 나아가 다른 제도적 장치들과 마찬가지로, 파트너십의 지속가능성을 위해 민관협력에 참여하는 각 주체들에게 일

2 더욱이, 본 연구에서 제시하는 새로운 형태의 민관협력은 대규모 사회기반시설 건설사업과는 맞지 않는 측면이 있다는 것을 확실히 알아야 한다. 기업의 사회적 공헌 활동(CSR)에 지출할 수 있는 자금에는 한계가 있기 때문이다.

정 혜택이 제공되는 등 인센티브 체계가 갖춰져 있어야 한다. 따라서 지속 가능한 파트너십을 설계하는 것은 각 참여 조직들의 인센티브에 대한 깊은 이해를 요구한다. 이는 참여 조직들이 공적목표의 달성에 확실하게 기여할 수 있도록 한다. 하지만, 이전에 삼자간 민관협력에 대해 다룬 글들은 상대적으로 이러한 과정에서 파생되는 핵심 질문들에 대한 언급이 부족하였다. 즉, 왜 이윤극대화를 추구한다고 여겨지는 민간기업들이 공적목표 달성에 관심이 있는지, 공공프로그램에 부분적으로 자금을 지원하면서 그들이 얻어가는 것은 무엇인지, 그리고 무엇보다도 왜 삼자(정부-민간기업-비영리조직)가 이루는 파트너십이 단순한 민간위탁을 포함한 전통적인 협력 형태보다 선호되는지에 대한 분석이 부족하였다.

본 장에서는 이러한 연구주제들에 대하여, 현대자동차그룹(영리기업), JUMP(비영리조직, Join Us to Maximize our Potential), 서울장학재단(공공기관)이 협력하여 만들어진 H-JUMP School 프로그램 사례분석을 통해서 분석해보고자 한다. H-JUMP School은 세 조직이 뭉쳐 한국에 사는 저소득층 청소년들에게 양질의 교육 기회를 제공하는 프로그램이다. 이 글의 목적은 삼자간 민관협력의 효과성이나 효율성을 평가하는 것이 아니다. 오히려 재정적자를 걱정해야 하는 시대에 정부가 민간자금을 이용하여 미션을 달성할 수 있다는 단순한 사실에서 삼자간 민관협력이 대단히 매력적인 접근임을 인식하게 하는 데 그 목적이 있다. 더 정확하게 말하면, 삼자간 민관협력에 참여하는 주체들의 관점에서 참여에 따르는 이익과 비용을 알아보고, 미래 사회의 정부가 지녀야 할 역할 중 하나인 지속 가능한 파트너십을 설계하기 위한 실용적인 제안들을 제시하고자 한다.

Ⅱ. H-JUMP School 사례분석

H-JUMP School 프로그램은 사단법인 JUMP라는 비영리조직에 의해 처음 실시되었다. 이 사회적 기업social enterprise은 저소득층 청소년들에 대한 양질의 교육 기회를 제공하려는 목적으로 젊은 전문가들이 모여 2011년에 설립된 단체다. 설립된 이래로 사단법인 JUMP는 정부의 개입을 최소화시키면서 조직목표를 능동적으로 추구해왔고, 국내 언론 및 세계은행World Bank으로부터 성공한 비영리조직으로 인정받았다.

2013년에 이르러 JUMP는 현대자동차그룹, 서울장학재단과 H-JUMP School이라는 삼자간 민관협력 사업을 시작하면서 근본적인 변화를 꾀한다. 삼자간 민관협력에서 사단법인 JUMP는 이전 사업모델에서 사업자금 모금에 많은 노력과 시간을 들여야 했던 것과는 달리, 5년간 자금을 안정적으로 지원받으면서 프로그램 운영 측면에 집중할 수 있게 되었다.

이 사례는 삼자간 민관협력의 모범적 사례일뿐더러, 정부가 향후 적극적으로 담당하여야 할 거버넌스의 중재자 역할을 보여주는 사례이기도 하다. 우선 삼자간 민관협력에서 세 주체는 각각 상이한 역할을 분담하는데, 이 사례에서 사단법인 JUMP는 사업에 참여하는 청소년, 선생님, 전문 멘토 및 다른 후원자들을 조직하면서 프로그램 운영을 총괄하였다. 현대자동차그룹은 전체 프로그램 예산의 약 75%를 지원하는 등 자금조달 부문에서 핵심적인 역할을 수행하고, 사회적 공헌 활동의 일환으로 프로그램에 대한 전반적인 자문 제공과 관심 있는 직원들의 참여를 독려하여 유능한 전문 멘토들이 참여하게끔 지원하였다. 한편 서울장학재단은 나머지 25%의 예산을 지원하고, 실력 있는 선생님들을 뽑을 수 있도록 서울 내 각 대학에 홍보하는 역할과 공공자금의 운용 등 운영 과정을 모니터하는 역할도 담당하였다.

삼자간 민관협력에서, 정부와 영리기업 및 비영리행위자는 비전을 공유하고, 협력에 이익이 되는 비교우위를 갖고 있는 것으로 볼 수 있다. 현대자동차

그룹은 자금력에 있어 확실한 우위를 갖는다. 반면, 사단법인 JUMP는 비슷한 사회프로그램을 운영해본 경험과 그에 따른 전문성을 갖는다. 더욱이 JUMP의 관리자들은 그들이 해당 조직을 위해 일하기로 선택한 만큼 프로그램의 비전에 대해 열정을 갖고 있다. 서울장학재단의 참여는 핵심적인 파트너십 구성원들뿐만 아니라 대학교, 지역 관공서, 공중의 지원을 얻는 데 도움을 준다.

Ⅲ. 삼자간 민관협력의 인센티브 구조에 대한 개념적 논의

1. 정부부문Government

정부기관들은 프로그램이 사적 목표보다는 사회적 목표를 추구한다는 일종의 인증을 제공함으로써 파트너십에 도움을 준다(Rivenbark & Menter, 2006; MacIndoe, 2013). 한국에서 재벌들의 기부행위나 사회적 공헌 활동에 대해 회의적인 시각이 많기 때문에, 이런 정부기관의 인증은 프로그램의 대중적인 신뢰성을 높이는 데 중요한 역할을 한다. 즉 서울장학재단의 참여로 H-JUMP 프로그램은 공적, 사적 행위자들에게 광범위한 지지를 얻을 수 있다. 실제로, 서울장학재단은 서울 내 대학생들에게 프로그램 참여를 독려하고, JUMP가 유능한 선생님들을 구할 수 있게 지원하였다.

한편 정부 입장에서는 적은 비용으로 공공목적을 달성할 수 있다는 데 이점이 있다. 즉 삼자간 민관협력에서 정부는 사회프로그램에 대한 재정적 부담으로부터 상대적으로 자유롭다. H-JUMP School의 경우, 공공부문과 민간부문의 재정부담 비율이 1:3 정도로 민간부문이 공공부문보다 더 많은 부담을 진다. 그러므로 정부 입장에서는 삼자간 민관협력을 통해 생산을 늘리지 않아도 비용을 절감할 수 있게 되고, 상당 부분 정부의 비용이 비영리부문에 이전

된다. 이를 아래에서 기술할 사회후생 관점으로 보면, 누가 경제적 부담을 지고 있느냐에 대한 차이만 있지, 비용 이전에 따른 다른 추가비용이 발생하지 않는다고 할 수 있다.

협력적 거버넌스가 어떤 형태로 이루어져 있건 정부가 부담하는 일정 비용은 발생한다. 이 비용들은 크게 생산비용과 거래비용으로 나눌 수 있다. 생산비용은 예산 마련 등 공공서비스 생산에 드는 비용을 의미한다. 거래비용은 비정부 행위자와의 협상 과정에서 발생하는 비용과 잠재적 기회주의적 행동을 감독하는 데 드는 감시비용monitoring cost으로 분류될 수 있다(Globerman & Vining, 1996). 삼자간 민관협력에 참여하는 정부 입장에서, 예산지출 등으로 발생하는 생산비용은 거의 들지 않는 반면 삼자간 협상에 드는, 즉 기존 민관협력에서는 발생하지 않던 새로운 거래비용이 발생한다고 볼 수 있다. 삼자간 민관협력은 삼자간 협상을 포함하고 있기 때문에 협상비용이 양자간 민관협력의 경우보다 더 많이 소요될 수도 있다. 아래에서 다시 협상 및 감시비용에 대한 사회후생적 의미에 대해 논의할 것이다.

추가적으로 정부가 지출해야 할 또 다른 잠재적 비용은 프로그램 통제능력의 감소이다. 삼자간 민관협력에서 정부는 더 이상 단독으로 의사결정을 할 수 없다. 오히려 합의를 도출하기 위해서 다른 두 주체와 협의하고 협상하여야 한다. 이는 다시 잠재적 협상비용의 증가로 이어진다. 그리고 만약 프로그램이 언론이나 대중들에게 성공적이라 평가받게 되면, 정부는 프로그램의 성공적인 운영에 대한 공로를 다른 이해관계자들과 공유하여야 한다.

종합적으로 정부가 파트너십에 참여함에 따라 편익과 비용이 모두 발생한다. 그러나 비정부부문의 협력자들이 상당한 재정적 부담을 지는 한, 재정긴축과 재정의 효율적인 운용을 요구받는 정부는 삼자간 민관협력으로 생기는 순편익을 마냥 무시할 수는 없다. 그러므로 정부 기준에서 고려하여야 할 핵심 사항은 삼자간 민관협력을 조직함으로 인해 상당한 지출액을 절감할 수 있다는 점이다.

2. 비영리조직Nonprofit Organization

비영리조직의 주요 비교우위는 해당 정책이슈에 대해 전문성을 갖고 있다는 것이다. 파트너십에 참여하는 비영리조직은 보통 관련 서비스를 제공한 경험을 갖고 있는 경우가 많기 때문이다. 그리고 이 경험들은 사무실에서 정책을 입안하는 관료들과 실제 서비스를 받는 시민들 간 생기는 정보의 불균형을 해소하는 데 큰 도움을 준다. 따라서 비영리조직의 역할은 정부 및 민간기업에서 지원받은 자금으로 프로그램을 관리 및 운영하는 것이라 볼 수 있다.

비영리조직의 파트너십 참여동기는 단독으로는 획득하기 어려운 자원을 삼자간 민관협력을 통해서는 얻을 수 있다는 것이다(Austin, 2010; Austin & Seitanidi, 2012). 예를 들어, H-JUMP School의 사례에서 사단법인 JUMP는 프로그램을 활성화시키고 사회적 목표를 달성하기 위해 필요한 재정자원과 정부의 네트워크를 이용할 수 있었다. 삼자간 민관협력에서 비영리조직은 보장된 기간 동안 자금을 지원받음으로써 전적으로 프로그램의 운영에만 집중할 수 있게 된다(Austin, 2010).

한편, 삼자간 민관협력을 통해 비영리조직이 갖는 위협요인은 서비스를 어떻게 제공할 것인지, 조직의 비전을 어떻게 달성할 것인지 등 운영의 자율성을 상실한다는 점에 있다. 파트너십이 형성되고 공적자금이 투입된 이후에는 프로그램의 운영에 있어 세부적인 부분까지도 정부의 감사 또는 규제를 받아야 한다. 정부만큼은 아니지만 민간기업에서 나오는 정부의 감사 또는 규제도 역시 받아야 한다. 직관적으로 정부규제는 비영리부문에 대한 공적 책임성을 높여줄지도 모르지만, 비영리조직에 상당한 비용을 부과하는 것일 수도 있다.[3]

요약하면, 비영리조직이 삼자간 민관협력에 참여하는 것은 프로그램 운영의 수준을 높이고 결과적으로 목표를 달성할 수 있는 상당한 기회로 작용할

3 추가적인 내용은 Irvin(2005)를 참조.

수 있다. 다만 비영리조직의 참여를 망설이게 만드는 잠재적인 장애물은 종합적인 운영효율성을 희생하면서 상당한 시간과 힘을 들여 정부규제에 순응해야 한다는 것이다. 또한 비전에 부합하지 않는 방향으로 프로그램이 운영될 수도 있다는 점도 단점으로 꼽을 수 있다.

3. 민간기업Private Corporation

삼자간 민관협력에서 민간기업은 공익적인 프로그램의 집행에 재정적 부담을 공유함으로써 파트너십에 기여한다. 수익을 추구하는 수익형 민간투자사업방식BTO, Build-Transfer-Operate이나 임대형 민간투자사업방식BTL, Build-Transfer-Lease 등의 민관협력방식(Acerete et al., 2016; Fernandes et al., 2016; Hong, 2016a)과의 중요한 차이점은, 삼자간 민관협력에 참여하는 기업이 프로그램 운영에서 이익을 요구하지 않는다는 점이다. 구체적으로 전통적인 민관협력에서 민간부문은 사회기반시설 건설에 자금을 제공하고, 그 대가로 사회간접자본을 건설한 후 정부 및 대중의 이용으로 창출되는 수익을 일정 기간 동안 얻는다. 하지만 여기서 언급하는 삼자간 민관협력에서 민간기업은 단지 사회적 공헌 활동의 일환으로 자금을 제공하고, 대중과 정부로부터 자금 지원에 대한 금전적 대가를 요구하지 않는다.

자금이 민간기업의 사회적 공헌 활동 예산으로 제공되기 때문에 삼자간 민관협력은 전통적인 민관협력과 사회적 공헌 활동의 혼합이라는 측면이 있고, 이러한 점이 전통적인 민관협력과 대조되는 중요한 차이점이라 할 수 있다. 따라서 참여하는 민간기업의 동기를 이해하기 위해서는 왜 기업이 사회적 공헌 활동을 추구하는가에 대한 이유를 알아야 한다. 크게 기업이 사회적 공헌 활동에 참여하는 것에 대한 동기를 두 가지로 압축할 수 있었다(Young & Makhija, 2014). 첫 번째는 제도적 영향으로 인한 동기였고, 두 번째는 이윤극대화 동기였다.

첫 번째 설명은 기업의 사회적 공헌 활동이 사회적 이해관계자societal stakeholders들로부터의 정당성legitimacy 획득에 도움이 되기 때문에 사회적 공헌 활동에 참여한다는 것이다. 정당성은 "사회적 관찰자의 관점에서 가치관, 신념 및 정의와 관련하여 사회 내에 존재하는 것이 바람직하고 가치가 있다고 할 수 있는 것"(DiMaggio & Powell, 1991; Suchman, 1995; Young & Makhija, 2014: 672)으로 정의할 수 있다. 이러한 관점에서 민간기업은 사회적 공헌 활동을 통해 정당성에 대한 대중의 인식을 향상시킴으로써 사회적으로 벌칙이 부과될 가능성을 줄일 수 있다. 구체적으로 정당성에 대한 대중의 인식을 개선하는 것은 조직 구성원 혹은 정부나 소비자 같은 내부적, 외부적 이해관계자와 소통할 때 직면할 수 있는 위험들을 줄여주는 역할을 할 수 있다.

기업의 사회적 공헌 활동 동기에 대한 두 번째 설명은 기업의 자기이익 추구적 이윤극대화 행위firms' self-interested profit-maximization activities 측면에서 할 수 있다. Drucker(1984: 62)는 기업의 사회적 책임성에 대하여 "사회적 문제를 경제적 기회와 경제적 이익으로, 생산능력 및 인적자원의 향상 기회로, 좋은 직장으로 또는 부wealth로 바꾸는 것"이라 정의한 바 있다. 이런 관점에서 사회적 공헌 활동이란 소비자의 브랜드 충성도와 구성원의 만족도를 높이는 수단이 될 수 있다(Peloza & Hassay, 2006; Godfrey & Hatch, 2007; Mackey et al., 2007). 하지만 기업의 사회적 공헌 활동이 단순히 자원낭비에 지나지 않는다는 견해 또한 존재한다(Friedman, 1970; Keim, 1978; Lantos, 2001).

다만 유념해야 할 것은 위에서 언급한 두 관점이 상호 배타적이지 않다는 데 있다(Young & Makhija, 2014). 기업의 정당성에 관해 사회적 이해관계자의 인식을 높이는 것이 다른 한편으로는 기업가치 향상에 도움을 줄 수도 있기 때문이다. 더욱이 제도적 관점과 이윤극대화 관점 모두 사회적 공헌 활동에 의해 보상을 받기 위한 조건이 공통적이다. 이 중 첫 번째는 사회프로그램이 사회적 목적과 가치에 잘 부합되어야 한다는 것이다. 즉, 기업의 내부적·외부적 이해관계자와, 더 나아가 사회 전체적인 선호와 부합하여야 한다. 두 번째 조건은 기업의 사회 공헌 활동이 대중들에게 잘 인식될 수 있어야 한다. 기업 입장에서 사회적 공헌 활동을 통한 기업가치의 창출 여부는 어떻게 기업이 자신들의 활동을 언론과 대중에 홍보하는지와, 어떻게 언론과 대중이 기업의 활동을 인식하는지에 달려 있다.

4. 사회후생 Social Welfare

사회후생의 관점에서, 정부가 삼자간 민관협력에 참여함으로 인해 절감되는 예산은 참여하는 민간부문에 그대로 전가된다. 따라서 삼자간 민관협력이 사회후생을 향상시키는지 여부는 모든 주체들이 참여로 인해 혜택을 받는지와는 다른 문제이다. 여기서 기존 민관협력에 비해 더 큰 사회후생을 창출하는 삼자간 민관협력에 대한 세 가지 특징을 도출할 수 있다. 특징은 잠재적 사회후생의 비교를 통한 분석을 토대로 도출하였다. 그리고 잠재적 사회후생은 사회 내 이해관계자들이 창출하는 모든 가치의 총합을 말한다.

첫 번째 특징은 삼자간 민관협력이 참여하는 정부, 민간기업 및 비영리조직에 대해 각 조직이 가지는 비교우위에 집중할 수 있도록 한다는 것이다. 그리고 이는 각 조직의 잠재적인 생산성 향상을 가져올, 즉 공공 및 민간의 생산비용 총합을 절감시켜 줄 것이다. 물론 비교우위에 집중하는 것은 다른 형태의 협력적 거버넌스의 특징이기도 하지만, 삼자간 민관협력의 경우에는 각 참여 조직들이 각 조직의 다른 관점, 전문성 및 역량을 제공할 수 있다는 점에서 차이가 있다. 이는 협력에 있어 잠재적으로 상당한 시너지 효과로 이어질 수 있다(Bryson et al., 2006; Austin, 2010; Austin & Seitanidi, 2012). 이는 비교우위이론을 근거로 한다. 비교우위는 특정 상품의 생산 기회비용이 다른 나라에 비해 낮아 유리한 조건을 갖는 경우를 뜻하며, 비교우위론은 각국이 비교우위를 갖는 재화를 생산하고 이를 교환하면 서로 이익을 얻을 수 있다는 이론이다. 비교우위는 한 조직이 사회적 목표 달성에 소요되는 자원 전체를 소유할 수 없는 오늘날 같은 상황하에서 더 커지게 될 것이다(Austin, 2010).

두 번째 특징은 전통적인 협력 형태와 비교했을 때 삼자간 민관협력에서 협상비용은 증가하는 반면, 감시비용은 감소한다는 것이다. 삼자간 민관협력에서 파트너십 계약체결 과정에서 발생하는 협상비용은 참여하는 조직의 수가 많아지기 때문에 증가하게 될 것이다. 한편 국민 세금에서 나가는 운영비는 줄어들 것이므로 감시비용은 더 낮아질 것이다. 삼자간 민관협력에서 지원받는 자금의 상당 부분을 비정부 행위자에게 제공받기 때문이다. 이에 비해 다른 형태의 민관협력은 정부가 대부분의 자금을 지원하는데 이는 곧 국민의 세금이므로, 자금 이용에 대한 감시가 더 철저할 수밖에 없다. 결과적으로 사회후생에 미치는 영향은 모호하게 될 것이다.

마지막으로 세 번째 특징은 기업이 삼자간 민관협력에서 프로그램 운영을 위한 자금의 상당 부분을 지원하기 때문에, 공공가치 창출 외에도 기업 입장

표 3.1 삼자간 민관협력의 잠재적 편익과 비용

참여 주체	편익	비용
정부	• 참여하는 민간기업이 운영예산의 대부분을 보조하므로 생산비용이 상당히 줄어들 수 있음 • 조직 및 재정 능력을 확보하기 위한 의회의 동의가 필요 없음 • 잠재적인 협상비용이 증가함 • 잠재적인 감시비용이 줄어듦	• 프로그램 운영 공로를 비정부 행위자들과 공유하여야 함 • 민간부문의 잠재적인 기회주의적 행동으로 인해 정부가 비난받을 위험요인이 존재함
민간기업	• 제도적 접근과 이윤극대화적 접근에 따라 기업의 사회적 공헌 활동에 의해 창출되는 편익이 구분됨 • 파트너십이 평판을 제고하고, 사회적 벌칙 부과가 줄어들 가능성이 있는 등 이해관계자들의 시각에서 기업의 정당성이 향상되고, 소비자들의 브랜드 충성도와 구성원의 만족도를 높이며, 때에 따라서는 이윤을 창출하는 등 지렛대 역할을 할 수 있음	• 프로그램 운영에 드는 자금 중 상당 부분을 제공할 필요가 있음
비영리 조직	• 재정적 자원을 민간기업과 정부 양쪽에서 받음으로써 서비스 운영을 확대할 계기를 마련할 수 있음 • 운영자금 모금에 많은 노력과 시간을 들일 필요가 없음	• 조직의 자율성에 잠재적 제약요인이 될 수 있음 • 정부의 규제 부과로 인해 운영효율성이 잠재적으로 감소할 수 있음

에서 중요한 사적가치를 창출할 수 있다는 점이다.[4] 중요한 사적가치로는 기업의 평판 제고, 정당성 인식 향상, 브랜드 충성도 및 구성원 만족도 개선을 예로 들 수 있다. 앞선 논의들이 타당하다면, 파트너십의 사회적 후생 함의를 결정할 때 이러한 사적가치를 고려하여야 한다.

이러한 논의들을 통해 결과적으로 삼자간 민관협력은 전통적인 민관협력 방식에 비해 잠재적으로 더 많은 사회후생을 창출할 수 있을 것으로 기대된다. 잠재적으로 더 많은 협상비용의 지출이 삼자간 민관협력에서 다소 문제점으로 지적될 수 있지만, 일단 협력체가 결성되고 난 후 민간기업의 운영자금 지원과 잠재적인 사적가치 창출로 인해 발생하는 사회후생 또한 무시할 수 없는 수준이다. 앞에서 논의한 내용을 종합하면 **표 3.1**과 같다.

Ⅳ. 결론 및 미래 사회의 정부 역할 제안

본 장은 도래할 뉴노멀 시대의 민관협력에 대안모델이 될 수 있는 새로운 형태의 민관협력, 즉 정부와 민간기업 및 비영리부문이 참여하는 삼자간 민관협력에 관한 것이다. 기업의 사회적 공헌 활동 예산에 의해 부분적으로 지원되는 이 방식은 정부가 직면한 재정적 부담을 줄여준다는 데 특징이 있다. 구체적으로 최근 한국에서 형성된 삼자간 민관협력 사례인 H-JUMP School 프로그램을 토대로 각 조직의 참여동기와 파트너십의 지속가능성 요인, 파트너십이 사회후생에 미치는 영향을 살펴보았다.

논의를 통해 결론적으로 삼자간 민관협력은 전통적인 민관협력에 비해 잠

4 사적가치 창출에 대한 특징은 기업의 사회적 공헌 활동을 이윤극대화의 일환으로 파악하는 해석과 유사하다. 하지만 제도적 해석과는 다소 다른 측면이 있다(Young & Makhija, 2014).

재적으로 사회후생을 개선한다고 평가할 수 있었다. 더욱이 삼자간 민관협력은 재정긴축시대인 오늘날 사회적 목표를 달성하는 데 효과적인 방법이기도 하다. 하지만 삼자간 민관협력 형태를 채택하고 이용을 확산시키기 위해서는 여러 장애물들을 고려하여야 한다. 우선, 납세자들 입장에서 매력적으로 볼 요인인 민간기업의 자금 지원은 다소 특수한 경우일 수 있다. 또한 기업이 생각하는 사회적 공헌 활동 지출의 이상적인 수준은 사회에서 요구하는 수준보다 상당히 낮은 경우가 많기 때문에,[5] 프로그램을 사회적 최적 수준으로 규모를 확장하는 데 어려움이 있을 수 있다.

또한 정부가 비정부 행위자들의 기회주의적 행동을 감시하는 것은 파트너십의 책임성을 높여줄 수 있으나, 서비스 공급의 효율성 확보를 제약하는 요인이 될 수 있다. 즉, 행정의 책임성 확보와 운영의 효율성 확보 간 상충작용이 일어날 수 있다는 뜻(Hong, 2016b)이다. 예를 들어 H-JUMP School 사례의 경우, 정부가 현대자동차그룹과 정부가 제공하는 재정자원에 대해 정기적으로 엄격한 회계감사를 실시하고 있는데, 이는 비정부 행위자들이 혁신을 추구할 동기를 억압할 수 있다(Frey, 1993; Sundaramurthy & Lewis, 2003). Frey(1997: 664)의 주장처럼, "주인-대리인관계에서 대리인은 서로를 불신하는 상황 또는 상호 신뢰를 바탕으로 한 계약을 일방적으로 파기하는 경우를 위한 감시를 더 예민하게 인식"할 수도 있기 때문이다. 더 나아가 이는 대리인이 최선을 다하지 않도록 만들 수 있다. 이러한 문제점에 대한 잠재적인 해결책 중 하나는 민관협력체 운영에 관한 회계정보의 투명성을 높이는 것이다. 투명성을 높이는 것은 비정부 이해관계자들에게 부과되는 막대한 규제에 대한 부담을 덜어준다(Hong, 2015).

결론적으로, 삼자간 민관협력은 미래 정부가 직면할 뉴노멀 시대에 지향해야 할 협력적 거버넌스 모델로 적합하다고 볼 수 있다. 미래 정부에서 삼자간 민관협력이 제대로 이루어지기 위해서는, 지속 가능한 파트너십을 만들기 위

5 이와 관련하여서는 McWilliams & Seigal(2001)을 참조하였다.

한 정부의 바람직한 역할이 필요하다. 선거나 보직순환처럼 정치인과 관료의 인센티브에 영향을 미치는 제도적인 구조 때문에 정부는 근시안적 태도로 일관할 수 있고, 따라서 비정부부문의 협력자들의 장기적인 역량 개발보다는 단기적 효능에 초점을 맞출 가능성이 있다. 하지만 민관협력을 통해 사회에 장기간 긍정적인 영향을 주기 위해서는 정부가 비정부부문 협력자들의 업무에 도움이 되는 역량 개발을 지원하는 것이 필수적이다(Letts et al., 1997). 더욱이 정부는 감독과 협력 간 균형 유지가 중요하다는 것을 유념하여야 한다. 물론 어떤 형태의 민관협력이라 할지라도 정부가 비정부 행위자들의 기회주의적 행동을 감시 및 감독하는 것은 필요하다. 하지만 삼자간 민관협력에서 정부는 운영자금의 상당 부분이 민간자금이라는 것을 고려하여, 공공가치를 공동 생산하는 과정에서 발생할 수 있는 갈등 등 여러 문제점을 극복하고 협력관계를 유지할 수 있도록 적극적인 역할을 수행하여야 한다.

제4장

더 나은 미래를 위한 갈등 해결과 통합

* 나태준(연세대학교 행정학과 교수)
* 유나리(연세대학교 행정학과 박사수료)

본 장은 『2017 대통령의 성공조건(동아시아연구원, 2017)』의 「국민통합을 위한 공공갈등의 조정」 및 『2016 지속가능발전연구원(IGS) 연례학술대회: '대한민국, 지속가능한가?' 발표자료(2016. 11. 25.)』의 「국책사업과 정부신뢰: 지속가능한 환경정책을 위한 성찰과 제언」을 재구성하여 작성하였다.

Shaping Government in the Future Society

Ⅰ. 서론

세계 10위권의 경제대국, 대한민국은 진정 풍요로운가? GDP 1조 4,000억 달러를 달성한 국가, 경제선진국의 클럽인 OECD 35개 회원국 중의 당당한 일원, 국민소득이 3만 달러이면서 인구 5,000만 명인 30-50클럽 6개국 중 하나, 하계와 동계 올림픽을 모두 유치한 국가, 해외원조 수혜국에서 공여국으로 탈바꿈한 세계 유일의 나라, 하지만 과연 대한민국 국민의 삶의 질도 세계에 자랑할 수준일까? 불행히도 그렇지 않다. 우리나라의 상대적 빈곤율은 OECD 평균 이상이며 GDP 대비 공적 사회지출 비중은 OECD 국가 중 멕시코 다음으로 낮다. 자살률과 이혼율은 세계 최고 수준인 반면, 출산율과 삶의 만족도는 최저 수준이다. 교육열로 인해 고등학생의 대학진학율은 타국의 추종을 불허하지만, 정작 대졸자를 비롯한 젊은이들의 취업은 어렵다. 좋은 일자리는 자꾸 줄어들고 실업자는 증가하고 있다. 소득불평등, 교육수준별 임금격차, 정규직과 비정규직 간의 차별 문제는 수십 년이 되도록 해법을 찾지 못하고 있다. 게다가 정부의 대국민 소통 부족, 불투명한 정책결정 과정으로 인해 대통령이 탄핵되는 헌정 사상 초유의 사태까지 발생하였다. 대한민국은 과연 행복한가?

Ⅱ. 공공갈등의 양상과 쟁점

1. 낮은 정부신뢰

우리 경제는 급속도로 발전했지만, 그로 인한 사회적 대가는 엄청나다. 과거, 경제발전을 위해 미루어두었던 고지서가 이제 걷잡을 수 없을 정도로 청구되고 있는 것이다. 문제는 이러한 사회적 숙제를 모두 적절하고 효과적으로 해결할 수 없다는 난감함과 좌절감이 타자, 특히 문제 해결의 열쇠를 쥐고 있는 공공부문에 대한 원망과 미움, 갈등으로 분출되고 있다는 점이다. 우리가 직면한 문제는 이제 굶주림에서 분노로 그 본질이 바뀌었다. 즉, 'Hungry Society'에서 'Angry Society'로 전환한 것이다.

이러한 분노는 불신, 불만, 불안으로 구성된다. 물리적 안전, 경제와 복지에 대한 불확실성 등은 개인이 효과적으로 해결하기 어려운 경우가 많다. 따라서 공공부문의 역할을 기대해보지만, 경제·사회적 부패, 제도적 불공정성과 그에 대한 관습적 인정과 정치권의 무관심 등은 불안에 대한 해결책을 제시해주지 못해 오히려 불만을 초래하게 된다. 사회구조적으로 잘못된 부분이나 개인의 힘으로는 어찌해볼 수 없는 공적 성격의 문제가 정부에 의해 신속하고 적절하게 개선되지 않으면 불만이 쌓인다. 이에 저항도 해보지만 오랜 시간 동안 변화가 이루어지지 않으면서 국민은 체념하게 되고 국회와 행정부 등 제도권의 문제 해결 능력과 의지에 회의를 가지게 되며 결국에는 냉소적이 되고 만다. 그것은 결국 공공부문에 대한 불신으로 나타난다. 관료제 부패, 경제와 사회의 불공정성, 정부와 국민 간 의사불통, 정책결정 과정 투명성 결여 등으로 인해 전반적 공공신뢰가 낮아지게 되는 것이다. 국민의 요구와 기대에 정부가 제대로 부응하지 못한다면 국민은 필히 정부를 불신하게 된다(Nye et al, 1997).

실제로 우리나라의 정부신뢰 수준은 매우 낮다. 정부를 신뢰하고 있는 사람은 100명 중 8명에 불과하다(정진성 외, 2007). 신뢰를 공적 신뢰와 사적 신뢰로 구분하면, 우리나라는 특히 공적 신뢰가 낮은 유형에 해당된다. 예를 들어 부모(97.3%), 형제(95.6%)는 물론, 직장 동료(73.5%), 동문(70.9%)이나 고향 사람(69.3%)에 대해서는 신뢰가 충만한 반면, 정부(28.6%), 고위공무원(17.2%), 국회(8.7%) 등 공공부문에 대한 신뢰는 가혹할 정도로 낮다(김재한 외, 2001). 공공부문에 대한 불신은 결국 갈등으로 이어지게 마련이다. 1980년에서 2013년까지 우리나라에서는 844건, 연평균 35건의 공공갈등이 발생했다(이주형 외, 2014). 기록된 굵직한 갈등 이외의 작은 갈등사례까지 모두 친다면 연평균 100건도 훨씬 넘게 발생했을 것으로 추정된다. 갈등의 이유로는 경제적 이해관계, 일방적 정책추진, 정부와 사회에 대한 불신, 가치·인식·이념의 차이 등을 들 수 있는데, 갈등으로 인한 사회적 비용은 엄청나다. 현재 모든 OECD 회원국 중 터키 다음으로 사회갈등지수가 높은 한국(0.72)이 OECD 회원국 평균(0.44)으로 완화될 경우 GDP는 7~21% 증가할 것으로 예상되며, 그 규모는 82~246조 원에 달한다(박준, 2013). 2017년 우리나라 예산이 약 400조 원이라는 점을 상기해볼 때, 우리가 치르고 있는 갈등이 얼마나 소모적인가를 알 수 있다.

2. 사회공동체정신의 손상

그뿐만이 아니다. 붕괴되는 사회공동체로 인한 사회적 자본의 파괴 또한 심각하다. 부안방폐장 입지를 둘러싼 결정 과정에서 부안군수는 주민들에게 폭행을 당했으며, 제주해군기지 건설을 둘러싸고 벌어진 찬반양론은 급기야 동네 전체를 갈라놓았다. 밀양송전탑 건설 과정에서는 주민의 분신이 있었고, 평택미군기지 이전 사태를 둘러싼 충돌에서는 경찰과 시민단체 양측이 100명 가까이 부상당했다. 최근에는 고고도미사일방어체계인 사드THAAD 배치 문제로 인해 성주와 김천의 지역적 감정대립을 넘어 사회 전반에 보수와 진보의 거친 이념대결이 초래되었고, 2017년 이루어진 제19대 대통령선거에서도 후보자 선택의 핵심적 관심사가 되었음은 물론, 한미관계에 대한 우려를 낳았으며, 중국의 한한령限韓令으로 인한 대중국 수출 및 중국인 관광객 유커의 감소 등 외교안보 영역에까지 일파만파의 양상을 보이고 있다. 하나의 갈등사례가 다양한 이해관계자를 자극하고 포괄하며 지역, 이념, 국제관계 등 매우 복잡하고 예측 불가하게 진척되기에 이른 것이다. 이와 같이 최근 공공갈등의 양상 변화는 복잡다단한 근본적 원인으로 인해 이해당사자를 특정하기가 어렵고, 같은 쟁점의 갈등이 다른 영역이나 지역에서 발생하며 장기화되는 양상을 띤다. 특히 1990년대 민주화 이후 다변화된 사회가치로 인해 공공갈등이 더욱 빈번히 발생하고 있다.

3. 입법부, 사법부, 행정부의 실패

왜 이러한 지경에까지 이르렀는가? 이는 어느 한 제도나 분야의 실패라기보다는 입법부, 사법부, 행정부로 대표되는 우리나라의 전반적인 시스템 문제라고 할 수 있다. 우선, 입법부는 대의제 민주주의를 통하여 국민의 의사를 반영한다는 본연의 역할을 제대로 수행하지 못하고 있다. 갈등 유발적인 법과 제도 및 행정절차의 개선책을 효과적으로 마련하지 못한 채, 오히려 국회나 국회의원 자체가 국민의 공분을 자아내거나 갈등을 유발하는 경우도 많다. 웬만한 불법행위에 대해서도 스스로를 보호하는 행위, 본질적인 입법행위에의 소홀함, 다른 분야에 비해 너무도 강력한 권한, 국회의원 자신은 청탁금지법 적용 대상에서 제외하는 행위 등은 모두 국민으로부터 스스로를 외면하게 만드는 행위이다. 아울러, 정부부처와 공공기관은 대부분 지방으로 이전했는데 국회는 이러한 국가기관 지역분산의 비효율 문제를 해결하기 위해 어느 정도 노력하고 있는지, 국감이나 예산심의 과정 등에서 불필요하게 방대한 자료를 청구하거나 공무원을 국회에 길게 줄서서 기다리게 하는 것이 정부를 길들이기 위한 것은 아닌지, 보다 효율적인 개선 방안은 없는지 다시 곰곰이 생각해볼 일이다.

사법부 역시 정치적이고 갈등 유발적인 판결을 내리고 있으며, 전관예우, 정치검찰 등 부정부패의 고리에서 자유롭지 않다. 정의의 심판을 내려야 할 국가 최후의 보루가 오히려 정치권의 눈치를 보고 언론에 좌우되는 현상이 점점 심각해지고 있다. 소송은 최후의 수단이 되어야 함에도 불구하고 우리나라의 많은 갈등사례들이 그 결정을 법원으로 미루면서 사법국가화되는 경향을 띠고 있는 점도 크게 우려된다. 갈등은 어느 사회에나 존재하며 이는 합의에 의해 평화롭게 해결되는 것이 바람직하지만 중간의 협의 과정 없이 사법부의 판결까지 가고야 마는 사례들이 많아지고 있다. 외국과는 달리 우리나라에서는 소송이 가지는 사회적 부담감이 매우 크다. 우리나라에서 소송을 한다는 것은 양쪽 당사자가 완전히 등지고 앞으로는 서로 보지 않겠다는 의미에 가깝다. 따라서 소송에 의한 해결은 사회적 자본을 촉진하기보다는 와해하는 방향으로 작용한다. 그럼에도 불구하고 갈등의 예방이나 합의적 해결보다는 소송에 의한 해결이 점차 많아지고 있다.

행정부 관료제는 국민의 뜻으로 구성된 민주적 구성물이다. 공무원은 그 본질상 정치적으로 중립적인 존재로서, 영혼이 없다는 비난도 곧잘 받는다. 그러나 실제로 '영혼 있는 공무원'이 되는 것은 위험천만한 일이다. 공무원이 정치적 활동을 하는 것은 불법일 뿐만 아니라 그것을 합법화하는 것은 결코 바람직하지 않다. 공무원으로 구성되는 정부관료제 본연의 임무는 국민의 뜻을 받들어 효과적이고 효율적으로 정책을 결정·집행하는 것이다. 정부의 실패는 정치적 영혼이 없는 데서 발생하는 것이 아니고, 오히려 본질적 임무인 효과성과 효율성, 투명성을 달성하려는 노력이 미흡한 데 기인한다. 따라서 국민들에게 정부에 대한 불만과 불신이 쌓이게 되는 것이다.

4. 정부의 갈등해결 노력의 중요성과 한계

정부가 갈등을 해결하기 위해 일방적으로 노력하는 것은 한계가 있으며 실효성도 적다. 다양한 국민의견을 정책적으로 반영할 수 있는 구조를 마련하여야 하며 중립적 제3자가 개입할 여지를 확보해야 한다. 동화주의적이고 시혜적인 접근은 곤란하다. 또한, 사회통합 관련 정책을 총괄·조정할 수 있는 기구를 만드는 것도 중요하다. 현재 사회통합위원회 정신을 이어받은 국민대통합위원회가 존재하지만 실제 정책기능이 없이 권고권한에 머물고 있어 실효성에 한계가 있다. 구체적 실천을 담보할 수 있는 체제변환이 반드시 있어야 한다. 정부는 국민의 신뢰와 공감을 형성하는 충분한 노력을 기울여야 하고, 기업의 협력도 이끌어내야 한다. 기업의 사회적 공헌이 점차 적어지고 있는 것도 주목할 만한 현상으로, 반드시 이에 대한 문화적·제도적 도약이 있어야 한다. 또한, 갈등관리 자체의 정책이 미비한 상태이므로, 향후 갈등관리기본법의 마련과 함께 프랑스 국가공공토론위원회CNDP와 같은 국민과의 소통의 장 마련, 그리고 대안적 분쟁해결방식alternative dispute resolution의 제도적 도입과 활용 역시 검토할 필요가 있다.

Ⅲ. 갈등 유형별 미래 정부의 대응 방안

미래 정부는 사회 내 다양한 갈등을 지혜롭게 관리하여 정책추진역량을 강화하는 한편 사회의 통합에 기여해야 한다. 본 절에서는 미래 사회 한국 정부가 특히 주목해야 하는 갈등을 유형별로 나누어 분석하고 대응책을 제시하고자 한다.

우리 사회의 갈등과 통합에 관한 인식조사 결과, 지난 7년간 가장 심각한

그림 4.1 유형별 갈등 수준 변화

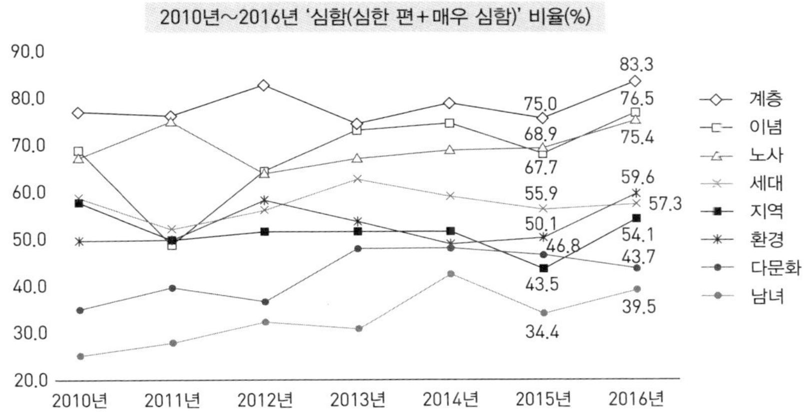

자료: 국민대통합위원회. (2016). 「2016년도 국민통합에 관한 국민의식조사」.

갈등의 유형으로 '계층갈등'이 꼽혔다(국민대통합위원회, 2016). 지난해를 기준으로 '이념'과 '노사', '세대'와 '지역' 갈등이 그 뒤를 이었다(**그림 4.1** 참조). 향후 심화가 예상되는 갈등 유형 역시 같은 순서로 나타났으며, 국민통합에 가장 부정적인 영향을 미치고 있는 유형은 계층, 이념, 세대 갈등으로 분석되었다. 여기에서는 우리사회 계층과 이념, 세대와 지역 갈등의 특징을 살펴보고 미래 정부의 대응 방안을 제시한다.

1. 계층갈등

계층갈등은 최근 우리 사회 갈등과 관련한 다양한 지표들에서 가장 심각한 유형으로 지목되고 있을 뿐 아니라, 다른 갈등 유형과 중첩되고 파급효과가 광범위하다는 점에서 미래 정부가 더욱 주목해야 하는 분야이다(김호기 외, 2015). 계층갈등을 일으키는 구조적 원인은 소득격차와 사회경제적 양극화를 들 수 있으며 인지적·정서적 요인과 함께 사회통합에 더욱 부정적인 영향을 미치고 있다.

먼저 구조적 측면에서 계층갈등의 원인과 실태를 살펴보면 우리나라 소득 불평등 정도는 세계 최상위권 수준이다. 지니계수의 경우, 가계금융복지 조사를 기반으로 계산한 결과 0.347(OECD 평균 0.317)을 기록했는데(2013년 가처분소득 기준) 이는 불평등이 심한 하위권(OECD 35개 회원국 중 27위)에 속하는 수준이다(『한겨레신문』, 2017. 3. 6.). 소득집중도의 경우, 2012년 기준 우리나라의 소득 상위 1% 인구는 전체 소득의 12.23%를, 상위 10% 인구는 전체의 44.87%(2013년 45%(IMF, 2016))를 차지해 데이터베이스에 등록된 OECD 19개 회원국 가운데 상위 1% 기준에서는 3위, 상위 10%에서는 2위에 해당하는 높은 집중도를 보였다(World Wealth and Income Database, 2014). 소득불평등 추이 역시 최근 악화되는 모습을 보여, 우리 사회 불평등 지표들이 동시에 유사한 경고신호를 보내고 있음을 알 수 있다(통계청, 2017).

또한, 우리 사회 계층갈등은 인지적·정서적 차원에서 더욱 심화되고 있다. '계층'이 특정한 자원의 소유 여부가 아니라 지위의 차이에 따라 형성된다는 점에서 '지위재positional goods (Hirsch, 1976)'의 개념을 이해할 필요가 있다. 지위재는 소비를 통해 타인과 자신을 구별해주는 재화로 절대적 소유 여부보다 다른 사람들과 비교가 중요하다. 그리고 밀도가 높은 우리 사회의 관계망 속에서 지위경쟁은 더욱 심화될 수 있는데, 계층적 지위의 격차가 경제적 불평등을 넘어 교육, 소비, 의식 등 삶의 구체적이고 다양한 영역에 이어져 나타나면서 차별 혹은 갈등의 경험 역시 매우 일상화되고 있다(김호기 외, 2015).

이에 따라 미래 사회 우리 정부는 '포용적 성장inclusive growth (OECD, 2014)' 전략에 주목할 필요가 있다. 이는 성장의 내용이 상생발전과 공정분배를 가져올 수 있도록 조정되어야 함을 의미한다. 계층갈등의 구조적 원인으로서 사회경제적 양극화는 새로운 빈곤 문제 확대, 노동시장 이중구조화, 교육격차, 사회이동성 약화 등 다양한 정책 문제와 연결되어 있기 때문에 단순히 조세 증가 혹은 복지지출 확대 등과 같이 특정 정책 분야에 한정된 해결책은 실패할 수밖에 없다. 예를 들어 우리 사회에서는 교육이나 학벌이 지위재로 인식되고 있는데, 지위경쟁에서 패배했을 때 감수해야 하는 상대적 손해를 적극적 노동시장정책과 사회보장정책으로 뒷받침해 줄 수 있다면 치열한 지위경쟁과 이로 인한 갈등 및 불평등의 악순환을 해소할 수 있다.

포용적 성장전략은 우리 사회 모든 구성원에게 공평한 기회가 제공되고, 이렇게 이룬 성장의 물질적, 비물질적 혜택이 다시 공평하게 분배되어야 함을 강조하고 있다. 지위재를 둘러싼 경쟁이 치열한 상태이기 때문에 계층갈등의 인지적·정서적 차원에서 '공정'한 분배와 '균등'한 기회를 보장하는 것 역시 매우 중요하다. 이를 통하여 우리 사회에서 부의 축적 과정에 대한 정당성이 확립되어야 한다. 최근 감소 추세에 있는 사회이동성의 확보 역시, 기회의 평등을 부여한다는 측면에서 결과의 평등보다 큰 의미를 가진다.

2. 이념갈등

우리 사회에서 가장 심각한 갈등 유형 중 하나인 이념갈등은 계급을 중심으로 한 다른 나라의 그것과 상당히 다른 양상을 보이고 있는데 이는 근대적 국가 형성과 민주화 과정의 고유성에 기인한다. 해방 이후 전쟁과 분단국가를 경험하면서 반공산주의 이데올로기가 강조되었고, 이후 발전주의와 권위주의 국가, 그리고 압축적 경제성장을 거치며 '독재(권위)' 대 '민주(자유)'의 이념 대립이 고착화된 것이다(한준·설동훈, 2007).

이에 따라 우리 사회의 이념갈등은 크게 다음의 두 가지 특징을 가지고 있다. 첫째, '보수'와 '진보'라는 이분법적 차원 외에 '권위'와 '자유', '근대적 가치'와 '탈근대적 가치', 대북정책을 둘러싼 '남남갈등' 등 다양한 차원을 포함하고 있다(강원택, 2005). 발전·권위주의 국가를 경험한 세대와 그렇지 않은 세대 간 갈등, 호남-영남 간 지역주의와도 결합되어 있으며,(강원택 외, 2014) 최근 대통령 탄핵을 둘러싼 촛불과 태극기의 대립으로도 극명하게 나타났다. 둘째, 정치엘리트의 이념 양극화와 갈등, 그리고 이들의 '갈등 사유화privatization of conflict'가 한국 사회의 이념갈등을 증폭시켜 왔다(이내영, 2011). 정당과 정치인이 사회적으로 첨예한 대립을 불러올 수 있는 의제를 선점하고 본인들의 이해관계에 맞추어, 즉 선거에서 승리하기 위하여 해당 이슈를 편향적으로 대중에게 전달함으로써 갈등을 확대·재생산해 온 것이다(Schattschneider, 1975). 우리 국민들 역시 수많은 유형의 사회적 갈등을 악화시키는 1순위 요인으로 '여당과 야당의 정치갈등(33.3%)'을 '경제적 빈부격차(27.4%)'나 '언론의 선정적 보도경향(14.8%)'보다 심각하다고 인식했다(국민대통합위원회, 2016). 결국 이러한 특징은 한국에서 민주주의가 사회의 다양한 갈등과 이익을 정치적으로 표출하고 대표해 대안을 조직함으로써, 한편으로는 대중 참여의 기반을 넓히고 다른 한편으로 정치체제의 안정에 기여하는 본래의 기능을 하지 못하고 있다는 비판으로 이어진다(최장집, 2010).

미래 사회의 한국 정부는 민주주의가 합의 형성의 기제로 작동할 수 있도록 노력함으로써 이념갈등을 해소하는 데 기여할 수 있다. 이를 위하여 첫째, 서로를 배제의 대상으로 인식하는 정당들이 대립하는 가운데 상호 소통을 촉진하고 이를 조정하는 리더십과 제도가 필요하다. 특히 정당 간 이념갈등에서 정치적 타협과 설득, 조정과 중재를 통해 갈등을 관리하는 대통령의 리더십이 우선적으로 요구된다(정용덕, 2010). 둘째, 선거제도의 개편을 통하여 국민의 다양한 이익이 대표될 수 있도록 함으로써 갈등을 사전에 방지할 수 있다. 선거제도는 선거구의 크기, 의석 배분방식, 그리고 투표방식으로 구성된다. 비례대표제하에서 의석을 확보할 수 있는 최소득표비율이 낮은 경우 다양한 이념과 가치를 대변하는 정당들이 등장할 수 있는 기회가 될 수 있다. 셋째, 정당 간 갈등을 정책 중심의 생산적인 경쟁으로 유도하기 위하여 정당의 전문성 강화장치가 필요하다. 정책을 개발·연구하는 정당 내 정책연구소 기능 강화와 보좌관 전문성 제고를 위한 제도적 개선 방안이 모색되어야 한다. 넷째, 위 세 가지 방안과 조금 다른 차원에서, 우리 사회의 이념갈등을 해소하고 보다 성숙한 민주주의로 나아가기 위해서는 서로 다른 이념들이 공존할 수 있는 사회적 풍토가 마련되어야 한다. 이를 위하여 소통과 관용의 문화가 정착되어야 하며 민주시민교육을 강화해야 한다. 의무교육 과정 안에서 민주시민의 자질을 함양할 수 있도록 하는 교육과정 개편이 필요하며 평생교육 차원에서 역시 이러한 교육이 이루어져야 한다(신미식, 2011).

3. 세대갈등

과거의 세대갈등은 가치관의 차이에서 출발한 가족 단위의 문제였지만 오늘날 세대갈등은 사회구조에서 기인하는 국가적 차원의 문제로 부상하였다(한국행정연구원, 2013). 국민대통합위원회의 조사 결과 세대갈등이 심각하다고 인식한 비율은 다른 갈등 유형에 대한 심각성 인식과 비교하여 최근 3년간 가장 큰 폭으로 증가하였다(2015년 50.1%, 2016년 59.6%)(국민대통합위원회, 2016). 그뿐만 아니라 심각성이나 시급성 면에서 노사, 지역 갈등보다 뒤처지지만, 국민통합 면에서는 세대갈등이 더욱 큰 영향을 미치고 있는 것으로 나타났다(국민대통합위원회, 2016). 이는 세대 간 공감과 소통이 더욱 어려워지고 있다는 현실을 비롯해 정년연장이나 청년실업 증가 등 사회구조적인 문제를 반영하고 있다.

세대갈등은 특히 경제적 이해관계의 문제에서 두드러지게 나타나고 있다. 미래 정부는 첫째, 상생 가능한 일자리정책과 둘째, 세대 간 부담의 형평성 증진을 통해 갈등의 완화를 기대할 수 있다. 첫째 일자리정책과 관련하여, 최근 고용 없는 성장jobless growth으로 한정된 일자리를 여러 세대가 공유해야 한다는 인식이 확산되면서 세대 간 경쟁 및 피해의식이 높아지고 있다. 여기에 일자리 문제를 완화하기 위해 도입된 정년연장법이나 임금피크제와 같은 정부의 정책이 오히려 세대 간 갈등을 부추기는 원인으로 작용하고 있다. 따라서 정부는 새로운 일자리 창출에 대한 지원을 강화하여 청년실업률을 낮추도록 노력해야 하며, 이를 위하여 정규직 과보호와 노동시장 경직성 혁파, 노동시장 이중구조로 인한 임금격차 보정 등의 정책을 종합적으로 고려할 필요가 있다(안재욱 외, 2016).

둘째, 복지정책과 관련한 세대갈등은 향후 더 심각해질 가능성이 높다. 노년층 인구가 지속적으로 증가함에 따라 노인세대에 대한 근로세대의 체감 지출이 증가하기 때문이다. 근로세대의 경제적 부담 심화는 다른 차원의 문제까지 세대갈등의 프레임으로 규정하게 만들면서 더욱 악화되고 있다. 지하철 재정적자의 원인을 해당 공공기관의 운영 문제가 아닌 노년층 무임승차에 두는 것이 그 예이다(『헤럴드경제』, 2015. 11. 24.). 이에 따라 정부는 복지정책 추진에 있어 세대 간 형평성을 고려해야 하며 각 세대 안에서 경제적 능력을 구분하고 수혜자격을 구체적으로 선별함으로써 세대 간 통합을 추구해야 한다.

한편, 세대갈등은 경제적 문제가 아닌 생활양식이나 가치관, 문화적 차이로 인해 일상생활에서 나타나는 경우도 많다. 이러한 경우, 권위주의 문화를 지양하고 세대 간 양방향 소통을 확대함으로써 서로의 차이를 이해하고 공동체의식을 높여 세대 간 부정적인 인식과 불신을 해소하는 데 기여할 수 있다.

4. 지역갈등

우리 사회에서 지역갈등에 대한 심각성 인식은 국민대통합위원회 조사 결과, 최근 줄어들거나(2013~2015년) 다른 유형과 비교해 소폭 상승하였고(2016년)(국민대통합위원회, 2016) 향후에도 상당히 줄어들 것으로 나타났다(국민대통합위원회, 2016). 그런데 영남-호남, 도시-농촌 간 지역갈등은 감소할 것으로 예측되었지만 '수도권과 지방 간 지역불균형' 문제가 새로운 지역갈등 이슈로 부각되고 있다(국민대통합위원회, 2016). 또한, 특정 지역과 특정 지역 출신에 대한 편견을 갖고 있다고 응답한 비율(68.1%)이 그렇지 않다고 응답한 비율(11.7%)보다 5배 이상 높은 것으로 나타나(국민대통합위원회, 2016) 지역별 전략 마련에 있어 주의가 요구된다.

이러한 맥락에서 미래 정부는 첫째, 국책사업의 절차적 정당성 확보와 둘째, 보다 내실화된 지역균형발전정책을 통해 우리 사회 지역갈등을 완화시킬 수 있다. 먼저 대규모 국책사업이 경제적 효율성이나 사회적 합의와 무관한 정치적 논리에 따라 추진되고, 그 과정에서 주민참여가 배제되는 경우 지역 간, 주민-정부 간 다양한 차원에서 갈등이 증폭될 수 있다. 이러한 갈등을 예방하기 위하여 행정예고제나 입법예고제, 환경영향평가 및 갈등영향분석 등의 기존 제도를 더욱 철저하게, 적극적으로 활용하도록 해야 한다. 또한 주민투표와 공청회 등 지역주민과 합의점을 마련하기 위한 법적·제도적 정비가 필요하다.

지역 간 균형발전을 통한 갈등해소를 목표로 정부가 추진한 공공기관 지방이전의 경우, 정책이 성과를 거두기 위해 해결해야 하는 문제들이 있다. 관련기관 간 업무 협조의 어려움, 과도한 출장 등 업무 비효율로 인한 기관의 사업경쟁력 약화, 퇴직자 증가, 위기대응능력 약화 등의 문제가 근본적으로 해결되어야 한다. 또한, 각 지방의 교통·경제·교육·의료 인프라가 보다 시급히 갖추어지도록 노력해야 할 것이다.

Ⅳ. 신뢰받는 미래 정부

미래 정부는 사회의 각 차원에서 발생하는 갈등을 해소하기 위해 노력하는 한편, 정책을 추진하는 과정에서 정부가 직·간접적으로 연계되는 갈등을 예방하고 조정하여 정책의 효과성을 극대화해야 한다. 이러한 공공갈등을 효과적으로 관리하기 위해서는 제도적, 사회적, 문화적 인프라가 필요하다.

장기적으로 미래 정부는 사회적 자본이나 공적 신뢰와 같은 사회적 인프라, 그리고 합의와 상생, 화해와 평화를 중시하는 문화적 인프라 구축을 위해 노력해야 한다. 사회적 자본은 상호 이익의 증진을 위한 조정과 협력을 촉진하며, 특히 공적 신뢰는 참여적 의사결정과 갈등 조정 및 중재를 위한 선결조건이 되기 때문이다.

그런데 사회적, 문화적 인프라를 구축하기 위해서는 필요한 다른 요건도 많고 비교적 오랜 시간을 필요로 할 뿐만 아니라 효과적인 갈등관리의 결과로 나타나는 측면도 적지 않다. 따라서 미래 정부가 비교적 직접적으로 취할 수 있는 방안들은 제도적 인프라의 구축과 더 깊은 관련을 지닌다. 정책의 추진 과정에서 시민참여의 확대를 통한 대응성 강화와 갈등관리시스템의 정교화, 전문인력 양성을 통한 전문성 제고 등이 여기에 해당한다.

여기에서는 이러한 제도적 인프라 구축에 초점을 맞추어 정부가 일반적으로 정책을 추진하는 과정에서 공공갈등을 최소화하고 정책의 효과성을 제고하기 위해 고민하고 개선해 나가야 할 세 가지－시민참여, 갈등관리제도, 정책공약평가－를 논의하기로 한다.

1. 소통하는 미래 정부

과거 정부의 역할과 관련한 논의는 신공공관리New Public Management, NPM로 대표되는 정부의 관리적 책무성managerial accountability에 경도되어 있었다. 즉, 과업이 효율적·효과적으로 이루어졌는지에 대한 중립적이고 기술적인 측면에 주목했던 것이다. 그런데 신공공관리는 개인의 선호에 직접적으로 관심을 갖고 공공서비스에 대한 시민의 선택 범위를 넓힌다는 측면에서 '공공'의 접근가능성을 높였지만, 다른 한편으로는 정부가 무엇을 할 것인가에 대한 끊임없는 대화와 논쟁을 수반하는 민주적 책무성을 약화시키는 동시에 '공공성publicness'을 약화시키는 역설을 낳았다(Christensen & Laegreid, 2011).

이에 따라 미래 정부는 공공성과 민주적 책무성이 견지되는 가운데 국민의 선택 가능성과 성과 향상을 어떻게 추구할 것인가의 과제를 풀어야 한다. 특히 본 장에서 주목하고 있는 부분은 전자 즉, 정책결정 과정에서 시민과 정부

표 4.1 직접적 시민참여 옹호 대 비판 논리

옹호	비판
1) Developmental: 미덕 발전, 공공성 지향 2) Educative: 대화와 경청 학습 3) Therapeutic and Integrative: 공동체에 대한 소속감 증진 4) Legitimating: 정치체제의 안정성 기여 5) Protective of freedom: 시민 스스로가 통치 6) Instrumental: 권력의 재분배 7) Realistic: 혁신적인 아이디어 공유	1) Based on a false notion: 인간 본성의 결점(이기심) 2) Inefficient: 거대하고 복잡한 관료사회(전문적) 3) Politically naive: 소수만 참여(필연적) 4) Unrealistic: 참여비용 존재(기술, 시간, 돈) 5) Disruptive: 참여가 공공성을 보장하지 않음 (이기심 → 집합적 딜레마 해결 X) 6) Dangerous: 비민주성으로 이어질 가능성 (낮은 사회경제적 지위 → 비민주적)

자료: Roberts, N. (2004). Public Deliberation in an Age of Direct Citizen Participation. *The American review of public administration*, 34(4).

가 소통할 수 있는 민주적인 구조를 마련하는 것이다.

그런데 여기에서 중요한 것은 시민들의 의사를 수렴하는 것이 언제나 모든 정책에서, 그리고 많을수록 좋은지에 관한 고민이 필요하다는 것이다. 시민참여는 장점도 많지만 어려움이나 위험요소도 많으며(**표 4.1** 참조) 시민에 대한 정부의 신뢰, 시민의 효능감, 정부에 대한 시민의 신뢰, 시민의 역량, 정부의 반응성, 정부의 정당성과 같은 변수에 중대한 영향을 받는다(Cooper et al, 2006).

따라서 시민참여는 각 사업이 가지고 있는 성격에 따라서 선별적으로 이루어질 수 있도록 해야 한다. 정책의 성격과 시민참여의 형태 간 정합성이 있어야 비로소 좋은 결과를 도출할 수 있기 때문이다(나태준, 2010). 누가 참여하고(규모), 누가 주도하고(범위), 왜 참여하고(목표: 정책 결정·집행), 어디에서 참여하고(위치: 정부수준), 어떻게 참여하는지(과정) 등을 고려하여 국민의견의 수렴과 정책결정 간 적절한 경계선을 설정해야 한다.

2. 체계적인 갈등관리제도

공공갈등을 다루는 공식적 제도로서 법과 조직은 구체적인 권한이 강화되어야 하는 동시에 유연함을 갖추어야 한다. 먼저, 갈등관리를 위하여 개별법에서 부분적으로 도입하여 운영되고 있는 제도들이 기본법을 중심으로 체계화되어야 한다. 이를 위하여 현재 대통령령으로 시행되고 있는 「공공기관의 갈등예방과 해결에 관한 규정」을 법률로 제정하여 갈등의 예방과 관리에 실효성을 확보하도록 해야 한다.

또한, 갈등을 조정하는 조직들이 부처나 공공기관 산하에 있어 사전예방보다는 사후해결 기제로 작용하고 있으며, 이 역시 중립성에 대한 의문을 갖게 해 신뢰를 얻기 어려운 상황이다. 따라서 정치적 논리로부터 독립성과 갈등관리의 전문성을 갖춘 갈등조정 통합기구의 설치가 필요하다.

제도를 통해 사회적 신뢰성을 제고하고자 할 때 기억해야 하는 또 하나의 가치는 제도의 유연함이다. 제도가 명시적으로 부여하는 권한과 절차 속에서 최소한의 정당성을 확보할 수 있도록 하되, 제도가 완전히 포괄할 수 없는 현실의 한계를 인정하여 제도가 기계적·경직적으로 운영되지 않도록 경계할 필요가 있다. 예를 들어 환경영향평가제도나 예비타당성조사제도 등을 통해 도출된 결과는 정책결정 과정에서 중요한 근거로 활용될 수 있지만 최종적으로는 다수의 국민이 참여하는 의사결정구조 속에서 고려되는 것이 바람직하다.

3. 실현 가능한 정책공약

미래 정부는 선거에서 제시되는 정책공약의 구체성과 현실성을 높임으로써 투입 측면에서 민주성과 정당성을 확보하고 정부와 국민 간 신뢰를 제고해야 한다. 2016년 총선을 앞두고 당시 새누리당 후보 56명(당선 31명)은 1년 이내 5대 개혁과제 공약 불이행 시 세비를 반납하겠다고 약속했으나 1년 이후, '지키지 못할' 포퓰리즘 공약을 했다며 사과했다(『조선일보』, 2017. 5. 31.). 즉, 정부는 사전에 충분한 토론과 분석을 통해 정치인의 공약을 체계적으로 검증하고 정교화하는 절차를 마련해야 한다. 이를 위하여 다음의 제도개선 방향을 제시한다.

첫째, 정책공약에 소요재원의 조달 규모와 방법상 구체성이 확보되도록 해야 한다. 최근 진행된 제19대 대통령선거 공약분석 결과 가장 중요한 특징은 정책집행의 수단 및 방법에 있어서 구체성이 결여되어 있고, 소요재원 추정 및 재원조달 방안에 대한 고려가 미흡하여 실현가능성이 낮은 백화점식 정책 나열이라는 지적이었다(『매경이코노미』, 2017. 5. 21.). 둘째, 공약 관련 토론회의 개최 횟수와 품질이 모두 제고되어야 한다. 토론회를 통하여 후보자들이 제시한 공약이 초래한 정책의 의도하지 않은 다양한 효과에 대해 함께 고민할 수 있어야 하며, 국민과 이해관계자·전문가·정치인의 협의 없이 독단적으로 진행되는 공약을 경계해야 한다(고길곤, 2017). 셋째, 조기 공약공표를 통해 공약이 급조되는 현상을 방지해야 한다. 주요 공약의 선관위 홈페이지 등재 마감 시기를 앞당겨 공약급조현상을 방지하고 국민의 대표 혹은 지도자에게 요청되는 정책적 준비를 하게 할 수 있다.

또한 공약을 평가하는 측면에서, 정치인의 발언과 정당공약, 주요 공적 사안에 대한 후보자의 견해 및 사실 여부, 실현가능성, 합리성을 판단하는 팩트체크 기능을 활성화해야 한다. 후보자별 공약 비교뿐 아니라 과거 정책과의 비교를 통한 정책의 연계성이나 혁신성, 실현가능성도 분석해야 한다. 정책과 공약에 대한 비교평가와 서열화를 허용하여 국민의 알 권리를 보장해야 한다. 이를 통하여 정치인과 유권자가 정책을 매개로 서로 상호작용하고, 향후 정책공약이 이행되는 과정에서 갈등을 최소화하고 사회적 신뢰를 제고하는 데 기여할 수 있을 것이다.

제5장

지속가능발전을 위한 정부의 역할

* 윤경준(한성대학교 행정학과 교수)

Shaping Government in the Future Society

Ⅰ. 도입

지속가능발전이 국제사회의 화두로 등장한 이래 이 개념의 구체화와 현실적 적용을 둘러싼 많은 논의가 있었다. 이 과정을 통해 지속가능발전은 국제사회가 공유하는 발전모델이자 각국의 발전전략을 구성하는 핵심 개념이 되었다. 그 의미의 모호성이 여전히 존재함에도 불구하고 지속가능발전을 추구해야 한다는 점에는 대부분의 국가와 국민들이 동의하고 있는 셈이다. 아울러 2015년에는 유엔이 지속가능발전목표와 이행과제를 제시함에 따라 각국은 한층 분명하고 가시화된 추구 대상을 갖게 되었다. 우리나라도 1992년 리우회의 이후 지속가능발전 추진을 위한 정부정책들을 전개해 왔다. 특히 종전에 국내에서 지속가능발전을 대체했던 녹색성장 패러다임이 최근 약화되고 유엔의 지속가능발전목표Sustainable Development Goals, SDGs가 제시되면서 지속가능발전 개념과 이를 추진하기 위한 정부역할을 재조명하려는 시도가 확산되고 있다. 본 장에서는 지속가능발전의 개념과 배경을 먼저 정리하고, 이 개념의 구체화 과정 및 그 결과물인 지속가능발전목표의 주요 내용을 설명한다. 이후 우리나라 지속가능발전 추진의 현황을 평가한 후, 지속가능발전 추진을 위한 정부의 역할을 살펴보기로 한다.

Ⅱ. 지속가능발전의 개념과 배경

1. 지속가능성과 지속가능발전

지속가능발전은 무엇이고 여타의 발전과는 어떻게 다른가? 이 물음에 답하려면 지속가능성sustainability과 지속가능발전sustainable development을 구분해서 이해하는 것이 필요하다. 이 두 가지는 보통 혼용되는 경향이 있지만 실제로는 다음과 같은 측면들에서 엄연히 다른 개념이다.

첫째, 지속가능성은 상태 내지 목표와 같은 정태적 속성을 지니는 데 비해 지속가능발전은 과정 내지 수단과 같은 동태적 속성을 지닌다. 사전적 의미에서 지속가능성은 "일정한 기간 동안 특정 수준을 유지할 수 있는 능력the ability to continue at a particular level for a period of time"이다(*Cambridge English Dictionary*). 지속가능발전 개념은 여러 주체들에 의해 다양하게 정의되어 왔지만 가장 자주 인용되는 것은 1987년『우리 공동의 미래』보고서에 제시된 개념이다. 이에 따르면 지속가능발전은 "미래세대의 욕구충족능력을 저해하지 않으면서 현재세대의 욕구를 충족시키는 방식의 발전"을 말한다(WCED, 1987).[1] 이에 반해 전통적 발전은 '지금 이곳의here and now' 경제적 및 사회적 편익에 초점을 맞추는 발전이라 할 수 있다(O'Connor, 2016: 8). 이렇게 보면 지속가능발전은 결국 지속가능성이라는 목표를 달성하기 위한 수단으로 인식될 수 있다. 지속가능발전과 그렇지 않은 발전은 지속가능성을 목표로 하는지 또는 지속가능성에 기여하는지에 따라 구분될 수 있다는 것이다. 단기적 이익에만 초점을 둔 발전 방식은 지속가능발전이 아니라고 할 수 있다.

둘째, 지속가능성은 상태 내지 목표를 의미하므로 그 앞에 교육, 환경, 경

---

1 이 정의에 따르면 지속가능발전은 형평성이라는 원리에 기초하고 있음을 알 수 있다(Dernbach & Cheever, 2015). 미래세대도 현재세대 못지않은 삶의 질을 유지할 수 있어야 한다는 점을 전제하기 때문이다.

제, 사회, 정치, 기업, 가족, 지역 등 앞으로도 지속적으로 특정 상태가 유지되는 것이 바람직한 부문이면 무엇이든 붙여 사용할 수 있다. 예를 들어 경제적 지속가능성은 일정한 기간 동안(예를 들어 앞으로 100년 동안) 경제적 측면(예를 들어 잠재성장률 등)에서 특정 수준을 유지할 수 있는 능력을 의미하게 된다. 하지만 지속가능발전 앞에는 이러한 부문을 붙일 수 없다. 예컨대 '경제적 지속가능발전'과 같은 용어는 성립하지 않는다. 지속가능발전은 환경, 경제, 사회라는 세 부문triad의 상호관계 그리고 이를 근간으로 하는 균형적 내지는 통합적 발전을 의미하는 것이기 때문이다.[2] 우리나라 「지속가능발전법」 제2조에서는 지속가능발전을 "지속가능성에 기초하여 경제의 성장, 사회의 안정과 통합 및 환경의 보전이 균형을 이루는 발전"으로 정의함으로써 이러한 세 가지 부분의 균형이 지속가능발전의 요체임을 명시적으로 규정하고 있다.

셋째, 지속가능성은 오래전부터 모든 생물들이 추구한 일상적 목표이지만 지속가능발전은 20세기 말에 등장한 비교적 최근의 개념이다(윤경준, 2012). 음식물을 저장하는 원시인의 행동도 지속가능성을 위한 것이었고, 사람들이 소득 중 일부를 떼어 저축을 하는 것도 지속가능성을 위한 것이다. 공식 문건에서 지속가능성이라는 개념이 발견된 것도 최소한 300년 전의 일이다. 1713년 독일의 von Carlowitz가 그의 저서 『산림경제Sylvicultura Oeconomica』에서 "벌목량은 새로 심은 나무의 성장에 의해 보충될 수 있을 만큼만 허용된다."는 원칙을 제시하면서 처음 사용한 것으로 알려져 있다(Breul, 1999: 29). 하지만 처음으로 지속가능발전을 언급한 공식 문서는 1980년 국제자연보전연맹IUCN의 보고서 『세계보전전략-지속가능발전을 위한 생명자원 보전』이다(IUCN, 1980). 다시 말해서 생물체가 추구하는 일상화된 목표로서의 지속가능성과 달리 지속가능발전은 비교적 최근의 국제환경 논의 과정의 산물이라는 뜻이다. 지속가능발

2 이런 측면에서 전통적 발전은 카푸치노, 그리고 지속가능발전은 케이크에 비유되기도 한다. 기존의 발전을 에스프레소(경제)를 밑바닥에 깔고 그 위에 우유(사회), 그리고 시나몬(환경)이 차례로 배열된 카푸치노로 본다면 지속가능발전은 이 모두를 섞어야 비로소 만들 수 있는 케이크로 이해할 수 있을 것이다(Fishman, 2015). 카푸치노에서 우유나 시나몬 없이 에스프레소만 남아도 그 나름 마시는 즐거움을 느낄 수 있다.

전 개념이 환경, 경제, 사회라는 세 가지 요소를 근간으로 하여 정립된 것도 이러한 국제환경 논의 맥락과 밀접하게 연계된다. 이와 관련해서는 절을 바꾸어 살펴보기로 한다.

2. 지속가능발전 개념의 등장 배경

지속가능발전은 1972년 스톡홀름 유엔인간환경회의UNCHE 이후 명백하게 드러난 선진국과 개발도상국의 상이한 이해관계를 조율하는 과정의 산물이다. 유엔인간환경회의는 '하나뿐인 지구'라는 슬로건하에 진행된 최초의 국제환경회의였고 특히 유엔환경계획UNEP 설립의 계기가 되었다는 점에서 중요한 의미를 지닌다. 그러나 환경보전에 초점을 둔 선진국과 경제성장에 초점을 둔 개발도상국의 입장이 첨예하게 엇갈림에 따라 실효성 있는 방침을 수립하는 데까지 이르지는 못하였다. 이러한 입장 차이는 1982년 선진국 입장을 반영한 「나이로비선언」과 개발도상국 입장을 반영한 「세계자연헌장」에 드러나 있다(문순홍, 1997).

1980년대는 이러한 차이를 조율하여 새로운 국제환경규범을 모색하는 시기였고 이를 위해 환경과 개발을 동시에 포함하는 개념이 필요했다. 1983년 UN총회는 세계환경개발위원회WCED 설치를 결의하여 그 소명을 맡기게 되었다. 4년간의 작업을 통해 만들어진 보고서가 『우리 공동의 미래』이고 여기서 지속가능발전 개념이 제시되었다. 1988년 유엔총회는 이 개념을 국제사회의 기본이념으로 삼을 것을 결의하고 이를 공식화할 국제회의를 개최하기로 결정하였다. 이렇게 해서 개최된 것이 1992년 유엔환경개발회의(리우회의)이다. 이 회의에서는 지속가능발전을 위한 27개 원칙을 담은 「리우선언」 및 그 실천계획에 해당하는 「의제21」을 채택함으로써 지속가능발전이라는 용어가 전 세계적으로 확산되는 계기가 되었다. 즉 지속가능발전은 환경과 개발이라는 두 가지 가치를 조율하는 노력의 결과물로 등장하게 된 것이다. 세계환경개발위원회World Commission on Environment and Development, WCED의 명칭과 유엔환경개발회의United Nations Conference on Environment and Development, UNCED의 명칭 속에 '환경'과 '개발'이 동시에 표기되어 있는 것도 그 때문이다.

여하튼 지속가능발전은 이후 대부분의 국가에서 입법이나 정책결정에 영향을 미치고 있다. 경제정책, 사회정책, 환경정책이 통합적으로 이해되고 상호연계하에서 입안되는 경우가 많아졌다. 반면 지속가능발전 개념의 영향력 확대에 발맞추어 이 개념이 지니는 한계도 지적되어 왔다. 하나의 개념 속에 경제, 사회, 환경이라는 세 가지 상이한 가치를 동시에 포함시켰기 때문에 지속가능발전 개념을 둘러싼 논란은 처음부터 예견된 것이었다. 지속가능발전이 다양한 방식으로 정의되고 정의들 간에 크고 작은 차이가 존재하는 것도 이러한 복합성 때문이다. Dernbach & Cheever(2015)는 다양한 비판들을 세 가지로 묶어 제시하고 있다. 지속가능발전 개념은 첫째, 관심을 끌기에는 너무 밋밋하고too boring, 둘째, 지침을 제공해주기에는 너무 모호하고too vague, 셋째, 문제를 해결하기에는 너무 늦었다too late는 것이다. 그럼에도 불구하고 이러한 비판들이 지속가능발전을 대체할 만한 대안을 제시하고 있는 것도 아니라는 점도 덧붙이고 있다.

1992년 이후 지속가능발전은 두 가지 방향으로 확장되어 왔다(Dernbach & Cheever, 2015). 하나는 지속가능발전의 진전 상황을 점검하고 모니터링하기 위해 각종 국제회의 및 절차들을 진행하는 방식이다. 2012년 Rio+20 회의의 결의에 따라 2015년에 만들어진 지속가능발전목표는 이러한 진행 선상에서 이해될 수 있다. 다른 하나는 기후변화협약, 생물다양성협약 등 분야별 환경협약을 통해 지속가능발전을 추구하는 방식이다. 이러한 협약들은 지속가능발전을 명문화하고 이를 기본 틀로 하여 개별 환경 분야에서의 개선을 추진하는 데 초점이 맞추어져 있다.

Ⅲ. 지속가능발전 개념의 구체화

어떤 개념이 정책적 및 과학적 측면에서 실질적으로 활용되려면 이를 측정할 수 있는 방법이 있어야 한다. 앞서 설명한 바와 같이 지속가능발전 개념에는 복잡성과 모호함이 존재한다. 지속가능발전을 추구하자는 데에는 누구나 동의했으나 정작 그 개념적 모호성으로 인해 구체적인 정책수단이나 실천전략을 마련하는 것은 결코 쉽지 않았다. 이를 극복하기 위한 노력은 주로 지속가능성을 측정하고자 하는 지표를 설정하는 작업을 통해 진행되어 왔다. 1992년 리우회의에서 도출된 「의제21」 제40장에서는 지속가능성을 높이기 위한 의사결정을 위해 활용될 수 있도록 국가적 및 국제적 수준에서의 지속가능성지표가 개발될 것을 요구한 바 있다. 1995년 UNCSD 3차회의에서는 지속가능성지표 개발프로그램이 승인되었고 그 결과로 134개의 포괄적인 지표가 UN 차원에서 제시되었다. 이후 국제기구나 개별 국가 그리고 관련 민간단체들에 의해 지속가능성지표들이 개발되어 왔다(윤경준, 2005). 2015년 지속가능발전목표 및 2016년 지속가능발전지표의 도출은 현재까지 진행된 이러한 구체화작업의 결실이라 할 수 있다.

2012년 개최된 유엔지속가능발전회의(Rio+20)에서 지속가능발전목표 수립을 결의하였고, 이후 이 작업은 공개작업반OWG과 고위급정치포럼HLPF을 중심으로 진행되었다. 공개작업반은 13차례의 회의를 거쳐 2014년 9월 17개 발전목표 및 169개 이행과제를 담은 보고서를 유엔총회에 제출했고, 2014년 12월 『2015 의제에 관한 UN사무총장 종합보고서』가 발간되었다. 이에 기초하여 2015년 9월 25일 유엔창설 70주년 기념총회에서 선언문 「우리 세계의 변혁: 2030지속가능발전의제Transforming Our World: the 2030 Agenda for Sustainable Development」를 채택하게 된 것이다(UN, 2015b). 선언문은 서문과 91개 조로 구성되어 있다. 도입(제1조~제6조), 비전(제7조~제9조), 원칙(제10조~제13조), 오늘날 세계(제14조~제17조), 새로운 의제들(제18조~제38조), 이행수단(제39조~제46조), 점검(제47조~제48조), 변화행동에 대한 요구(제49조~제53조), 지속가능발전목표와 이행과

표 5.1 지속가능발전목표(SDGs)

(단위: 개)

지속가능발전목표		이행 과제	지표
목표 1	모든 국가에서 모든 형태의 빈곤 종식	7	12
목표 2	기아의 종식, 식량안보 확보, 영양상태 개선 및 지속가능농업 증진	8	14
목표 3	모든 사람의 건강한 삶을 보장하고 웰빙을 증진	13	26
목표 4	모든 사람을 위한 포용적이고 형평성 있는 양질의 교육 보장 및 평생교육 기회 증진	10	11
목표 5	성평등 달성 및 여성·여아의 역량 강화	9	14
목표 6	모두를 위한 식수와 위생시설 접근성 및 지속 가능한 관리 확립	8	11
목표 7	모두에게 지속 가능한 에너지 보장	5	6
목표 8	지속적·포괄적·지속 가능한 경제성장 및 생산적 완전고용과 양질의 일자리 증진	12	17
목표 9	건실한 인프라 구축, 포용적이고 지속 가능한 산업화 진흥 및 혁신	8	12
목표 10	국가 내·국가 간 불평등 완화	10	11
목표 11	포용적인·안전한·회복력 있는·지속 가능한 도시와 거주지 조성	10	15
목표 12	지속 가능한 소비 및 생산 패턴 확립	11	13
목표 13	기후변화와 그 영향에 대처하는 긴급조치 시행	5	7
목표 14	지속가능발전을 위한 해양·바다·해양자원 보존과 지속 가능한 사용	10	10
목표 15	육지생태계 보호와 복구 및 지속 가능한 수준에서의 사용 증진 및 산림의 지속 가능한 관리, 사막화 방지, 토지 황폐화 중단·회복 및 생물다양성 손실 중단	12	14
목표 16	지속가능발전을 위한 평화적이고 포괄적인 사회 증진과 모두가 접근할 수 있는 사법제도, 모든 수준에서 효과적·책무성 있는·포용적인 제도 구축	12	23
목표 17	이행수단 강화 및 지속가능발전을 위한 글로벌 파트너십 재활성화	19	25
합계		169	241*

자료: 지속가능발전포털(www.ncsd.go.kr)

* 개별 지표의 총수는 230개이지만 이 중 9개가 2~3개 세부 목표에 중복 포함되어 있음.

제(제54조~제59조), 이행수단 및 국제공조(제60조~제71조), 점검(제72조~제91조) 등이다. 구체적으로는 제59조에 17개 지속가능발전목표와 169개 이행과제targets가 제시되어 있다.[3] 2016년 3월에는 목표와 이행과제 달성을 모니터링하기 위해 230개의 지속가능발전지표가 만들어졌다.

지속가능발전목표는 리우회의 이후 지속가능발전 논의의 구체화 작업인 동시에 다른 한편으로는 2000년 제시된 새천년개발목표Millenium Development Goals, MDGs를 확대 계승하는 측면도 있다. 『우리 세계의 변혁』 보고서(UN, 2015b)에서는 지속가능발전목표가 새천년개발목표의 바탕 위에서 만들어진 것인 동시에(제16조), 새천년개발목표의 범주를 크게 넘어서는 것임을 명시하고 있다(제17조). 새천년개발목표는 몇몇 지역 및 분야에서 그 나름대로의 성과가 있었고, 그 속성에 있어 여러 장점이 있었다. 명료하고 이해하기 쉬운 8개의 목표가 제시되어 많은 사람들에게 쉽게 각인될 수 있었고, 법적 구속력이 없음으로써 국가들 간의 합의에 쉽게 이를 수 있었으며, 특정한 측정치(지표)를 상정하고 이를 통해 진전을 평가한다는 점에서 실용적이었다(Sachs, 2012). 지속가능발전목표 역시 이러한 특성을 기본적으로 이어받았다고 볼 수 있다. 그럼에도 불구하고 지속가능발전목표와 새천년개발목표는 그 범위, 핵심 주제, 대상 국가, 재원 마련 방식, 모니터링 등의 측면에서 차이를 보인다.

지속가능발전목표의 가장 중요한 슬로건은 '한 사람도 소외되지 않는다Leave No One Behind'라는 것이며 이것이 새천년개발목표와 근본적으로 다른 점이다. 새천년개발목표는 기초적인 빈곤과 보건에 초점을 둠으로써 주로 빈국들에 한정된 것이었으나 지속가능발전목표는 공공정책의 모든 국면에 영향을 미치고 모든 국가들에 적용되는 것이다. 지속가능발전목표는 현세대 및 미래

3 이러한 UN 차원의 논의와는 별개로 국제비정부기구, 이해관계자 그룹을 중심으로 한 논의들도 진행되었다. 새천년개발목표를 뛰어넘는 목표를 만든다는 취지하에 국제 시민사회단체들이 2010년에 결성한 'Beyond 2015'는 2012년 이후 유엔의 SDGs 수립 과정에 영향을 미치는 활동을 전개하였다. 또한 지속가능발전목표 개발을 지원하기 위해 2012년에 반기문 당시 유엔사무총장에 의해 구성되어 Jeffrey Sachs가 주도하고 있는 지속가능발전해법네트워크(SDSN)는 2013년 6월에 10개 목표와 100개의 지표로 구성된 지속가능발전목표 체계를 제시한 바 있다.

표 5.2 새천년개발목표와 지속가능발전목표 비교

명칭	새천년개발목표(2002~2015)	지속가능발전목표(2016~2030)
범위	사회발전 중심	지속가능발전(경제, 사회, 환경)
핵심 주제	극심한 빈곤 감소	모든 형태의 빈곤과 불평등 감소
대상 국가	개발도상국 중심	모든 국가
재원 마련	ODA 중심	공공재원(세금), ODA, 민간재원 등 다양
모니터링	자발적으로 유엔에 보고	유엔이 주도하여 각 국가에 보고를 권고(국가별 진전 상황을 고위급정치포럼(HLPF)에 보고)

자료: KOICA(2016)에서 일부 수정

세대 그리고 모든 국가, 모든 사람들의 웰빙과 지속가능성을 강조하며 경제, 사회, 환경의 상호 연결성에 입각한, 한층 더 원대하고 변혁적이며 통합적인 접근을 추구한다(Morales, 2015). 또한 지속가능발전목표는 국가 및 하위 국가(지방) 차원에서 지속가능성을 보다 효과적으로 서술하고 접근하는 새로운 방식으로 평가될 수 있다(Pisano et al., 2015). 따라서 현시점에서 지속가능발전의 추진은 곧 지속가능발전목표의 추진과 동일시된다고 해도 과언이 아닐 것이다. 즉 지속가능발전목표 추진을 통해 우리는 '전통적 발전'으로부터 '지속가능발전'으로 옮겨가고 있는 셈이다(O'Connor, 2016: 8).

Ⅳ. 한국의 지속가능발전 추진 현황

1992년 「리우선언」 및 「의제21」 채택 이후 우리나라에서도 지속가능발전을 위한 국가전략 수립 및 추진체계 정비 노력이 진행되어 왔다. 하지만 지속가능발전정책의 추진 과정에 있어 효과성이나 일관성 측면에서 문제점들도 노정되어 온 바 있다.

국가 차원에서 최초의 가시적인 조치는 1996년 3월 범정부 차원에서 작성되고 UN에 보고된 「의제21 국가실천계획」이라 할 수 있다. 이는 「의제21」 제37장(국내제도 및 국제협력)의 권고에 대한 국가적 이행 차원에서 이루어진 것이다. 2000년 6월 환경의 날 대통령 연설을 통해 '인간과 자연이 더불어 사는 생명공동체 구현'이라는 이른바 '새천년 국가 환경비전'이 선포되었고 두 가지 후속조치가 이루어졌다. 하나는 2000년 9월 대통령 소속 지속가능발전위원회 출범(대통령령 제16946호 지속가능발전위원회 규정)이고 다른 하나는 2001년 환경부가 작성한 「새천년 국가 환경비전 추진계획」이다. 특히 지속가능발전위원회 출범은 체계적 정책 추진을 위한 제도화의 시작이라는 의미를 지닌다.[4] 또한 2007년 8월 제정된 「지속가능발전기본법」은 지속가능발전 추진을 위한 법적 기반을 마련하게 되었다는 점에서 의미가 있다.

2005년 제10회 환경의 날 기념 대통령 연설을 통해 '경제와 사회, 환경이 균형 있게 발전하는 선진 국가'라는 국가지속가능발전비전이 선포되었다. 이것은 2002년 요하네스버그 공동이행계획에 대한 후속조치로 볼 수 있다. 이듬해인 2006년에는 국가비전을 실현하기 위한 「국가지속가능발전전략 및 이행계획(2006~2010)」이 작성되었는데 이것이 곧 「제1차 지속가능발전기본계획」이다. 이후 20년을 계획기간으로 하는 지속가능발전기본계획을 5년마다 수립해오고 있다. 2011년 「제2차 지속가능발전기본계획(2011~2030)」, 2016년 「제3차 지속가능발전기본계획(2016~2035)」이 각각 수립되었다.

한편 우리나라의 지속가능발전 논의 및 정책은 녹색성장정책 추진에 따라 큰 영향을 받았다. 지속가능발전이 녹색성장의 하위개념으로 자리매김하고 그 법률적 근거 및 추진체계가 상당히 약화된 것이다. 2008년 8월 녹색성장이 새로운 국가발전 패러다임으로 제시되고, 2009년 1월 대통령 소속 녹색성장위원회가 출범하고 「녹색성장국가전략」이 수립되었다. 2010년 4월 「저탄소녹색성장기본법」이 제정되면서 「지속가능발전기본법」은 「지속가능발전법」으로 변

---

4 그럼에도 불구하고 당시 지속가능발전위원회의 역할에 한계가 있다는 지적은 처음부터 대두되었다.

표 5.3 한국 지속가능발전 제도 및 추진체계

법률	지속가능발전법
지속가능발전 기본계획	• 심의: 지속가능발전위원회 → 녹색성장위원회 → 국무회의 ※ 수립 근거: 「저탄소녹색성장기본법」 제50조, 「지속가능발전법」 제15조 • 2년마다 이행실적 평가
지속가능발전 위원회 구성	2000년 대통령 소속으로 출범 • 소속: 환경부장관(2010년 환경부장관 소속으로 변경) • 구성: 위원장(1명, 민간) 등 50명 이내 ※ 2016년 6월 현재 제8기 지속가능발전위원회 활동 (위원장 포함 민간위원 25명, 정부위원 7명 등 총 32명으로 구성)
지속가능발전 위원회 기능	• 지속가능발전기본계획 수립·변경의 사전심의 • 이행계획의 협의·조정 • 국가이행계획의 추진상황 점검 • 법령 및 행정계획에 대한 검토 및 통보 등 • 지속가능발전지표의 작성 및 지속가능성 평가 • 지속가능성보고서의 작성 및 공표 • 지속가능발전 지식·정보의 보급 등 • 교육·홍보, 국내외 협력 등 • 지속가능발전을 위하여 고려하여야 할 주요 정책과 이와 관련된 사회적 갈등 해결에 관하여 환경부장관에 대한 자문

자료: 환경부(2016)에서 일부 수정

경되었으며, 지속가능발전위원회도 환경부장관 소속으로 격하되었다.[5] 「저탄소녹색성장기본법」 제50조에 근거하여 「지속가능발전법」 제15조에 따라 수립되는 「지속가능발전기본계획」도 지속가능발전위원회의 심의를 거친 다음 국무회의 심의 전에 녹색성장위원회의 심의를 먼저 거치도록 하였다. 하지만 정권이 바뀐 직후인 2013년 3월에는 녹색성장위원회도 그 소속이 국무총리 소속으로 변경되었다. 따라서 2017년 3월 현재는 국무총리 소속의 녹색성장위원회와 환경부 소속의 지속가능발전위원회가 수직적 분업구조를 지니고 있다.

5 이와 동시에 「에너지기본법」이 「에너지법」으로 변경되었고 대통령 소속 국가에너지위원회도 지식경제부 소속의 에너지위원회로 격하되었다. 국무총리 소속 기후변화대책위원회도 녹색성장위원회에 흡수 통합되었고 「기후변화대응종합기본계획」도 「녹색성장5개년계획」에 통합되었다. 이렇게 보면 녹색성장정책은 우리나라의 기후변화정책, 에너지정책, 산업정책, 지속가능발전정책을 두루 포괄하고 있는 패키지정책이라 할 수 있다(윤경준, 2012).

Ⅴ. 지속가능발전을 위한 정부역할

지속가능발전 추진에 있어 무엇보다 중요한 것은 다양한 이해당사자의 참여라 할 수 있다. 그럼에도 불구하고 지속가능발전 추진의 궁극적 책임은 결국 정부에 있다고 보아야 한다. 지속가능발전을 국가계획, 정책, 전략 속에 통합하고, 모든 주체들의 노력을 결집하며, 그 진전상황을 점검하고, 국제사회의 평가에 대응하는 주체는 결국 정부이기 때문이다. 2015년 UN 선언문 「우리 세계의 변혁」 곳곳에서도 정부의 핵심적 역할을 언급하고 있다. 기본적으로 이 선언문의 체결은 각국 정부 수반들의 합의에 의한 것이며(제1조), 15년 동안 목표와 과제의 이행을 통해 달성된 진전상황을 국가적, 지역적, 국제적 수준에서 추적하고 점검해야 할 일차적 책임도 정부에 있음을 명시하고 있다(제47조).[6] 지속가능발전 추진을 위한 정부역할은 논자에 따라 매우 상이하게 정의될 수 있다. 여기에서는 정부역할을 현지화, 주류화, 정책정합성, 모니터링 등 네 가지로 구분해서 살펴보기로 한다.

1. 현지화

지속가능발전목표 및 이행과제는 전 세계를 대상으로 제시된 것이기 때문에 개별 국가들의 실정에 부합하지 않는 부분들도 많다. 34개 OECD 국가들

---

6 국제 수준의 이행성과 검토는 유엔경제사회이사회(ECOSOC) 산하 고위정치포럼(High Level Political Forum, HLPF)을 통해 진행된다. HLPF는 4년마다 열리는 정상회의로 ① 지속가능발전을 위한 정치적 리더십, 지침 및 권장사항 제공, ② 과학-정책 인터페이스 강화, ③ 지속가능발전 이행의 이행방법 및 후속조치와 진전 검토, ④ 모든 수준에서 지속가능발전의 3대 핵심축(경제, 사회, 환경)의 통합 강화, ⑤ 모든 수준에서 경험을 바탕으로 한 의사결정 이행과 모범사례 및 경험의 공유 촉진, ⑥ 개발도상국에서 자료 수집 및 분석을 위한 지속적인 역량 강화 등을 기능으로 한다(강상인, 2015).

의 SDGs 이행준비 정도를 평가한 조사연구(Kroll, 2015)에 따르면 대체로 스웨덴, 노르웨이, 덴마크, 핀란드 등 북구 유럽에 있는 국가들이 SDGs 달성에 가장 근접해 있는 것으로 나타났다.[7] 우리나라는 23위에 위치하고 있으며 미국은 29위, 이탈리아는 26위에 머물러 있는 것으로 나타났다. SDGs 이행이 반드시 경제규모나 소득수준에 비례하지 않을 뿐만 아니라 국가마다 구체적인 수요가 다르다는 뜻이다. 따라서 지속가능발전목표와 이행과제는 반드시 현지화되어야 한다. 「우리 세계의 변혁」(UN, 2015)에서도 제55조에서 "과제들은 야심적이고 지구적인 차원에서 정의된 것으로, 개별 정부는 이러한 지구적 열망에 의거하되 국가적 상황을 고려하여 자신들의 과제들을 설정할 것", 즉 현지화할 것을 주문하고 있다. 현지화는 국가적 상황에 부합하게 목표와 과제를 재해석하는 내국화nationalization, 지역(도시-농촌 등)이나 집단별(장애인, 저소득층, 외국인노동자 등) 수요에 부합하게 목표와 과제를 재해석하는 분절화disaggregation 등으로 구분할 수 있을 것이다.

현지화를 위해서는 우리나라가 처한 사회·경제·환경적 실정에 맞게 17개 목표를 재해석하고, 그 중요도를 판단하며, 선택과 집중의 영역을 선별하는 작업이 필요하다. 정부 차원에서 이러한 작업이 아직 완료된 것은 아니지만, 여러 주체들에 의해 간헐적으로 이러한 논의가 진행되고 있다. 정혜주(2015)는 17개 지속가능발전목표별로 국내 이행과제를 제시하고 있다. 예를 들어 목표 1(모든 국가에서 모든 형태의 빈곤 종식)은 "2030년까지 현재 기준으로 하루에 1.25달러 미만으로 살아가는 절대빈곤인구를 모든 곳에서 근절한다." 등의 7개 이행과제들을 갖고 있는데 이러한 이행과제들이 모두 한국 실정에 부합하는 것은 아니다. 한국의 경우 이보다는 '차상위 계층에 대한 사회복지급여 지원 확대', '노인빈곤율 감소를 위한 소득보장정책 강화', '근로빈곤층을 위한 맞춤형 고용서비스 제공과 직업훈련 강화', '양질의 일자리 창출' 등 4가지 이행과제를 추진해야 한다는 것이다. 이러한 내국화 작업에 있어 국제적 비교가능성도 유지되어야 함은 물론이다. 우리나라의 특수성과 국제사회 모니터링 관점 사이

7 물론 이 조사에 사용된 지표와 실제 UN이 공식 발표한 230개 지표는 매우 상이하다.

의 접점을 제대로 파악하는 것이 필수적이라 할 수 있다.

지속가능발전목표 현지화 관점에서 토대로 활용할 가능성이 높은 것은 「지속가능발전기본계획」이라 할 수 있다. 이 계획은 「저탄소녹색성장기본법」 제50조에 의해 20년을 계획기간으로 하여 매 5년마다 수립되는 법정계획으로 이미 확고한 법적 근거를 지니고 있다. 또한 '지속가능발전의 현황 및 여건 변화와 전망에 관한 사항', '지속가능발전을 위한 비전, 목표, 추진전략과 원칙, 기본 정책방향, 주요 지표에 관한 사항', '지속가능발전에 관련된 국제적 합의 이행에 관한 사항', '그 밖에 지속가능발전을 위하여 필요한 사항' 등을 포함하도록 되어 있다는 점에서 지속가능발전목표 현지화 작업 결과를 담을 수 있는 가장 적절한 그릇이라 할 수 있다. 14개 전략과 50개 이행과제를 제시하고 있는 제3차계획(2016~2030)에서는 "UN 지속가능발전목표를 국내 여건에 맞게 반영"한다는 방향성을 명시하고는 있으나, 실질적인 작성 시점 등을 고려할 때 현지화 작업을 충분히 진행했다고는 보기 어렵다. **표 5.4**에서 보는 바와 같이 3차계획의 전략들과 지속가능발전목표 간에 연관성이 없는 것은 아니지만 지속가능발전목표를 중심 주제로 놓고 작성된 것은 아니라는 뜻이다. 3차계획에서도 이러한 점을 감안하여 '국제사회 공통의 정책목표로 제시된 지속가능발전목표에 따라 기본계획 포괄 범위의 확대 필요'를 제안하고 있다.

지속가능발전 추진에 있어 현지화 작업은 가장 시급하게 진행되어야 하는 일이다. 비록 3차계획이 수립된 지 1년 정도밖에 되지 않았으나, 지속가능발전목표와 3차계획 간에 상당한 괴리가 존재할 뿐만 아니라, 3차계획 수립 이후 UN에 의해 지속가능발전지표가 발표되는 등 상황 변화가 있었다. 이러한 점들을 감안하여, 현지화 작업을 반영한 3차계획에 대한 수정계획을 작성하는 것도 고려해야 할 것으로 보인다.

2. 주류화

지속가능발전은 경제, 사회, 환경 모두를 아우르는 대단히 폭넓은 개념이므로 일부 정부부처의 노력만으로는 효과적으로 추진될 수 없다. 따라서 정부의 모든 구성원들의 정책과 행동양식 속에 지속가능발전 관점이 내재함으로써 주류화되는 것이 이상적이다. 주류화를 위해서는 다음과 같은 제도적 조건들이 필요하다.

1) 국가계획들 속에 지속가능발전 관점 접목

우선 정부가 작성 및 추진하는 각종 계획 속에 이른바 지속가능발전 렌즈를 장착하는 것이 중요하다. 「우리 세계의 변혁」 선언문에서도 주류화는 여러 곳에서 강조되고 있다. 예컨대 제55조에서는 "각국 정부가 이러한 야심적이고 지구적인 과제들을 여하히 국가계획, 정책 및 전략들 속에 통합할 것인지 정해야 하며, 경제, 사회, 환경 분야에서 현재 진행되고 있는 사항들과 지속가능발전 간의 연계를 인식하는 것이 중요하다."고 명시하고 있다. 이처럼 다양한 국가계획 속에 지속가능발전이 주류화를 이룰 때 비로소 부처별 칸막이를 허물고 단기적 성과주의에서 벗어나게 할 수 있다. 2016년 1월 오스트리아 정부는 모든 부처들에게 각자의 사업과 전략들의 지속가능발전목표를 통합할 것을 주문한 바 있다(OECD, 2016).

우리나라의 지속가능발전목표 대응의 기본방향도 주요 국가계획 속에 지속가능발전목표 이행 메커니즘을 포함하는 것이다(강상인, 2015). 17개 지속가능발전목표와 「제3차 지속가능발전 기본계획」에 제시된 14개 전략의 연관성, 그리고 각 지속가능발전목표와 연관된 여타 국가계획은 **표 5.4**와 같다. 많은 국가계획들이 지속가능발전 관점을 직간접적으로 함유하고 있지만 여전히 지속가능발전이라는 종합적 발전전략을 추진하기에는 미흡한 상태라 할 수 있다. **표 5.4**에서 보는 바와 같이 산업, 경제 부문 계획들만 지속가능발전과 연계되고, 사회부문의 계획들은 거의 연계되지 않는 경향을 보이기 때문이다. 이

표 5.4 지속가능발전목표와 한국의 현행 정책 및 국가계획 간 연관성

SDGs	제3차 지속가능발전 기본계획의 14개 전략	각 지속가능발전목표와 연관된 주요 국가계획
목표 1	2-1 사회계층 간 통합 및 양성평등 촉진	제2차 녹색성장5개년계획, 환경보전중기종합계획, 환경보전종합계획
목표 2	2-2 지역 간 격차 해소 2-3 예방적 건강서비스 강화	제2차 녹색성장5개년계획, 국가기후변화적응대책, 제3차 국가생물다양성전략
목표 3	2-3 예방적 건강서비스 강화	제2차 녹색성장5개년계획, 환경보전중기종합계획, 환경보전종합계획, 제2차 대중교통기본계획
목표 4	2-1 사회계층 간 통합 및 양성평등 촉진	제2차 녹색성장5개년계획, 제6차 산업기술혁신계획, 창조경제실현계획(안), 환경보건종합계획
목표 5		제6차 산업기술혁신계획
목표 6	1-3 깨끗한 물 이용 보장과 효율적 관리	국가기후변화적응대책, 환경보전중기종합계획, 환경보전종합계획, 제4차 국토종합계획 수정계획
목표 7	3-3 지속 가능하고 안전한 에너지체계 구축	제2차 녹색성장5개년계획, 제4차 신재생에너지기본계획, 제2차 에너지기본계획, 국가기후변화적응대책
목표 8	3-1 포용적 성장 및 양질의 일자리 확대	제2차 녹색성장5개년계획, 제6차 산업기술혁신계획, 창조경제실현계획(안)
목표 9		제2차 녹색성장5개년계획, 제2차 에너지기본계획, 제1차 자원순환기본계획, 제6차 산업기술혁신계획
목표 10	2-1 사회계층 간 통합 및 양성평등 촉진	제2차 녹색성장5개년계획, 제2차 에너지기본계획, 환경보전중기종합계획, 제3차 국가생물다양성전략, 창조경제실현계획(안)
목표 11	1-1 고품질 환경서비스 확보 2-4 안전관리 기반 확충	제2차 대중교통기본계획, 제2차 녹색성장5개년계획, 국가기후변화적응대책, 환경보전중기종합계획, 제4차 국토종합계획 수정계획
목표 12	3-2 친환경 순환경제 정착	제2차 녹색성장5개년계획, 제4차 신재생에너지기본계획, 제2차 에너지기본계획, 제1차 자원순환기본계획, 환경보전중기종합계획
목표 13	4-2 기후변화에 대한 능동적 대응	제2차 녹색성장5개년계획, 제2차 에너지기본계획, 국가기후변화적응대책, 환경보건종합계획, 제3차 국가생물다양성전략
목표 14	1-2 생태계서비스의 가치 확대	국가기후변화적응대책, 제3차 국가생물다양성전략, 제4차 국토종합계획 수정계획
목표 15		제2차 녹색성장5개년계획, 국가기후변화적응대책, 환경보전중기종합계획, 제3차 국가생물다양성전략
목표 16	5 지속가능발전 이행 기반 강화	제2차 녹색성장5개년계획, 환경보전중기종합계획
목표 17	4-1 2030 지속가능발전 의제 파트너십 강화 4-3 동북아 환경협력 강화	제2차 녹색성장5개년계획, 제6차 산업기술혁신계획, 국가기후변화적응대책, 환경보전중기종합계획, 제3차 국가생물다양성전략, 창조경제실현계획(안), 제4차 국토종합계획 수정계획

자료: 관계부처 합동(2016); 강상인(2015)을 바탕으로 정리

것이 현재 지속가능발전을 이해하는 정부 시각의 현주소라 할 수 있다. 지속가능발전을 주로 환경부문과 결부하여 이해하거나 아니면 환경과 경제의 상생 관점(녹색성장 관점)에서 이해하는 시각이 정부 내에서 주류를 이루고 있는 것이다. 이에 따라 지속가능발전 추진이 마치 환경부 업무의 일부로 인식되는 경향마저 존재한다. 지속가능발전의 효과적 추진을 위해서는 그것을 주로 환경과 경제에 국한해서 이해하는 현재의 협소한 관점에서 빨리 탈피하는 것이 급선무라 할 수 있다. 지속가능발전의 참된 의미가 정부 내에서 인식되어야 하고, 이러한 의미가 국가계획들을 관통할 수 있도록 최고 의사결정 수준에서의 의지와 리더십 발휘가 전제되어야 할 것이다.

2) 지속가능발전 컨트롤타워 구축

지속가능발전 주류화를 위해서는 전반적인 추진상황을 관리할 수 있는 컨트롤타워가 필요하다. 많은 국가들에서 환경부가 지속가능발전의 주된 주창자로 기능하지만 이를 다른 부처들의 정책 속에 관통시킬 만한 재정력 및 권위를 갖고 있지는 않은 것이 대체적인 현실이다(IGES, 2014). 대통령 소속의 강력한 규제위원회를 두거나 지속가능발전 관련성이 높은 부처들을 통합하여 컨트롤타워 위상을 갖게 하는 것 등이 제안되고 있다. 어차피 지속가능발전이 대단히 광범위한 개념이고 특정 부처에 의해 주도되기 어려운 것이라면 위원회 형태의 유용성에 착안할 필요가 있다. 부처 통합으로 이 문제를 해결하는 데는 여러 가지 한계가 있을 것이기 때문이다.

우리나라의 경우 우선 지속가능발전위원회의 위상을 재검토하고 그 위상을 정립하는 것을 고려할 수 있고 이 문제는 지속가능발전과 녹색성장의 관계에 대한 재인식으로부터 출발할 필요가 있다. 최근 지속가능발전목표 제시 등 지속가능발전을 강조하는 세계적 추세가 있고 그 이행에 대한 국제사회의 모니터링이 강화되고 있다는 점 등을 고려할 때 이제 지속가능발전과 녹색성장의 관계를 신중히 재고할 필요가 있다(환경부, 2013). 현재 우리나라 법제상 지속가능발전은 녹색성장 속에 포함되어 있는데 이러한 양자관계는 기형적인 것이라 할 수 있다. 지속가능발전은 환경보전, 경제성장, 사회정의 등 세 측면을 조화롭게 고려하는 것인 반면, 녹색성장은 환경보전과 경제성장에 국한되어 있는 것이므로 지속가능발전이 더 큰 개념이기 때문이다.

따라서 녹색성장은 지속가능발전을 전제한 상태에서 그 하위 목표로 추구되는 것이 바람직하다(윤경준, 2012: 44).[8] OECD(2011: 5)도 녹색성장은 지속가능발전의 하위 의제로 간주되어야 함을 분명히 하고 있다. 오랜 시간을 거쳐 국제적으로 정립되어 온 지속가능발전 개념을 바탕으로 국내 정책을 추진하는 것이 국제적 공동인식에도 부합하는 측면도 있다(한국법제연구원, 2014). 아울러 녹색성장은 국제사회에서 그 개념이 모호하며 국내에서 추진되는 사업은 환경보다는 주로 성장 위주의 사업이 많이 추진되고 있어 정리가 필요하다는 주장도 제기되고 있다(환경부, 2014). 이러한 점들을 고려할 때 녹색성장위원회가 국무총리 소속으로 그리고 지속가능발전위원회가 환경부 소속으로 있는 현재의 상황은 문제가 있는 것으로 보인다. 지속가능발전과 녹색성장 간의 관계를 재설정하고 지속가능발전위원회에 컨트롤타워 기능을 맡기려면 지속가능발전위원회를 대통령 소속으로 두고 실질적인 통제권한을 부여함으로써 지금보다 훨씬 높은 권위를 부여할 필요가 있다. 녹색성장위원회는 지속가능발전위원회 산하 분과위원회 중 하나로 설치하는 것을 고려할 수 있을 것이다. 이러한 제도개편을 위해서는 2007년 8월에 「지속가능발전기본법」으로 제정되었다가 2010년 「저탄소녹색성장기본법」 제정으로 기본법의 지위를 잃은 지속가능발전법도 다시 기본법으로 복원하는 법률개정도 수반되어야 할 것이다.

8 실정법상으로도 이러한 관계가 드러난다. 지속가능발전은 "지속가능성에 기초하여 경제의 성장, 사회의 안정과 통합 및 환경의 보전이 균형을 이루는 발전"(「지속가능발전법」 제2조), 녹색성장은 "경제와 환경이 조화를 이루는 성장"(「저탄소녹색성장기본법」 제2조)으로 각각 정의되어 있다.

3. 정책정합성

지속가능발전은 기본적으로 총체적 접근을 바탕으로 한다. 지속가능발전정책은 복수주체multi-actor, 복수차원multi-level, 복수부문multi-sector 상황에서 추진되기 마련이라는 뜻이다(Niestroy, 2014). 이러한 상황으로 인해 지속가능발전의 추진 과정에서 정책정합성policy coherence이 강조될 수밖에 없다. 정책정합성을 확보한다는 것은 정책들 간에 엇박자가 나지 않고 공동의 목적을 위해 나아갈 수 있도록 조화시키는 것을 말한다.[9] 정합성 확보를 위해서는 이해당사자들의 참여, 정책조정수단 확보, 부문 간 정책통합이라는 과제들의 해결이 긴요하다.

1) 이해당사자의 참여

주요 이해당사자들의 실질적 참여를 보장하고 촉진하는 것이 중요하다. 이해당사자 참여는 투명성, 책임성, 효과성을 동시에 제고하는 데 기여할 수 있다. 참여를 통해 정책과정이 투명하게 관리될 수 있고, 정책결과에 대한 책임성이 분명해질 수 있다. 또한 참여 과정을 통해 집단 간 공통의 이해관계를 규명할 수 있고 이를 바탕으로 정책집행의 효과성 제고에도 기여할 수 있다. 참여에 있어 무엇보다 중요한 것은 핵심 이해당사자들이 누구인지 규명하는 것, 초기 의제설정 단계부터 이들이 참여할 수 있도록 해야 한다는 것, 그리고 지속가능발전을 위한 이들의 행동을 촉진해야 한다는 것 등이다(OECD, 2016).

---

9 정책정합성은 국제개발 분야에서 오랫동안 추구되어 온 과제로 1990년대 후반부터 OECD/DAC(개발원조위원회)를 중심으로 개발정책정합성(Policy Coherence for Development, PCD)이 논의되어 왔다. 예를 들어 수원국의 농업개발을 위해 ODA를 제공하면서 정작 공여국이 자신들의 농작물에 높은 관세를 책정하거나 보조금을 준다면 수원국의 농작물 수출 기회를 감소시키게 된다. 이처럼 정책정합성에 문제가 생기면 소기의 정책효과를 거둘 수 없게 된다. 최근 지속가능발전목표가 새천년개발목표를 계승하면서 OECD는 종전의 개발정책정합성으로부터 지속가능발전정책정합성(Policy Coherence for Sustainable Development, PCSD) 추구로 논의의 지평을 확대하고 있다. 이에 관련한 최근의 결과물로 OECD(2016)를 참조할 수 있다.

지속가능발전은 경제, 사회, 환경을 아우르기 때문에 영역별 갈등 또는 상쇄 관계가 발생할 수밖에 없고 이 과정에서 결국은 가치판단이 작용하게 된다. 가치판단을 기반으로 한 선택을 정부가 독점적으로 행사할 수는 없다. 따라서 이해당사자의 참여를 전제로 효과적 의사소통을 통해 정합성이 높은 행동들의 집합을 도출하고 이해당사자별 주요 역할들을 규명해낼 필요가 있다. 예를 들어 지방자치단체는 국가와 시민을 연결하는 중요한 매개체로서, 현장 데이터의 생산자로서, 새로운 전략들을 실현해보는 혁신의 장으로서 기능할 수 있다. 학계는 근거 제시, 우수사례 규명, 공공의 인식 제고를 위해 핵심적 역할을 할 수 있고, 시민사회는 소외된 공동체의 수요를 대변하여 이들의 지속가능성을 제고하는 데 기여할 수 있다. 또한 이처럼 다차원적 관여가 있어야 정치변동을 초월하여 장기적 관점을 지닌 정책추진이 가능하게 된다.

참여메커니즘은 공식적이고 제도화된 형태로 구축될 필요가 있다. 단순히 선언적 내지 당위론적 천명만으로 참여가 활성화되기를 기대할 수는 없기 때문이다. 최근 몇몇 국가들에서 이와 같은 시도들이 관찰되고 있다. 예컨대 핀란드 국가지속가능발전위원회는[10] 다양한 이해당사자 집단의 협의를 바탕으로 「우리가 원하는 핀란드 2050: 지속가능발전을 위한 사회적 약속The Finland We Want by 2050: Society's Commitment to Sustainable Development」을 채택하였다. 국가지속가능발전위원회 주도하에 수백 개의 이해당사자 조직이 참여하여 약 2년의 작업을 통해 2013년에 작성한 지속가능발전국가전략으로, 유엔지속가능발전목표 채택에 따라 2016년에 업데이트된 바 있다. 유럽지속가능발전네트워크ESDN는 「우리가 원하는 핀란드 2050」을 전통적 국가전략들에 비해 "일상생활 속에 지속가능발전 행동양식을 투영시키고 다양한 이해당사자의 공동노력을 가능하게 한 혁신사례"로 평가하고 있다(www.esdn.eu).

---

10 핀란드 국가지속가능발전위원회는 수상이 위원장을 맡고 농업환경부장관이 부위원장을 맡는 강력한 조직이다. 입법부 관련 상임위원장들 및 행정부 관련 부처 장관들이 위원으로 참여할 뿐만 아니라, 지방자치단체, 학교, 기업, 시민단체, 루터교회, 원주민 등 매우 다양한 이해당사자 약 90명 정도가 위원으로 참여한다.

2) 정책조정수단 확보

다양한 부문에서 다양한 주체들이 지속가능발전 추진에 참여하는 상황에서 정책조정은 필수적 과제이다. 효과적인 정책조정이 가능하려면 최소한 다음과 같은 요건들이 필요하다고 인식되고 있다.

첫째, 지속가능발전 추진에 관한 최고 의사결정자의 확고한 의지가 전제되어야 한다. 이러한 의지가 정부부처를 비롯한 모든 이해당사자들에게 명확히 천명되고 공유되는 것이야말로 정책조정의 전제조건이라 할 수 있다. 그래야 비로소 지속가능발전을 중심에 놓는 전략, 정책, 제도, 입법, 인센티브 구조 등을 구축하는 원동력을 얻을 수 있다. 둘째, 조정 역할을 담당하는 주무조직이 있어야 한다. 어느 국가든 정책조정메커니즘은 존재하기 마련이다. 우리나라의 경우 대통령, 국무총리, 부총리, 국무회의, 조정담당관제, 관계장관회의, 당정협의, 대부처제 등이 정책조정을 위해 활용되어 왔다(한국정책학회, 2012). 지속가능발전 추진을 위한 정책조정을 위해 이와 같은 기존의 정책조정 방식을 활용할 수도 있고, 지속가능발전위원회와 같은 기구의 권한과 책임을 강화하여 정책조정의 주체로 삼을 수도 있을 것이다. 영국은 최근 지속가능발전목표 조정 책임을 국제개발부DFID에 부여하고 국제개발부가 효과적인 조정능력을 발휘하도록 내각사무처가 지원하는 구조를 만들었다(House of Commons International Development Committee, 2016).[11] 또한 많은 선진국들이 대통령이나 수상 소속의 국가지속가능발전위원회를 설치하고 있다. 우리와 같은 환경부 소속 지속가능발전위원회나 국무총리실 소속 녹색성장위원회에 지속가능발전 추진을 위한 정책조정 역할을 기대하는 것은 어려운 상황이라 할 수 있다. 셋째,

---

11 영국 내각사무처는 재무성과 함께 영국 정부의 본부부처라 할 수 있다. 수상 보좌, 부처간 정책조정, 효과적 정부운영(공무원제도), 행정개혁 등을 주 업무로 하며, 특정한 중대정책의 경우 직접 관장하기도 한다. 내각사무처의 최고책임자는 수상이며 2,000명 정도의 직원을 가지고 있다. 수상을 직접 보좌하는 근무자들도 내각사무처에서 파견하게 된다. 우리나라 국무조정실과 유사해 보이지만, 수상이 직접 관장하며 강력한 정부 관리 및 운영 권한을 가지고 있다는 점에서 훨씬 강력한 참모기구라 할 것이다. 국무조정실에 행정개혁 및 인사권을 더하여 대통령실에 둔 형태라고 봐도 과언이 아닐 것이다.

정책조정수단으로서 예산과정이 활용되는 것이 중요하다. 지속가능발전목표가 국가적 우선순위로 설정되어야 함은 물론이고 일상적 예산과정에 지속가능발전목표 추진이 고려되어야 한다(OECD 2016). 넷째, 협업적 행정문화 확산이다. 협업을 촉진하는 다채로운 수단들(관리방식, 성과인센티브 등)이 활용되어야 하고, 정보의 비공식적 흐름이 원활해야 하며, 상위 직급에서의 지속적 협업이 유지되는 것이 매우 중요하다. 아울러 효과적 정책조정에 부합한 기술과 능력을 지닌 공무원들이 공공서비스 분야에 골고루 포진하는 것도 중요한 사항이라 할 수 있다(OECD, 2016).

3) 정책통합

지속가능발전은 경제, 사회, 환경을 아우르는 개념이므로 이를 추진하는 정책들 간에 중첩이 존재하기 마련이다. 연결망분석을 통해 17개 지속가능발전목표의 상호 연결 정도를 보여주고 있는 Leblanc(2015)에 따르면 각각의 지속가능발전목표는 많게는 14개, 적게는 2개의 다른 지속가능발전목표들과 연결되어 있다. 자칫하면 특정한 분야의 지속가능발전목표 추진이 다른 분야에서의 지속가능발전목표 추진을 저해할 수 있다는 뜻이다. 예를 들어 기아를 종식시키기 위해(목표 2) 농지 사용을 증가시킨다면 생물다양성 손실 중지(목표 15)라는 목표를 저해할 수 있다.

지속가능발전 정책통합을 위해서는 정책들 간 관계를 규명하는 작업이 선행되어야 한다. 국가별로 현지화 작업을 거친 주요 이행과제 간에 존재하는

표 5.5 각 지속가능발전목표별 연관된 다른 지속가능발전목표들의 개수 (단위: 개)

목표 1	목표 2	목표 3	목표 4	목표 5	목표 6	목표 7	목표 8	목표 9
10	8	8	7	8	7	3	10	3
목표 10	목표 11	목표 12	목표 13	목표 14	목표 15	목표 16	목표 17	
12	6	14	6	2	6	6		

자료: Leblanc(2015: 6)

상호작용을 파악하는 작업이 필요하다는 것이다. 이를 위해 연결망분석이나 맥락접근nexus approach 등을 통해 도식화mapping하는 방식이 활용될 수 있다. 예를 들어 스톡홀름환경연구소는 물(목표 6)-에너지(목표 7)-식량(목표 2) 맥락분석을 통해 과제들 간 상호관계를 분석하고 있다. 농업은 물의 최대 사용자이고, 에너지는 물과 식량의 생산과 배분에 필요하며, 식량 생산 및 공급 체인은 세계 에너지의 1/3을 사용하므로, 각 분야에서의 정책결정이 상호 중요한 영향을 미칠 수 있음을 보여주고 있다.

OECD(2016)는 과제들 간의 관계 유형을 시너지, 상쇄, 촉진요인, 저해요인, 선결요인 등 5가지로 구분하고 있다. 한편 Nilsson et al.(2016)은 정책 우선순위를 도출하고 나아가 정책통합을 용이하게 하는 데 도움이 되는 좀 더 간단한 점수화 방법을 제시하고 있다. 이들은 분리 불가능indivisible, 강화reinforcing, 기여enabling, 합치consistent, 제약constraining, 배치counteracting, 상쇄cancelling 등 7종류의 관계유형을 제시하고, 과제들 간 관계유형에 부합하는 점수(3, 2, 1, 0, -1, -2, -3 등 7가지)를 부여하여 최종적인 관계를 도출하는 방식을 제시하고 있다. 예를 들면 '모든 곳에서 여성 및 소녀들에 대한 모든 형태의 차별 종식(과제 5.1)'과 '정치, 경제, 공적 생활의 모든 수준에서 의사결정을 주도함에 있어 여성의 완벽하고도 효과적인 참여 확보(과제 5.5)' 간에는 점수 3(indivisible)을 부여하는 방식이다. 목표나 과제들 간의 관계가 어떠한가에 대한 정보는 정책통합 및 우선순위 설정에 있어 필수적인 정보라 할 수 있다. 가능하면 시너지 관계에 있거나 분리 불가능 관계에 있는 정책들을 우선적으로 추진하는 것이 비용효과 측면에서 기본적으로 바람직할 수 있기 때문이다. 또한 서로 상쇄관계에 놓여 있는 것으로 밝혀진 정책들의 경우 추진에 앞서 상쇄관계를 완화할 수 있는 조치들을 선제적으로 실천함으로써 부작용을 최소화할 수 있다.

4. 모니터링

정책과정에 있어 모니터링monitoring은 정책목표와 현실 간의 괴리 규명, 개선이 필요한 영역 규명, 정책수행의 장애요인 규명 등을 주된 내용으로 하는 활동이다. 모니터링을 통해 책임성을 확보하고 당초의 정책의도에 부합한 정책과정이 이루어질 수 있도록 유도하게 된다. 모니터링의 첫 번째 단계는 정책 관련 핵심활동들을 측정할 수 있는 지표를 만드는 것이고, 두 번째 단계는 그러한 지표에 관한 데이터를 수집, 분석 및 배포하는 것이다(Hardee et al., 2012). 여기서도 이러한 분류에 따라 모니터링 측면에서의 정부역할을 지표 측면과 통계 측면으로 구분해 살펴보기로 한다.

1) 국가지속가능발전지표 개선

지속가능발전을 모니터링하기 위한 기본 도구는 지표라 할 수 있고 지표체계에는 두 가지 성격의 지표들이 혼재해야 한다. 개별 국가의 상황을 반영한 국가별 고유지표와 더불어 지구적 지속가능발전목표 추진에 기여할 수 있도록 모든 국가가 공유하는 공통지표도 함께 포함되어야 한다(SDSN, 2015).[12]

우리나라는 「지속가능발전법」 제13조 제1항에 근거하여 84개의 국가지속가능발전지표를 선정하여 운영하고 있다. 2006년 77개 지표를 선정하였고, 이후 수차례의 변경이 이루어졌으며, 2016년 제8기 지속가능발전위원회 제3차 회의에서의 변경을 거쳐 현재 84개의 국가지속가능발전지표가 된 것이다. 사회 분야는 형평성, 건강, 교육, 주택, 재해·안전, 인구 등 6개 영역 32개 지표, 환경 분야는 대기, 토지, 해양·연안, 담수, 생물다양성 등 5개 영역 29개 지표,

---

12 SDSN(2015)은 이러한 공통지표가 아무리 많아도 100개를 넘을 수는 없을 것으로 보고 있다. 그 이유는 지표가 늘어날수록, 첫째, 국가별 통계기관 및 해당 지표 관련된 국제기구들에 데이터 수집 관련한 추가적인 부담을 지우게 되고, 둘째, 데이터가 수집될 수 있다 해도 국가적 우선순위나 선호에 부합하지 않는 지표가 많아질 수밖에 없으며, 셋째, 지표가 너무 많으면 국제적 이행점검의 주체인 HLPF 논의를 오히려 방만하게 할 수 있기 때문이다.

그리고 경제 분야는 경제구조, 소비·생산, 정보화 등 3개 영역 23개 지표로 각각 구성되어 있다. 2015년 유엔에 의해 17개 지속가능발전목표와 169개 이행과제가 제시되었고, 2016년 3월에는 다시 230개(중복 포함하면 241개) 지속가능발전지표가 제시되었다. 이에 따라 대부분의 국가들에서 국가지속가능발전지표의 변화가 불가피하며, 우리나라에서도 현재 환경부와 통계청이 230개 글로벌 지속가능발전지표 활용가능성을 분석하고 있다(환경부, 2016). 국제적 흐름에 부합하여 한국적 상황에 부합하는 지표체계를 만드는 작업이 중요하다.

2) 통계의 적절성 확보

지표상의 진전을 측정하기 위해서는 적절한 수준의 데이터가 있어야 한다. 그래야만 지표도 의미를 갖게 되고 의사결정의 합리성도 높일 수 있다. 이 때문에 유엔에서도 이른바 지속가능발전을 위한 '데이터혁명data revolution'을 주창하고 독립전문가자문단IEAG, Independent Expert Advisory Group in Data Revolution for Sustainable Development을 설립하였다. IEAG(2014)는 『셀 수 있는 세계: 지속가능발전을 위한 데이터혁명A World that Counts: Mobilizing the Data Revolution for Sustainable Development』 보고서에서 데이터의 중요성을 다음과 같이 서술하고 있다. "데이터는 의사결정의 혈액이자 책임성의 원료이다. 올바른 시점에 올바른 사항에 관한 올바른 정보를 제공하는 고품질의 데이터가 없다면 효과적인 정책을 설계하고, 모니터링하고, 평가하는 일은 거의 불가능하다."

우리나라도 지속가능발전 지표체계에 부합하는 통계체계를 구축해야 한다. 최근의 조사에 따르면 우리나라의 경우 230개 지속가능발전지표 중 37%에 대해서는 신규 통계 개발이 필요한 실정이며, 현 통계체제 내에서 제공할 수 있는 42% 중에서도 세분화 등 추가적 개선이 필요한 상황으로 평가되고 있다(박경애, 2016). 최근 통계개발원은 향후 지속가능발전 추진을 위한 국가적 통계체계 구축전략들을 제안하고 있는데(오정화·박영실, 2015), 일부를 간추리면 다음과 같다.

첫째, 데이터 세분화이다. 지속가능발전목표가 '한 사람도 소외되지 않는다

Leave No One Behind'는 기본정신을 천명하고 있기 때문에 데이터 역시 소득, 성, 연령, 인종 등과 같은 하위집단들을 구분해서 파악할 수 있도록 각국의 데이터 세분화를 요구하고 있다. 우리나라는 분산형 통계시스템을 운영하여 각 기관이 독자적으로 조사를 수행하고 결과를 공표하고 있고, 따라서 주요 항목에 대한 정의, 측정, 공표 방법 등에 있어 조사마다 차이를 보이고 있다. 이러한 상황에서 데이터 세분화가 이루어지려면 최소한 지속가능발전지표의 주요 항목에 있어서는 조사기관 간 표준화가 선행되어 비교가능성을 제고해야 할 것이다. 둘째, 개도국의 통계역량 지원이다. 지속가능발전은 국가적으로 중차대한 문제이지만 국제사회 공동의 목적이기도 하다. 따라서 통계작성과 이를 통한 모니터링은 국제적 차원에서도 지원되어야 한다.『우리 세계의 변혁』보고서를 이행하기 위한「아디스아바바 행동의제」에서도 각국에 개도국의 통계기관 및 통계시스템 강화를 위한 기술적 및 재정적 지원을 요청하고 있다. 셋째, 고품질의 시의성 및 신뢰성 높은 데이터 생산을 위해 제도적 개선이 필요하다. 특히 분산형 통계시스템의 한계를 극복하기 위하여, 각 통계생산기관들이 일정한 기준에 따라 통계를 생산할 수 있도록 통계기준을 설정하는 것, 통계들이 국가의 승인하에서 작성될 수 있도록 통계조정기능을 강화하는 것, 통계자료의 품질관리 기능을 강화하는 것, 통계의 중복이나 결손을 최소화하도록 통계생산기관 간 소통을 강화하는 것이 필요하고, 향후 행정자료 및 빅데이터 등을 공식통계로 활용할 수 있는 가능성도 탐색되어야 할 것이다.

제 2 부

미래 정부의 정책설계

제6장

미래 정부의 인적자원관리

* 조윤직(연세대학교 행정학과 교수)
* 박성민(성균관대학교 행정학과 교수)
* 조문석(한성대학교 행정학과 교수)

본 장은 인사혁신처에서 발주한「미래 국가경쟁력 강화를 위한 중앙인사관장기관 발전방안」연구과제 내용의 일부를 축약, 수정한 것이다.

Shaping Government in the Future Society

Ⅰ. 서론

인적자원관리의 중요성은 어느 나라에서나 간과될 수 없지만, 국가 발전의 중심 동력을 우수한 인적자본에서 찾아야 하는 우리나라의 경우 그 중요성은 더욱 크다고 할 수 있다. 하지만, 당장 눈앞에 펼쳐진 현실은 그리 녹록지 않다. 고령화와 저출산 사회로의 진입은 이미 시작되었고, 국제결혼과 이민 등으로 인한 혼혈인과 외국인의 증가는 향후 우리나라가 이전과는 다른 인적구성을 갖게 될 것임을 시사한다. 또한 정보기술의 발전 등 빠르게 변화하고 있는 행정환경을 생각할 때에 선제적 대응을 위한 우수한 인적자원관리체계가 어느 때보다 더 절실한 상황이다.

국정개혁의 방법을 크게 법과 제도를 변화시키는 제도 개선의 접근방법과 국가운영을 책임지고 있는 공무원을 변화시키는 인적자원 개선의 접근방법의 두 가지로 구분해볼 수 있다. 이때 국정운영의 기본 틀로서의 법과 제도를 개선해나가는 노력도 중요하고 의미가 있음은 물론이다. 하지만, 실제 정책을 집행하고 국민들과 접촉하며, 직접 공공서비스를 제공하는 역할을 담당하는 실질적인 주체가 공무원이라는 점을 고려할 때 인사혁신의 중요성 역시 인정하지 않을 수 없다(박성민·최성주·김선아, 2015).

지난 2014년 온 나라를 혼란과 좌절에 빠뜨린 세월호 참사와 2015년의 메르스 사건 등을 겪으면서 공무원들의 전문성과 도덕성에 대한 회의가 사회 전반에 걸쳐서 일어났고, 관피아 척결 등의 이슈가 부각되면서 공직사회와 공공부문의 인적자원관리가 어떻게 바뀌어야 할지에 대한 많은 논의가 이루어지게 되었다. 이에 따라 공무원의 모집, 선발 등의 확보 단계에서부터 개발,

유지 및 활용, 평가, 보상, 퇴직관리 등 공공부문의 인적자원관리 전반을 어떻게 개혁할 것인가는 시의적절하고도 중요한 문제이다. 본 장은 미래정부가 인적자원관리의 기본 틀로 삼을 수 있는 하나의 대안을 전략적 인적자원관리 strategic human resource management에서 찾고자 한다.

Ⅱ. 행정환경의 변화와 미래 행정의 지향점

1. 행정환경의 변화

사회의 변화 속도가 빨라짐에 따라 행정환경도 빠르게 변화하고 있다. 변화하는 행정환경의 특징을 크게 다음의 다섯 가지 정도로 정리해볼 수 있다: ① 시민인식 향상과 공공서비스 수요의 다원화, ② 예산의 제약, ③ 인구와 노동시장 구조의 변화, ④ 공공과 민간 간의 경계모호성 확대, ⑤ 정보통신기술과 인공지능의 발달. 우선, 현대에 들어 민주주의가 발전하고 생활수준이 향상됨에 따라 국민들의 참여의식이 더욱 높아졌고, 정보기술의 발전은 이의 구체적 실현을 가능하게 했다. 정보에 대한 접근성이 과거에 비해 크게 제고됨에 따라, 보다 풍부한 정보에 기반하여 정부가 제공하는 공공서비스 품질에 대한 시민들의 기대수준도 높아지게 되었다. 앞으로 이런 경향은 더욱 가속화될 것으로 보이는데, 2010년 기준 전 세계적으로 30% 수준인 중산층 인구가 2030년까지 60%로 증가할 것으로 전망되고 있으며, 2030년까지 스마트폰 등 모바일 기기의 보급률은 75%로 증가하고 전 세계 인구의 50% 이상이 인터넷에 접속할 것으로 전망된다(KPMG, 2014). 이에 따라 앞으로 시민들은 공공서비스가 더욱 빠르게 제공되기를 기대할 것이며, 정부에 보다 높은 수준의 투명성과 책임성을 요구할 것으로 예상해볼 수 있다.

한편, 이렇게 빠르게 증가하는 국민의 기대치에 비해 정부의 재정능력은 현재 어려움에 직면해 있다. 많은 국가들이 재정적자와 부채 문제 해결을 위해서 예산절감전략을 취하고 있다. KPMG(2014)에서 펴낸 보고서에 따르면, 전 세계적으로 공공부채의 규모는 2007년 GDP 대비 46.3% 수준에서 2013년 78.1% 수준으로 증가하였으며, 2035년에는 GDP 대비 98%에 달할 것으로 예상하고 있다. 이러한 재정적 어려움을 고려할 때에, 정책의 우선순위를 기반으로 효율적인 공공서비스를 제공할 필요성이 더욱 커졌으며 주어진 예산의 제약 아래에서 성과를 극대화하기 위한 관리적 전략의 개발이 필요하다.

이와 더불어 정부가 직면하고 있는 또 하나의 어려움은 인구와 노동시장의 구조적 변화이다. 인구의 노령화는 다수의 선진국들이 겪고 있는 공통의 문제이지만, 우리나라에서 더욱 심각하다(PwC, 2013; KPMG, 2014). 인구의 노령화로 노동가능인구가 감소하는 한편, 공적연금과 보건 부문의 지출수요는 증가하면서 정부가 재정적으로 더욱 어려워질 가능성이 존재한다. 특히 노동시장의 수요와 공급의 균형을 맞추는 문제는 현재세대와 미래세대 간의 고통분담의 문제이기도 하므로, 정부는 장기적 시각에서 인적관리방안을 구상하는 가운데 신뢰성 있는 정책방향과 관련 정보를 제공하여야 한다.

다른 한편으로 정부가 맞닥뜨리는 행정환경의 변화는 공공과 민간 부문 간 경계가 점점 더 모호해져 가고 있다는 것이다. 공공부문과 민간부문 간의 경계에 대한 구분은 전통적인 행정학에서 오랜 기간 논의되어 왔지만, 신공공관리가 현대에서의 주요한 행정개혁의 기반 논리가 되면서 그 경계의 모호성이 증가하게 되었다. 공공서비스 제공을 민간에 위탁하는 것은 더 이상 예외적인 일이 아니며, 공공부문이 영리부문, 비영리부문과 함께 서비스를 제공하는 것이 시민들에게도 자연스럽게 인식되고 있다. 이러한 변화가 비단 외부적으로만 일어나는 것은 아니다. 정부 내부의 인적구성에 있어서도 공공과 민간의 경계가 점점 흐려지고 있다. 대표적인 예로, 공직의 전문성 제고를 위한 개방형임용제가 활발하게 이루어짐에 따라 계급제를 기반으로 하는 직업공무원제도의 의미가 조금씩 퇴색되고 있으며, 정부와 민간 간의 인사교류가 향후 더욱 확대된다면 인사행정의 영역에서도 공공과 민간의 경계가 더욱 모호해질 것으로 보인다. 결국 정부는 정부의 과거처럼 공공과 민간의 경계를 구분지으려는 시도보다는 공공서비스 제공과 효과적 관리의 지속가능성을 확보하기 위해 정부의 내부와 외부 간의 적정한 균형을 찾아가려는 노력을 경주해야 할 것으로 보인다.

마지막으로, 앞에서도 언급했지만 정보통신기술의 발달과 인공지능의 등장은 행정환경을 획기적으로 변화시켜 왔고 앞으로도 그럴 것이라고 예상된다. 정부 3.0 등의 개혁조치를 통해 많은 공공정보가 개방되고 있으며, 시민들도 손쉽게 이런 정보에 접근할 수 있게 되었다. 이러한 정보의 공유가 확대됨에 따라서 효과적 자원배분의 편익을 극대화하는 측면에서 과거의 계층적인 공공서비스 제공구조가 앞으로는 네트워크에 기반한 보다 수평적인 형태의 구조로 전환될 가능성이 높아졌다. 한편, 정보기술의 발전과 인공지능의 진보는 민간뿐 아니라 공공영역을 포함하는 사회 전반에 걸쳐 미래의 직업구조도 변화시킬 것이라고 예상해볼 수 있다. 제조업이나 회계, 금융 등 전통적인 직업군이 쇠퇴하고 새로운 직업군이 출현할 가능성이 높아지고 있는 상황에서(Amstrong & Sotala, 2012), 정부는 빅데이터와 인공지능 기술의 발전에 기반하여 보다 향상된 예측역량으로 관련 정책을 선제적으로 제시하는 등의 적극성을 보일 필요성도 커질 것이다.

2. 미래 행정의 지향점

그렇다면, 이러한 미래의 행정환경에 대응하기 위해서 거시적 측면에서 정부는 어떤 모습을 갖추어야 할 것인가? 세계경제포럼(World Economic Forum, 2011)에서는 앞서 언급한 행정환경의 변화에 성공적으로 대처하기 위한 미래 정부의 변화 방향과 지표를 **표 6.1**과 같이 제시하였다. 표에서 확인할 수 있듯이 세계경제포럼에서는 미래 정부의 모습을 'FAST Flatter, Agile, Streamlined, Tech-enabled government'라는 용어로 표현한다(World Economic Forum, 2011). 우선, 공공서비스 제공조직과 운영 과정의 재구조화를 강조하는데, 이는 수평성 및 간결성과 관련이 있다. 기존의 공공서비스는 주로 계층제적 조직구조하에서 공무원들의 주도로 제공되어 왔다. 하지만, 시민들의 행정수요가 다원화되고 영역 간의 경계모호성이 증대되는 앞으로의 환경에서는 보다 단순하고 간결화된 구조를 바탕으로 부처 간의 협업, 공공-민간 간의 네트워크를 바탕으로 한 서비스 구조로의 전환이 요구된다.

표 6.1 세계경제포럼의 미래 정부 변화 방향과 측정 지표

구분	방향과 대상	양적 지표	질적 지표
수평성 (Flatter)	• 정부 계층별 시민과의 상호작용 • 중앙과 지방 정부 간 책임의 균형 • 의사결정과정에서 시민 참여	• 새로운 사업 창출 • 경쟁적 조달 • 일상적 사건 인증 • 지방정부(시 정부)의 책임 • 온라인 피드백 • 정부와 공공부문의 소셜미디어 사용 비율	• 정부-시민-기업 간 수평성에 대한 인식 수준 • 정부와 공공서비스 이용자 간의 근접성에 대한 인식 수준
기민성 (Agile)	• 새로운 수요와 기회를 수용할 수 있는 공공구조의 역량 • 정부기관의 혁신 행태 • 시민과 기업의 요구와 기대에 대한 대응성	• 일정 기간 동안 서비스를 제공한 기록 • 시민과 기업을 대상으로 하는 정형화된 서비스에 대한 시간 및 비용 절감 기록 • 정보개방 및 정보개방계획의 수준과 범위	• 시민과 기업에 대한 정부의 기민한 대응에 대한 인식 • 정부의 혁신 수준에 대한 인식
간결성 (Streamlined)	• 정부서비스의 산출에 상응하는 인력 배치 • 행정부처와 서비스 간의 공유된 과정과 네트워크의 존재 • 행정능률성	• 서비스 제공 기간 동안 투입된 인력 대비 산출물 • 부서 간 전자조달, 인적자원관리도구, 데이터베이스와 지식 공유의 수준	• 정부서비스의 간결성에 대한 시민과 기업들의 인식 • 공무원의 효율성에 대한 국민들의 이미지
기술적 전문성 (Tech-enabled)	• 정부부문의 ICT 역량 • 온라인을 통한 정부서비스 활용 범위 • 소셜미디어 등 새로운 매체의 보급 수준 • 공무원의 기술적 지식	• 정부가 이용 가능한 ICT 장비, 대역, 서비스의 범위 • 정부 온라인서비스의 비율 • G2B, G2C 상호작용에 있어 소셜네트워크 활용 범위	• 정부의 기술적 전문성에 대한 시민과 기업들의 인식 • 공무원의 기술적 지식 수준과 혁신성에 대한 국민들의 인식

자료: World Economic Forum(2011: 16)에서 재인용

다른 한편으로는 정보공유의 증진과 더불어 이와 관련된 정보기술의 역량 강화를 강조한다. 미래 정부의 정책은 투명성을 지속적으로 확대하는 방향으로 전개될 텐데, 이를 위해 정보공유는 필수적이며 보다 효과적인 정보공유를 위해 ICT 역량 강화를 위한 꾸준한 투자가 이루어져야 할 것이다. ICT, 인공지능, 빅데이터, 클라우드컴퓨팅, 소셜네트워크 등의 기술적 진보는 서비스 제공의 간결성과 대응성을 확보하기 위한 핵심적인 수단으로 등장하였다. 이를 통해 정부 이외의 다양한 행위자들과의 지식과 정보의 공유는 서비스 제공 과정에서의 시민들과 이해관계자들의 참여를 촉진시키는 효과를 기대할 수 있고, 정부 입장에서도 클라우드컴퓨팅 기술 등을 활용하여 외부로부터 다양한 정보자원의 획득이 가능하게 될 것이다(World Economic Forum, 2011). 기민성과 관련해서는 공공서비스에 대한 정부의 책임성 강화가 중요하다. 이를 위해서는 시민들과 민간부문 이해관계자들의 수요와 요구에 기민하게 반응하고, 이를 효과적인 정책으로 만들 수 있는 공공부문 전반의 역량 강화가 이루어져야 한다. 이는 미래의 인적자원관리가 중점을 두어야 할 부분이기도 하다.

영국에 있는 대형 전략컨설팅기업인 프라이스워터하우스쿠퍼스PricewaterhouseCoopers, LLP에서도 미래 정부의 지향점을 제시하였는데, 그 주요 내용이 세계경제포럼에서 제시한 것과 크게 다르지 않다(PwC, 2013). 프라이스워터하우스쿠퍼스(PwC, 2013)는 미래에 요구되는 정부서비스의 핵심 특성을 기민성, 혁신성, 연결성, 투명성의 4가지로 제안하고 이를 위해서 정부는 다른 부분과 협력하는 가운데 균형을 이루고, 정보를 적극적으로 개방하고 공유하며, 지속적으로 혁신을 시도해야 함을 강조하였다. 또한 체계적 성과관리를 통해 성과에 책임을 지고, 환경변화에 기민하고도 탄력적으로 대응하며, 높은 수준의 투명성과 윤리를 보이는 것이 중요함을 제시하였다(PwC, 2013).

결국, 미래의 행정환경에 성공적으로 대응하기 위해 정부는 정보를 적극적으로 공유하는 가운데, 다른 부문과 협업할 수 있는 역량을 갖추고 지속적으로 혁신을 추구해야 한다. 또한 변화하는 상황에 신속히 대응할 수 있는 탄력성을 갖추는 한편, 결과 중심의 성과관리를 통해 실제적인 정책성과를 구현해

내어 국민에 대한 책임성을 확보해야 한다. 아울러 이러한 모든 과정을 투명하게 공개하여 높은 수준의 행정윤리를 동시에 구현할 수 있어야 한다. 이러한 이상적인 모습에 가까이 가기 위해서 효과적인 인적자원관리는 필수적이다. 앞서 언급한 조직구조, 서비스 제공과 운영 과정의 개선, ICT 기술을 활용한 정보의 공유와 투명성의 제고 모두 중요하지만, 결국 이러한 개혁조치들이 의도한 바를 달성하기 위해서는 이들을 운영하고 집행하는 인적역량의 강화가 전제되어야 한다. 특히 조직의 비전과 목표를 보다 잘 구현해내기 위해서 인적자원관리에도 전략적 접근이 강화될 필요가 있다. 즉, 리더십과 재능관리, 파트너십과 네트워킹, 위기관리와 성과관리 등 정부의 내부관리역량 강화를 위해 효과적 인적자원관리는 필수적이다. 이때 다양한 영역에서의 인적자원관리가 서로 유기적으로 조정되고 통합되어 조직이 지향하는 바를 효과적으로 달성하기 위한 전략적 접근이 미래 정부에서는 더욱 중요해질 것이다. 다음 절에서는 이러한 전략적 접근을 강조하는 전략적 인적자원관리를 미래의 인적자원관리의 기본 틀로서 소개하고자 한다.

Ⅲ. 미래 인적자원관리의 기본 틀로서의 전략적 인적자원관리

전략적 인적자원관리Strategic Human Resource Management, SHRM는 조직의 목표달성을 위해서 조직 내의 주요한 인적자원관리 기능들이 유기적으로 연계되어 전략적으로 기능하도록 하는 관리방안으로 이해할 수 있다(Wright & MacMhan, 1992). 이는 인사행정의 각 영역별 합리성 제고에 초점을 두었던 전통적인 인사행정과 구별된다. 전략적 인적자원관리에서는 조직의 비전과 목적을 고려하여 이를 구체적인 관리 과정과 연계시키고, 각 인적자원관리 기능들 간에도 조화를 이루어 효과적인 목표 달성을 추구한다. 또한, 전략적 인적자원관리는 조직 구성원의 능력이나 태도 등을 비롯한 조직 내부의 상황과 구조를 고려하는 가운데 전략적으로 조직을 외부환경의 변화에 부합fit시키려는 노력을 경주한다. 이런 점에서 전략적 인적자원관리는 조직의 전략 목적을 효율적으로 달성시키기 위해 조직과 개인의 비전 및 목표를 정합시키는 과정이면서 조직의 임무 달성을 위하여 적정한 사람을 적시·적소에 확보토록 하는 과정(Office of Personnel Management, 2005)으로 볼 수 있다. 이를 위해서 3～5년 후의 장기적인 조직목표를 달성하는 데 필요한 인적자본의 규모와 특성을 종합적으로 파악함과 동시에, 현재(공급)와 미래(수요) 간의 인력 및 역량의 차이를 파악하는 것이 필요하다(안양호, 2009).

근래에 들어 인적자원관리에 대한 패러다임이 전통적인 인사행정에서 인적자원관리, 전략적 인적자원관리로 변화하고 있고 우리나라에서도 민간부문에서 먼저 도입되어 활용되고 있는 전략적 인적자원관리가 공공부문으로 점차 확대되고 있는 추세로 볼 수 있다. **표 6.2**에서는 기존의 인적자원관리와 전략적 인적자원관리를 비교해서 정리하고 있다. 표에서 확인할 수 있듯이, 기존의

표 6.2 기존의 인적자원관리(HRM)와 전략적 인적자원관리(SHRM)의 비교

특징	기존의 인사행정(PA) 및 인적자원관리(HRM)	전략적 인적자원관리(SHRM)
분석 초점	개인의 심리적 측면 (직무만족, 동기부여 등)	조직의 전략 및 성과와 인적자원관리 활동의 연계
관점	미시적 관점: 개별 인적자원관리 방식들의 부분 최적화를 추구	거시적 관점: 인적자원관리 방식들 간의 연계를 통한 전체 최적화를 추구(수직적 및 수평적 통합)
범위	단기적 관점(인사관리상의 단기적인 문제해결)	장기적 관점(전략 수립에의 관여 및 인적자본의 육성)
기능 및 역할	• 조직의 목표와 무관하거나 부수적·기능적·도구적·수단적인 역할의 수행 • 통제 메커니즘의 마련	• 조직전략 수립에 적극적 관여 • 조직의 목표 달성에 있어 적극적, 핵심적 역할 수행 • 인적자본의 체계적 육성 및 개발 • 권한 부여 및 자율성 확대 유도

자료: 배귀희·임승후(2008: 70)에서 재인용

인사행정 및 인적자원관리가 직무만족 및 동기부여와 같은 개인의 심리적 측면에서 접근하였다면 전략적 인적자원관리는 조직의 전략과 인적자원관리 활동의 연계 및 조직성과에 분석의 초점을 두고 있음을 알 수 있다. 또한 보다 거시적이고 장기적 관점에서 조직전략의 수립과 실행에 적극적으로 관여하여 인적자본의 체계적 육성 및 능력개발, 그리고 권한부여와 자율성 확대를 유도하고 있는 것도 기존의 인사행정과의 차이점으로 볼 수 있다. 유민봉과 박성민(2014: 209)은 전략적 인적자원관리를 "조직의 목표와 성과 달성을 위해 확보, 개발, 유지·활용, 평가, 보상 등의 다섯 가지 기능을 조직의 비전 및 성과와 유기적으로 연계하여 개인과 조직이 일치성을 가지고 조직의 전략적 목표를 수행할 수 있도록 하는 인적자원관리 방식"으로 정의하여 전략적 인적자원관리가 다루는 영역을 아래의 그림과 같이 크게 여섯 가지로 나누어 제시하였다.

그림 6.1 전략적 인적자원관리

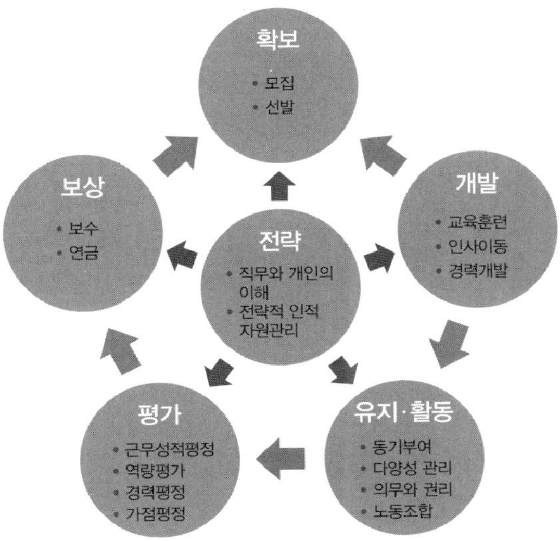

자료: 유민봉 · 박성민(2014: 209)에서 재인용

우선 전략은 인적자원관리의 다섯 가지 영역을 체계적으로 계획·설계하는 것으로, 전략적 인적자원관리에 있어 핵심적인 부분인 인력관리계획workforce planning을 수립하는 과정을 포함한다. 즉, 이러한 전략의 수립을 통해 장기적이며 목표중심적·성과중심적 인적자원관리 방식을 가능토록 하는 것이 전략적 인적자원관리의 주요한 목표이며 전통적 인사행정과 두드러지게 구별되는 부분이라고 할 수 있다. 인력관리계획을 수립함에 있어서 다루어야 할 구성요소에는 ① 중장기 비전과 목표, ② 인력 현황 분석, ③ 인력관리 5개년 계획의 목표, ④ 실천계획 등이 있다. 이들 구성요소를 충실하게 마련하기 위해서는 체계적인 데이터의 수집에 기반하여 적실성 있는 환경 분석과 예측이 이루어져야 하고, 인력의 운영과 필요역량, 보유역량에 대한 종합적인 이해와 분석이 뒷받침되어야 한다(배귀희·임승후, 2008; 유민봉·박성민, 2014; 박성민, 2017).

확보의 경우 인적자원관리의 첫 번째 단계로 볼 수 있다. 크게는 내부에서 승진이나 수평적 인사이동을 통해 충원하는 방법과 외부로부터 새로운 인적자원을 충원하는 방법으로 나눌 수 있다. 외부 충원의 경우에 인적자원의 확보는 크게 모집과 선발의 두 단계로 나누어 이루어지게 되는데, 모집은 우수한 인재가 공직에 관심을 갖고 공무원채용시험에 응시할 수 있도록 유인하는 활동을 의미하며, 선발은 시험에 응시한 수험생 중에서 직무수행능력이 상대적으로 뛰어난 사람을 선정하는 것을 의미한다. 이러한 인적자원의 확보 과정은 단순히 공석을 채우는 개념을 넘어, 보다 유능한 인적자원을 공직에 유입시키도록 한다는 측면에서 그 중요성이 크다고 할 수 있다(유민봉·박성민, 2014; 강성철, 2014).

개발은 공무원의 지식·기술·태도·능력을 조직의 목표 달성에 기여할 수 있도록 변화시켜 가는 과정을 의미하는 것으로 교육훈련이나 경력개발 등이 여기에 포함된다. 교육훈련은 대개 아직 보직을 수행할 직무능력을 충분히 갖추지 못한 상태인 예비공무원이나, 직무 내용이나 기술이 바뀌어 능력개발이 필요한 기존 공무원에게 제공한다. 크게 직장 내에서 평소의 체험, 학습, 상관의 지도를 통해 비공식적으로 이루어지는 경우On the Job Training, OJT와 외부의 전문 교육기관에서 공식적인 프로그램을 통해 체계적으로 이루어지는 경우Off the Job Training, OffJT로 나눌 수 있다. 이 외에도 승진과 적재적소의 인사배치와 같은 인사이동도 개발의 한 유형으로 활용되고 있는데, 이러한 인사이동을 통해 각 개인이 가지고 있는 잠재적인 능력을 발휘할 수 있는 기회를 부여하고 직무수행에 있어서 성취감을 제고하고자 한다(박천오 외, 2016).

유지 및 활용은 조직 구성원이 강한 의욕과 건전한 의식을 갖고 직무에 몰입하여 실제 직무수행을 성공적으로 할 수 있도록 지속적으로 관심을 갖고 관리하는 과정으로 정의될 수 있다. 여기서의 주요 기능으로는 동기부여 활동, 다양성 관리 활동, 공무원의 의무와 권리 확보 및 제한 활동 등이 포함된다. 동기부여 활동은 전통적으로 꾸준히 관심을 받아왔으며 현대에도 다양한 내적·외적 보상을 통한 동기의 관리가 시도되고 있다. 다양성 관리는 앞으로 더 중요하게 다루어질 관리방안으로 최근에는 인구통계학적 특성에 기반한 단순한 외적다양성뿐 아니라 개인의 심리적·문화적 속성을 반영하는 내적다양성까지 다루기 시작하였다. 이와 더불어 공무원이 그 업무수행에 있어서 공공의 목적과 기대에 어긋나지 않도록 공공성과 윤리성을 유지하고 제고하는 것은 현대 인사관리의 중요한 과제로 다루어지고 있다. 한편, 공무원도 한 국가·사회의 구성원으로서 기본적인 권리를 향유해야 하는데, 공무원의 권익 보호와 공공의 필요성 사이에서 권리 보장과 제한 간의 균형을 유지하도록 하는 인사관리가 요구된다(박성민, 2017).

평가는 성과평가가 중시되는 최근의 인적자원관리를 생각할 때에 그 중요성이 더욱 커졌다고 볼 수 있다. 이는 공무원의 채용과 교육훈련, 활용과 보상이 더욱 효과적으로 이루어지도록 유용한 정보를 환류하는 역할을 한다. 근무성적평정이 대표적이며, 역량평가와 경력평정 등도 그 예가 된다. 특히 전략적 인적자원관리의 대두로 조직적 차원에서 조직목표 달성 및 성과 창출을 위한 개인의 자질을 뜻하는 역량평가가 중요해지는 추세이다. 보상은 평가 결과를 바탕으로 금전적·비금전적 보상을 제공하는 것으로, 이는 유지·활용에서 동기부여관리에 중요한 영향을 미친다. 금전적 보상의 예로는 봉급과 수당, 공무원의 연금제도가 있으며, 의료보험금 부담이나 체육·문화시설 이용 혜택

부여 등을 통해 간접적으로 소득보조 역할을 하는 후생복지도 포함된다. 비금전적 보상으로는 승진, 외국 대학에서의 교육기회와 같은 것들이 포함된다(유민봉·임도빈, 2007; 유민봉·박성민, 2014).

Ⅳ. 미래 정부의 전략적 인적자원관리를 위한 구체적인 추진전략

1. 미래 중앙인사관장기관의 비전

앞서 소개한 행정환경 변화와 미래 행정의 지향점을 고려하는 가운데 전략적 인적자원관리를 인적자원관리의 기본 틀로 삼는다고 가정할 때에, 미래 정부의 중앙인사관장기관이 가질 수 있는 비전과 목표 및 추진전략은 아래의 그림과 같이 정리해볼 수 있다.

우선, 중앙인사관장기관의 비전은 '전략중심형, 문제해결형, 책임지향형 관리시스템에 기반한 공직사회 실현을 통해 국민에게 효과적으로 봉사하는 정부'로 제시할 수 있다. 전략적 인적자원관리의 관점에서 볼 때, 이 비전이 궁극적으로 지향하는 '효과적으로 국민에 봉사하는 정부'를 만든다는 비전을 성취하기 위해서 무엇보다 전략중심형 관리시스템을 구축하는 일이 필요하다. 앞서 논의한 바와 같이 전략적 인적자원관리가 기존의 인사행정과 가장 특징적으로 구별되는 점은 개별 인사기능들이 전체적인 관점에서 서로 유기적으로 조정되고 통합될 때에 조직의 비전을 성공적으로 성취할 수 있다는 것이다. 그런 점에서 전략형 인적자원관리를 향후 인적자원관리의 기본 틀로서 채택하는 경우, 전략중심형의 시스템 구축은 필수적이라고 할 수 있다. 구체적으로는 공직사회에서 필요로 하는 우수 인재상의 파악으로부터 시작되는 인

그림 6.2 중앙인사관장기관 비전, 목표 및 추진전략 체계도

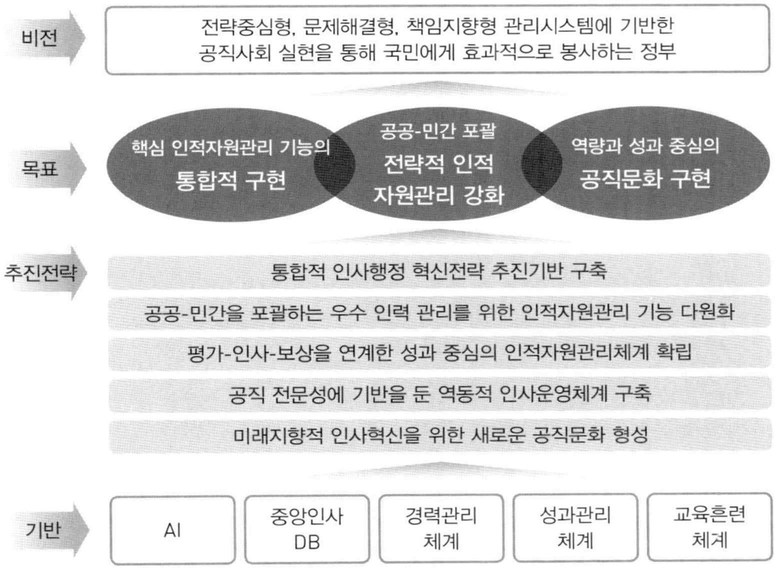

력의 확보부터 인력의 개발과 유지 및 활용, 평가, 보상에 이르기까지 인적자원관리의 전 과정이 유기적으로 연계되도록 관리시스템을 전략적으로 구축해야 할 필요가 있다. 즉, 확보, 개발, 유지·활용, 평가, 보상 등의 다섯 가지 인적자원관리의 기능 간에 충돌되는 부분은 없는지 확인하고, 이들 간 서로 상승작용이 생길 수 있도록 제도 간 정합성을 주기적으로 평가하고 개선하는 작업을 중앙인사관장기관이 수행하는 것이 필요하다.

한편, 미래의 복잡다단한 행정환경에서 보다 효과적으로 문제를 해결하기 위해 협업역량의 강화와 정보시스템 구축에 기반한 정보의 활발한 공유를 촉진시키는 시스템의 마련이 필요한데, 이러한 시스템을 문제해결형 시스템이라고 명명할 수 있다. 즉, 문제해결형 공직사회를 구현하기 위해서는 미래에 필요한 역량을 선제적으로 예견하고 이를 적극적으로 발굴하는 노력과 더불어, 근래 강조되고 있는 협업역량의 강화 등도 함께 지향하여야 한다. 또한 효

과적으로 국민에 봉사한다는 것에는 생산적인 문화에 바탕하여 높은 성과를 올린다는 의미와 함께 높은 수준의 공직윤리에 바탕하여 투명한 행정을 실현한다는 의미도 함께 내포되어 있다. 이를 위해서 앞서 언급한 전략중심형 시스템과 문제지향형 시스템에 더하여 책임지향형 시스템의 구축이 함께 이루어져야 한다. 이를 위해 체계적인 성과관리를 실현하여 조직성과의 지속적인 개선을 이루어나감과 동시에, 높은 수준의 행정윤리를 확보함으로써 건전한 조직문화의 형성을 촉진해야 한다. 성과지향과 행정윤리가 함께 발달할 때에 성과지향적인 문화가 단기간의 성과달성에 급급하지 않고 보다 높은 지속가능성을 지닐 수 있을 것인데, 이러한 책임지향형 시스템의 구현을 위해 중앙인사관장기관은 성과관리체계를 더욱 정교화함과 동시에 공무원들의 공직윤리를 배양하는 데도 많은 관심을 기울여야 할 것이다.

위에서 논의한 전략중심형 시스템, 문제해결형 시스템, 책임지향형 시스템은 서로 배타적인 별개의 영역이라기보다는 상당 부분 중첩되어 있는 개념으로 이해하는 것이 타당할 것이다. 이러한 관리시스템들이 잘 구축되었을 때 장기적인 시각에서 인적자원관리의 탄력성을 확보하는 가운데 혁신을 추구할 수 있고, 성과관리와 행정윤리의 구현을 동시에 이루어내어 역량 있는 공직사회의 지속가능성을 높일 수 있으며, 다른 부서 혹은 다른 영역 간의 성공적인 정보공유와 협업을 이루어 문제 해결 능력을 한층 제고할 수 있을 것이다. 이러한 장점들은 앞서 살펴본 미래의 행정환경에서 정부가 갖추어야 할 역량들을 반영하는 것이어서 본 비전체계가 미래 행정의 지향점과 양립 가능하다고 판단할 수 있다.

2. 미래 중앙인사관장기관의 목표

위와 같은 비전하에서 미래 중앙인사관장기관이 추구해야 할 목표는 크게 ① 핵심 인적자원관리 기능의 통합적 구현, ② 공공-민간을 포괄하는 전략적 인적자원관리의 강화, ③ 역량과 성과 중심의 공직문화 구현의 세 가지로 정리될 수 있다. 우선 핵심 인적자원관리 기능의 통합적 구현은 전략중심형 관리시스템과 직접적으로 연결된다. 현재 우리나라 정부의 인적자원관리 기능은 다양한 부처에 산발적으로 분포되어 있어서 기능 간 통합적 연계가 어려운 상황인데, 이러한 기능들을 통합해야 할 필요가 있다. 적어도 중앙인사관장기관이 인사행정전략 수립·집행·조정 과정에서 컨트롤타워 역할을 수행할 수 있어야 하며, 핵심적인 인적자원관리 기능이 한 조직 안에서 통합되는 것이 바람직하다. 이를 위해서는 제도에 대한 분석능력을 갖춤과 동시에 기능 간 부조화가 발견되었을 때 실질적으로 조정할 수 있도록 이에 합당한 권한과 책임을 함께 부여해야 한다.

한편, 공공서비스 제공 과정의 참여 주체가 다원화되면서 공공-민간 영역 간 경계의 구분이 모호해지는 상황에서, 역량 있는 인재들을 적시에 확보하여 점점 풀기 어려워져 가는 정책문제를 보다 효과적으로 해결하기 위해서 공공과 민간을 포괄하는 인적자원관리가 이루어져야 한다. 이는 문제해결형 관리시스템의 구현과 관련되는 것으로, 정부가 필요로 하지만 현재 인력으로 충족되지 않는 역량이 있다면, 중앙인사관장기관은 이를 판별해내고, 부족한 역량을 채워줄 수 있는 인재들을 민간에서 적극적으로 확보해야 한다. 이를 위해서는 각 전문 분야별로 높은 역량을 갖춘 외부 인재들의 데이터베이스를 구축·통합하는 일이 선행되어야 하고, 이에 더하여, 이러한 데이터베이스를 활용하여 필요한 외부 핵심인재를 적극적으로 접촉하고 확보하는 활동이 이루어져야 한다. 민간과의 협력을 통해 인재 DB를 구축하고 활용체계를 공유하는 방안도 함께 고려해볼 수 있을 것이다. 이러한 변화와 더불어 보다 근본적으로는 공직운영체계를 계급제 중심에서 직위분류제 중심으로 전환시키는 것과, 개방형임용제와 전문직위제를 확대하는 공직운영체계도 함께 고민할 필요가 있다.

마지막으로 역량과 성과 중심의 공직문화 구현은 책임지향형 관리시스템의 구현과 직접적으로 연관되는 목표이다. 채용-활용-교육훈련-평가-승진-보상 등 인적자원관리의 전 부문을 역량 기반의 성과중심체계로 개편하기 위해 인사운영 주기를 성과 주기와 연계하는 것이 바람직하다. 한편, 성과관리문화의 정착과 더불어 보다 지속 가능한 공직문화를 구현하기 위해 투명성과 윤리의 제고에 관한 관리적 처방에 대한 고민도 필요하다.

3. 비전과 목표 달성을 위한 추진전략

앞서 설명한 중앙인사관장기관의 비전과 목표 달성을 위한 추진전략은 크게 다음의 다섯 가지로 정리해볼 수 있다: ① 통합적 인사행정 혁신전략 추진 기반 구축, ② 공공-민간을 포괄하는 우수인력 관리를 위한 인적자원관리 기능 내실화, ③ 평가-인사-보상을 연계한 성과 중심의 인적자원관리체계 확립, ④ 공직전문성에 기반을 둔 역동적 인사운영체계 구축, ⑤ 미래지향적 인사혁신을 위한 새로운 공직문화 형성. 아래에서는 각각의 추진전략에 대해 설명한다.

우선, 통합적 인사행정 혁신전략 추진 기반을 구축하여야 한다. 이와 관련해서는 인적자원관리 기능 통합과 연계성 확보에 우선적인 관심을 기울일 필요가 있다. 개별 직무에 요구되는 역량에 대한 체계적인 정의를 기반으로 인적자원 확보-교육훈련-성과관리-보상-교육훈련 체계가 통합·조정되어야 한다. 예를 들어, 현재 인사정책 기본방침 수립 업무, 교육훈련, 국가 인재 조사 발굴 업무는 인사혁신처가 담당하고 있는데, 전략적 인적자원관리의 한 축을 담당하는 기능인 보상 및 포상 업무는 행정안전부가 담당하고 있다. 행정안전부는 정부조직 및 정원 관련 업무도 담당하고 있는데, 효과적인 전략적 인적자원관리 기능을 구현하기 위해서는 위의 기능 간 연계성을 확보하기 위한 구조적인 개편을 고려할 필요가 있다. 통합적 인사관리의 구현을 위해서는 산발적으로 흩어져 있는 인사기능을 구조적으로 통합시키는 방안이나 전략적인 컨트롤타워로서의 중앙인사관장기관의 권한을 강화하는 방안 등을 고민해야 할 것이다.

두 번째 추진전략인 공공과 민간을 포괄하는 우수인력관리를 위한 인적자원관리 기능의 내실화를 위해서는 공공-민간 공유 경력개발계획 수립이 필요하다. 기존의 공공서비스가 계층화된 체계에서 운영되어 왔다면, 행정수요의 다변화에 따라 보다 개방된 인력운영 구조가 요구될 것을 예상해볼 수 있다. 이에 대처하여 공공부문과 민간부문을 포괄하는 우수인력관리체계를 구축하기 위해서는 공공부문과 민간부문에서 공통적으로 통용될 수 있는 경력개발계획의 수립이 중요하다. 이러한 경력개발체계를 바탕으로 비슷한 분야에서 공통적인 핵심역량을 연계하여 인재교류를 활성화하고 공직 전체의 경쟁력을 강화하는 데 기여할 수 있을 것이다. 보다 핵심적인 사항은 경험적 증거에 기반한 인적자원관리 DB의 구축과 공유이다. 현재도 외부 인재 데이터베이스는 몇 가지가 존재하고 있으나 부처별로 산발적으로 관리되고 있는 실정이므로 중앙인사관장기관이 이를 통합하여 관리하는 것이 전체 인적자본의 전략적 운용을 위해서 선행되어야 한다. 이러한 DB 구축 및 공유는 경험적 증거에 기반한 관리evidence-based management와 밀접히 연관되는데, 이는 중앙인사관장기관의 미션을 수행하기 위한 기본적인 주춧돌을 놓는 작업에 해당된다. 가장 기본적으로 정부기관에 종사하고 있는 모든 공무원들의 상세 특성에 대한 종합적인 데이터베이스를 구축하는 일이 필요하다.

성과 중심의 인적자원관리체계의 확립은 또 다른 주요한 전략이다. 신공공관리의 영향으로 공공부문의 성과가 강조되기 시작한 이래 성과관리는 언제나 인적자원관리의 핵심 요소 중 하나로 다루어져 왔지만, 많은 주목을 받았던 것에 비해 그 성과에 대해서는 아직도 많은 논쟁이 진행 중이다. 하지만, 결국 성공적인 공공관리를 위해서는 조직 구성원들의 성과를 등한시할 수 없고, 성과관리는 앞서 언급한 중앙인사관장기관의 미션 달성에 직결되는 책임지향형 관리시스템 구축과도 직접적으로 연관되는 것으로 비중 있게 다루어져야 한다. 성과관리의 체계적 시행을 위해서는 성과관리의 기본으로 돌아가 그 체계를 정비해야 할 필요가 있는데, 기본적으로 성과관리의 효과성을 담보하기 위해서는 구성원 참여에 기반한 성과목표와 성과평가 기준의 정립, 성과의 객관적인 측정, 측정된 성과에 기반한 인적자원의 관리, 그리고 유효한 성과 피드백의 제공이 전제되어야 한다.

네 번째 전략은 공직전문성에 기반을 둔 역동적 인사운영체계의 구축이다. 향후 변화하는 행정환경에 보다 탄력적으로 대응하기 위해서는 경력개발계획을 기반으로 공무원 개인에 대한 맞춤형 서비스를 제공하는 것이 인적자원관리의 핵심 기능의 하나가 될 것으로 예상해볼 수 있다. 즉, 공직에 입직하는 이들의 개인적 선호도와 성향 등을 파악하여 이들에게 맞는 경력경로가 무엇인지를 제안하고 이에 따라 장기적 관점에서 공무원 개인의 경력을 관리해주는 시스템의 구축이 요구된다. 이러한 시스템을 구축함에 있어 ICT, 인공지능, 빅데이터, 클라우드컴퓨팅 등의 기술을 적극 활용하여야 하며, 기술적 진보에 기민한 대응을 위해서 민간부문으로부터 적극적인 인력 충원도 이루어져야 할 것이다. 또 하나 고려해볼 수 있는 것이 Two-Track(순환근무형/장기근무형) 인사관리의 강화이다. 빈번한 순환보직과 연쇄 인사이동(Z 자형 보직)으로 인해 공직의 전문성 부족 및 정부경쟁력 저하가 초래되고 있다는 지적은 지속적으로 있었다. 예컨대, 2001년 항공안전위험국 판정사태 시 문제 지적 후 14개월 간 항공국장이 3명 교체되었고, 2004년 한-칠레 FTA협상 결렬 위기 시 최종협상 1개월 전 담당 국·과장이 전보되는 인사실패가 있었다(최재용, 2016). 이러한 문제의 근본적인 해결을 위해 장기근무 필요성과 업무 전문성을 기준으로 모든 직위를 순환/장기근무형으로 구분하고, 직위 유형별로 보직관리를 차별화시키는 작업이 필요하다. 또한 공직의 전문성 향상을 위해 우수인재 영입을 위한 인적 데이터베이스의 구축도 중요하다. 역량과 성과가 기반이 되는 책임지향형 관리시스템을 만들기 위해 외부의 유능한 인재를 적극적으로 영입할 수 있어야 하고, 이를 위해 조직이 필요로 하는 어떤 핵심역량을 갖춘 인재가 어디에 있는지를 선제적으로 먼저 파악해야 한다. 이 핵심 기능은 앞서 언급한 인적자원관리 데이터베이스 구축 및 공유와 밀접하게 연관되는데, 외부 우수인재 데이터베이스가 제대로 갖추어지고 잘 활용되기 위해서는 우선

각 정부조직의 인적자원에 대한 파악이 우선되어야 하기 때문이다.

마지막으로 미래지향적 인사혁신을 위한 새로운 공직문화 형성을 주요 전략으로 추진할 필요가 있는데, 새로운 공직문화의 기본은 투명성과 윤리의식의 제고에 바탕하여야 한다. 공직의 개방성 확대는 현재보다 높은 수준의 투명성 확보와 공직자의 윤리의식을 요구한다. 개방성 확대를 통해서 공직역량 강화 및 전문성 제고의 효과를 기대할 수 있는 반면, 전통적인 직업공무원제의 의미가 퇴색됨으로 인해 민간에서 공직으로 진입하거나 공직에서 민간으로 진출하는 경우 모두에 있어서 윤리성을 더욱 강화해야 할 필요성이 높다. 개방과 공유가 중요해지고, 민간부문과의 협업이 강조되는 미래 행정의 환경에서 공무원은 높은 윤리성으로 다른 부문을 이끌어야 한다. 더욱이 성과가 중요시되는 요즈음에 단기간의 성과에만 집착하는 것으로 인해 윤리적인 측면에서 부작용이 생기지 않도록, 국가인재의 지속 가능한 양성과 발전을 위해서 윤리교육이 중요하게 다루어져야 한다. 이에 따라 민간과 비영리 부문 등 다른 부문과의 협업 과정에서 롤모델이 되어야 하는 공무원들에게 기본적인 윤리의식을 갖추고 더 높은 수준의 직업윤리를 실천할 수 있도록 양질의 프로그램이 마련되고 시행되어야 할 필요가 있다. 더 나아가 공직윤리와 성과체계 간의 결합도 고려해볼 수 있다. 즉, 공직윤리가 단순히 강조되는 것에 머무르지 않고, 조직의 성과관리시스템과 연동되어 실질적인 영향력을 발휘하도록 하는 방안도 고민해야 한다. 또한 지속 가능한 성과의 창출을 위해서 일과 삶 균형정책의 정착화 및 내재화도 새로운 공직문화의 주요한 부분으로 고려할 필요가 있다. 우리나라가 OECD 국가들 중 직무스트레스가 최상위에 속한다는 여러 보도에서도 알 수 있듯이, 직장 생활에서의 소진burnout 현상은 더 이상 드문 일이 아니다(김호섭·김판석·유홍림·김대건, 2011). 공공부문의 인적자원관리에 있어서도 장기적 관점에서 오래 달릴 수 있는 국가인재를 키워내는 방안을 함께 고민해야 한다. 이와 관련하여 사후대처식 복지에서 벗어나 사전적으로 업무 강도와 스트레스 완화를 위한 웰다운복지와 같은 진일보한 제도의 도입도 고려할 필요가 있다(박성민·김선아, 2015).

4. 맺는말

본 장에서는 미래 행정환경의 변화를 그려보면서, 이에 성공적으로 대처하기 위한 미래 정부의 인적자원관리 기본 틀로 전략적 인적자원관리에 대해 설명하였다. 또한 전략적 인적자원관리를 충실하게 실행할 때에 미래의 중앙인사관장기관이 가져야 할 비전체계를 제시하였으며, 그 비전을 실현하기 위한 주요한 정책목표와 구체적인 추진전략들을 함께 논의하였다. 본 장에서 이야기한 내용들의 실현을 위해서는 국가의 인적자원관리 개혁에 대한 대통령의 의지와 더불어 개혁에 대한 넓은 공감, 그리고 이해당사자가 되는 여러 부처들 간의 긴밀한 협의가 필요할 것이다. 또한 본 연구에서 제시하는 기능들의 충실한 구현은 단기간에는 이루어지기 힘들다. 정권교체에 따른 행정의 불연속성이 나타나지 않도록 여야 간의 정치적 합의하에 장기적 관점에서의 지속적인 개혁이 이루어지는 것이 그 성패를 가르는 중요한 요인이 될 것이다.

제7장

중앙행정기관 성과관리 개선을 위한 과제

* 이정철(연세대학교 행정학과 박사수료)

* 조문석(한성대학교 행정학과 교수)

* 이정욱(연세대학교 행정학과 교수)

Shaping Government in the Future Society

Ⅰ. 서론

성과관리에 대한 관심은 1980년대 후반 이후 OECD 국가들을 중심으로 크게 증가하기 시작하였다. 영미권 국가들을 선두로 서구 선진국들은 행정의 대응성과 책임성을 제고하기 위하여 신공공관리new public management에 기반한 행정개혁을 추진하였고, 이를 체계적으로 뒷받침하기 위한 수단으로서 성과관리시스템을 조직·인사·예산 등 다양한 관리 영역에 걸쳐 구축·운영하였다(이인섭·금재덕, 2007: 6).

우리나라도 선진국들의 행정개혁 추세에 따라 결과 중심의 성과관리제도를 도입하고자 하였고, 1998년 외환위기를 계기로 성과관리체계를 제도화하려는 시도가 전개되었다. 1998년부터 국무조정실이 기존의 평가 및 감사 업무 외에 조직, 인사, 예산에 대한 정부업무평가제도를 도입하였고, 1999년 이후 중앙인사위원회가 직무성과제를 일부 기관에 도입·운영하기 시작하였다. 이후 2000년대에 이르러 책임운영기관평가제도, 성과목표관리제도, 재정사업 자율평가제도, 재정사업 심층평가제도 등이 공공부문에 도입되었으며(박창균, 2013: 112), 2009년에는 예산안에 성과계획서를 첨부·제출하는 것을 의무화하는 등 단계적으로 정부 성과관리체계를 정교화하고 강화하려는 시도가 꾸준히 전개되었다.

특히 「정부업무평가기본법」과 「국가재정법」이 제정된 2006년은 성과관리제도가 법적 틀 내에서 제도화되는 시점이라고 할 수 있다. 「정부업무평가기본법」의 통합적 성과관리에 대한 규정, 그리고 「국가재정법」에 규정된 재정사업에 대한 평가 규정은 정부 활동에 대한 관리 방식이 투입과 과정 중심의 전통적인 관리방식으로부터 책임성·능률성·효과성 등 결과를 강조하는 관리체계로 전환하게 되는 계기가 되었다.

그러나 「정부업무평가기본법」과 「국가재정법」이 제정된 이후 10여 년이 지난 현시점에서도 성과관리가 공공부문의 성과개선에 실제로 기여하고 있는가에 대해서는 여전히 논란이 되고 있는 상황이다. 예를 들어, 일각에서는 다양한 성과관리제도의 동시 시행으로 인해 공무원들이 업무 부담과 혼란을 느끼고 있으며, 이로 인해 성과관리제도가 평가를 위한 평가에 머무를 수 있다는 비판을 제기하고 있다(이석환, 2006: 127; 금재덕 외, 2014: 190, 201). 반면, 성과관리제도의 본격적 시행을 통해 인사, 보상 등에 관한 의사결정의 합리성이 개선되는 긍정적 효과를 보고하는 연구 또한 존재한다(예: 윤수재·임동진, 2009). 이처럼 성과관리제도가 공식적으로 제도화된 이후 그 효과에 대한 긍정적·부정적 인식이 혼재하고 있는 현실은 아직 우리나라의 성과관리체계가 공직사회에 완전히 자리 잡지 못하고 여전히 개선해야 할 요소가 많음을 시사한다.

우리나라 중앙행정기관의 성과관리 업무는 「정부업무평가기본법」에 근거한 주요 정책 자체평가와 「국가재정법」에 규정된 재정사업 평가체계로 크게 양분되어 있다고 할 수 있다. 정부 내에 성과관리 업무를 감독·확인하는 역할 또한 국무조정실과 기획재정부 등으로 권한이 나뉘어져 있다. 이로 인해 부처의 부담 가중 및 평가체계 간의 연계성이 미흡하다는 지적이 지속적으로 제기되어 왔다(예: 금재덕 외, 2014). 이처럼 분절된 성과관리체계로 인해 대부분의 부처가 성과관리시행계획과 성과계획서를 이중으로 작성한다. 한편 국무조정실과 기획재정부 외에도 인사혁신처 또한 공무원 성과평가 등에 관한 지침 등을 통해 공무원 근무성적평정에 있어서 「정부업무평가기본법」에 근거한 성과관리시행계획상의 성과목표와 관리과제를 공무원 성과평가와 연계하도록 하고 있다. 따라서 인사혁신처도 개인 단위 성과평가 및 인사관리에 있어 성과관리제도의 또 다른 관리·감독기관으로서의 역할을 수행한다고 볼 수 있다.

성과관리시행계획 및 성과계획서의 수립과 관련하여 이러한 감독·확인 기관의 이원화 문제는 정부 내의 각 기관들이 성과관리를 실시하는 과정에서 혼란을 야기할 수 있다. 또한 성과관리제도 운영 과정에서 부가적인 비용을 유발시켜 「정부업무평가기본법」상 규정된 성과관리의 목적인 능률성, 효율성, 책임성 달성을 저해할 가능성도 지속적으로 제기되어 왔다(예: 조문석·이정욱, 2016).

이처럼 성과관리제도는 그 운영 측면에서 국무조정실과 기획재정부, 그리고 인사혁신처 등 관련 법령상 성과관리의 총괄 및 운영과 관련된 기관들의 운영 목적과 방식이 다양하다. 이로 인해 통합적 성과관리의 당초 취지에 부합하지 못하고 제도가 개별적으로 운영됨에 따라 제도의 적용 대상인 중앙행정기관에서 성과관리제도 운영 과정에서 상당한 비용과 혼란이 발생하고 있는 상황이다.

또한 일각에서는 국무조정실과 기획재정부 주관으로 실시되는 중앙행정기관에 대한 현행 성과평가방식은 관련 법령에서 규정하고 있는 자체평가의 취지에 충실하지 못하다는 지적을 제기한다. 즉 부처의 자율적 평가역량 제고를 통해 성과관리를 보다 효율적·효과적으로 실현한다는 당초의 취지에 미치지 못하는 방식으로 성과평가가 이루어지고 있다는 비판이 존재한다(신홍철, 2008: 20-21; 박노욱, 2015: 10). 이에 본 장에서는 국무조정실이 주관하는 정부업무성과관리제도를 비롯하여 우리 정부의 성과관리제도 운영상에 발생하는 문제점들을 진단하고, 이를 바탕으로 성과관리제도가 궁극적으로 지향하는 통합적 성과관리체계 구축을 통한 신뢰성과 효과성 제고를 실현시킬 수 있는 대안을 모색해보고자 한다.

Ⅱ. 우리나라 성과관리제도의 운영 배경 및 현황

중앙행정기관을 중심으로 볼 때 우리나라의 성과관리제도는 크게 3가지로 구분할 수 있다(박승규, 2012: 26; 장지인 외, 2007; 15-29; 신홍철, 2008: 23). 첫째는 국무조정실이 주관하는 정부업무성과관리제도이다. 정부업무성과관리제도는 「정부업무평가기본법」에 근거하여, 통합적인 성과관리체계의 구축과 자율적인 평가역량의 강화를 통한 국정운영의 능률성·효과성 및 책임성을 향상시키는 것을 목적으로 한다. 「정부업무평가기본법」에 따라 국무조정실에서는 중앙행정기관의 장이 당해 기관이 수립한 성과관리시행계획에 대한 이행 상황을 반기별로 점검하고, 그 결과를 자체평가 및 특정평가에 반영하도록 하고 있다(김창봉, 2011: 17; 류호상·정석창 2013: 39). 둘째는 기획재정부가 주관하는 재정성과관리제도이다. 기획재정부의 재정성과관리제도는 「국가재정법」에 따라 국가재정에 관한 사항을 성과지향적으로 운영하는 것을 목적으로 하고 있으며, 재정성과목표관리제도, 재정사업자율평가제도, 재정사업심층평가제도 등 세 가지 제도가 재정사업 성과관리를 위한 주요 틀로서 구성되어 있다(박노욱, 2007: 8; 박노욱, 2015: 24). 재정성과목표관리제도는 부처 스스로 사업에 대해 모니터링하고 결과를 공개하도록 하는 제도이며, 재정사업자율평가제도는 미국의 사업평가측정기법Program Assessment Rating Tool, PART을 참고한 것으로 기획재정부의 평가지침에 따라 각 부처 소관 재정사업을 매년 1/3씩 자율적으로 평가하고, 그 결과를 예산편성 등 재정운용에 활용하는 제도이다(윤희숙·박현, 2005: 143).[1] 재정사업심층평가제도는 쟁점이 있는 사업군을 대상으로 사업의 성과를 심층적으로 평가하여 사업의 개선 및 재정운용의 성과를 제고하기 위한 목적을 지니고 있다(박노욱, 2015: 25). 셋째는 인사혁신처 주관의 공무원인사평가제도이다. 공무원인사평가제도는 「국가공무원법」, 「공무원 성과평가 등에 관한 규정」 등에 따라 성과계약 평가 등 공무원의 근무성적평정에 있어서 성과관리시행계획상의 성과목표 또는 관리과제의 성과지표를 개인의 평가지표와 연계함으로써 보수와 승진 등 인사 자료에 활용하도록 하고 있다.

1 2016년부터 재정사업자율평가는 그동안 독립적으로 운영되던 분야별 재정사업평가(기금사업운영평가, 국가연구개발사업중간평가, 지역발전사업평가)와 함께 부처 단위의 종합적 평가인 '통합 재정사업평가'로 통합되어 운영되고 있다. 2017년부터는 '통합 재정사업평가'의 틀 속에서 매년 모든 재정사업에 대해 평가가 실시된다.

1. 성과관리 관련 법률 및 제도

우리나라 성과관리제도의 기본 체계는 성과계획의 수립, 집행·점검 및 성과정보의 획득, 성과정보의 활용 단계로 구분할 수 있다(Wholey, 1999; 이인섭·금재덕, 2007: 8; 국회예산정책처, 2009: 5; 이환성·김용훈, 2013: 32). 계획 수립 단계에서는 기관의 성과계획을 수립하며, 이러한 성과계획에는 기관의 임무·전략목표·연도별 성과목표 등이 포함된다(김주환, 2009: 204). 집행·점검 및 성과정보의 획득 단계에서는 수립된 계획에 따라 집행이 이루어지고, 정기적으로 이에 대한 확인·점검과 자체평가 및 특정평가를 통한 성과정보 획득이 이루어진다. 마지막으로 성과정보의 활용 및 환류 단계에서는 성과평가를 통한 성과정보가 정책의 개선, 개인의 인사·성과급에 반영, 조직관리 등에 활용된다.

이렇게 세 단계의 기본 체계를 바탕으로 우리나라의 성과관리제도는 관련 법률 및 제도상의 운영 측면에서 정부업무성과관리제도와 재정성과관리제도로 양분화되어 있다는 데 그 특징이 있다(이인섭·금재덕, 2007: 14). 먼저 정부업무성과관리제도의 경우 2006년 「정부업무평가기본법」이 제정됨에 따라 중앙행정기관 등에 대하여 기존에 개별 법령에 의해 개별적·중복적으로 이루어지던 각종 평가들을 체계화하여 통합적인 성과관리체계를 구축하고, 자율적인 평가역량을 강화하여 국정운영의 능률성, 효과성, 책임성 등을 향상시키는 것을 목적으로 한다(「정부업무평가기본법」 제1조). 「정부업무평가기본법」의 제정은 종합적이고 통합적인 성과관리체계 구축을 위한 법적 기반을 마련하고, 국내의 성과관리체계 전반을 획기적으로 전환하는 계기로 작용하였다는 점에서 그 의의를 지닌다(윤수재·임동진, 2016: 29). 「정부업무평가기본법」하의 통합적 성과관리제도에서는 체계화된 자체평가체계 마련을 통해 정부의 전반적인 평가역량 및 성과관리 개선, 학습기능 강화가 강조되었다(윤수재·임동진, 2016: 15). 이에 따라 기관의 자율평가를 통한 성과 개선 및 학습기회 제공 등을 유도하기 위하여 국무조정실·정부업무평가위원회에서는 자체평가의 품질과 방법을 통합 관리하기 위한 체계적인 가이드라인으로서 정부업무성과관리 전략계획 및 시행계획 수립지침을 마련·배포하고, 중앙행정기관은 이를 바탕으로 성과관리 전략계획 및 성과관리시행계획을 수립하고 있다.

그런데 다른 한편에서는 기존에 시행지침에 따라 운영되었던 재정사업자율평가에 대하여 법적 기반을 강화하고, 효율적이고 효과적으로 국가재정을 운용하기 위하여 관련 기본법이 제정되었다(국회예산정책처, 2012: 146). 새로운 재정운용의 틀로서, 기존의 「예산회계법」 및 「기금관리기본법」을 통합하여 「국가재정법」이 제정된 것이다. 「국가재정법」은 국가재정운용계획과 국가채무관리계획의 수립, 추가경정예산 편성요건의 강화 및 재정정보 공표 확대, 조세지출예산제도와 성과관리제도·예산총액배분 및 자율편성제도의 도입 등을 주요 내용으로 하며, 이를 통해 재정의 효율성을 확보하고 재정운용의 투명성 및 건전성을 강화하는 것을 추구하였다. 이러한 제도적 개선의 목적은 예산의 편성방식이 부처의 자율성을 중시하는 방향으로 전환됨에 따라 예산사업의 평가 결과를 예산과 연계시킴으로써 예산사업별 성과에 대한 부처의 책임성을 강화하기 위한 것이라고 할 수 있다(김현민, 2010: 14). 2007년 1월부터 「국가재정법」이 본격적으로 시행되면서 성과관리 측면에서 이원화된 법률구조가 형성되었으며(배득종 외, 2013: 94), 국무총리실(현 국무조정실)·정부업무평가위원회는 성과관리와 예산과의 연계성을 강화하기 위하여 계획수립 시기를 예산순기에 맞춰 운영할 것을 추진하였고, 성과관리체계를 일원화하기 위하여 「정부업무평가기본법」에 기반한 성과관리시행계획과 「국가재정법」에 근거하고 있는 성과계획서를 통합·운영하는 방안에 대하여 합의하였다(방문규, 2009: 41). 이에 2008년 7월 「국가재정법」 제8조 제6항 및 동법 시행령 제3조에 의거해 재정사업자율평가가 정부업무평가제도에 통합되도록 「정부업무평가기본법」이 개정됨에 따라 2009년까지는 평가기본법의 '성과관리시행계획'과 「국가재정법」에 의한 '성과계획서'가 통합·운영되었고, 성과목표별 성과지표가 반드시 제시되도록 규정되었다(김주환, 2013: 61).

그러나 이러한 성과관리체계 일원화의 노력이 전개되었음에도 불구하고, 각 제도의 목적과 내용, 대상과 시기 등이 상이함에 따라 두 제도를 단순 통합 운영하는 데에 따른 비효율성 등 당초 의도하지 않은 문제점이 발생하였다(박승규, 2012: 28). 이러한 문제점 등을 이유로 2010년부터 성과관리시행계획상의 주요 정책과제가 성과계획서상에서는 통합 작성에서 목록 제시 형태로 변화하였으며, 2012년부터는 성과관리시행계획과 성과계획서가 완전히 분리되어 작성되고 있다(박홍엽, 2012: 176). 이로 인해 현재까지 두 개의 성과관리체계가 병립하며 운영되는 구도가 지속되고 있다.

정부업무성과관리제도와 재정성과관리제도에 대하여 각 제도의 근거 법률, 성과관리의 대상과 범위, 절차, 점검 및 공개 등을 비교하면 다음과 같다.

표 7.1 정부업무평가기본법과 국가재정법에 따른 성과관리 비교

		정부업무평가기본법 (국무조정실, 정부업무성과관리제도)	국가재정법 (기획재정부, 재정성과관리제도)
근거법		•「정부업무평가기본법」	•「국가재정법」
대상	기관	• 중앙행정기관 • 국회, 대법원, 감사원 등 독립기관 제외	• 중앙관서 • 국회, 대법원 등 모든 예산 소관
	업무	• 정책, 사업, 업무 등	• 재정활동
범위	성과계획	• 성과관리전략계획(5년) 및 성과관리시행계획(1년) 작성	• 성과계획서
	성과보고	• 명문규정 없음 • 평가보고서에 대한 규정은 존재	• 성과보고서 작성
절차		• 중앙행정기관의 장에게 성과관리전략계획 수립 의무화 → 국회 소관 상임위 보고(수립 즉시) • 시행계획 통보 및 조정실 등에 제출 관련 명문규정 없음	• 기획재정부 시행지침 통보 → 각 부처 예산 요구 시 성과계획서 성과보고서 기획재정부 제출 → 예·결산 첨부서류로 국회 제출 • 예산 요구 시한: 6월 30일 • 결산서 제출기한: 2월 말
점검		• 각 부처에 반기별 자체 점검의무 부과 • 총리는 각 부처의 실태 및 이행 상황 점검 결과를 자체평가·특정평가 등에 반영	• 법률상으로 명문화된 규정은 존재하지 않지만, 전문 연구기관의 1차 점검, 기획재정부의 최종 결과 확정을 통한 확인·점검(재평가) 과정 수행
정보화 시스템		• 전자통합평가시스템 (e-ipses)	• 디지털예산회계시스템(dBrain)

자료: 국무총리실(2009); 방문규(2009: 41); 박승규(2012: 30)

2. 각 성과관리제도별 구성 요소

우리나라의 성과관리제도는 정부업무평가제도와 직접적으로 관련되어 있다. 국무조정실은 성과관리시행계획 작성지침에 의거하여 성과관리를 '성과관리전략계획 및 성과관리시행 계획을 수립하고(계획 단계), 예산 및 인력을 투입해 집행하며(집행·점검 단계), 계획 단계의 성과지표를 토대로 자체평가 및 특정평가를 실시하고(평가 단계), 평가결과를 사업 개선과 예산배분, 개인의 인사 및 성과급에 활용하는(환류 단계) 시스템의 순환과정으로 파악하고 있다(이환성·김용훈, 2013: 31). 이에 정부업무성과관리의 대상 기관인 중앙행정기관 등은 각 기관별로 5년 단위의 성과관리전략계획을 작성하여 당해 기관의 임무와 비전, 전략목표, 성과목표 등을 제시한다. 또한 매년 1년 단위의 성과관리시행계획을 부처 업무계획, 국회의 예산심의결과 등을 반영하여 성과관리전략계획에 대한 실행계획으로서 수립한다. 이러한 성과관리시행계획에는 당해 연도의 성과목표와 이를 달성하기 위한 정책(사업), 그리고 이를 측정·평가하기 위한 성과지표 등이 주요 내용으로서 포함된다(이환성·김용훈, 2013: 31-32). 또한 성과관리시행계획에 제시되고 있는 관리과제와 과제별 성과지표의 경우 각 기관의 자체평가 대상 과제 및 해당 과제의 성과측정을 위한 성과지표로 활용될 수 있도록 운영하고 있다. 그리고 정부업무성과관리제도 내에서 중앙행정기관을 대상으로 생산되는 성과정보들은 부처에서 수립한 성과관리계획의 집행 및 자체평가 결과 그리고 정부업무평가제도의 운영결과 생산되는 모든 성과정보를 포함한다(박승규, 2012: 31-32).

한편 재정성과관리제도는 성과목표관리, 재정사업의 성과관리, 주요 사업 심층관리 등 3가지 제도를 중심으로 운영되고 있다(방문규, 2009: 39-43; 박승규, 2012: 34-36). 첫째, 재정사업성과목표관리제도performance monitoring는 기관의 비전과 미션을 통해 전략목표와 성과목표를 도출하고 이를 측정할 수 있는 지표를 개발하여 성과계획서를 통해 제시하는 것을 의미한다(방문규, 2009: 39-40; 조희제, 2011; 박승규, 2012: 34). 성과목표관리제도는 성과보고서를 통해 조직의 성과를 검증·관리하는 체계로 구성되어 있으며, 기본 구조는 성과계획의 수립, 재정 집행·운영, 성과 측정·평가로 구성된다. 둘째, 재정사업자율평가는 「국가재정법」(제8조)에 근거하여, 재정사업평가를 통해 사업을 분석하고 검토하여 그 결과를 재정운용에 활용한다. 성과목표관리제도에 따른 성과지표 관리정보만으로는 예산 편성 및 배분 과정에서 활용이 제한적이므로, 미국의 PART 방식을 참고하여 질문 문항(체크리스트) 방식을 활용함으로써 성과관리 현황과 관련된 다양한 정보를 획득하고, 이를 예산배분과 연계한다. 이 제도는 2005년부터 예산총액배분자율편성제도top-down도입에 따라 각 부처의 책임성과 효율성을 제고하기 위하여 도입·운영되고 있다(박승규, 2012: 35). 이에 각 부처는 소관 재정사업을 자체 평가하고 이를 기획재정부가 확인·점검하여 성과가 낮은 사업은 축소·폐지하거나 제도 개선을 권고하는 등 평가결과를 재정운용에 활용한다(기획재정부, 2009). 재정사업자율평가제도는 기획재정부가 제시한 체크리스트와 답변 기준에 따라서 각 사업 주관부처에서 전체 평가 대상 재정사업을 매년 1/3씩 자체 평가하고 그 결과에 대해 기획재정부와 협의 조정을 거쳐 최종 결과를 확정하여 정부예산안 편성에 반영하는 형식으로 운영되어 왔다(방문규, 2009: 36). 한편 2016년부터 기획재정부는 재정사업자율평가를 비롯한 분야별 재정사업평가제도를 단일의 평가제도로 통합한 통합재정사업평가제도를 도입하였다. 모든 재정사업에 대해 매년 평가를 실시하는 방식으로 운영되는 이 제도는 사업 담당기관이 사업의 성과에 대한 평가를 자체적으로 수행하게 하고, 메타평가를 통해 그 타당성과 신뢰성을 확인·점검하도록 한다(황혜신, 2016). 셋째, 재정사업심층평가program review는 2006년에 도입된 사업평가제도로, 예산규모가 크거나 정책적 중요도가 높은 사업 등 보다 심층적인 평가의 필요성이 제기되는 사업들에 대하여 정밀한 분석과 평가를 실시하여 사업체계 개선, 지출효율성 제고 등을 목적으로 한다. 재정사업자율평가제도가 사업검토의 성격을 갖는다면, 재정사업심층평가제도의 경우 사업평가의 성격이라고 할 수 있다. 이에 따라 사업의 적절성, 효과성, 효율성, 효용성 및 지속가능성 등의 평가 요소들을 중심으로 평가가 이루어진다(최성은 외, 2007: 52).

우리나라의 재정성과관리제도는 성과계획서의 수립 단계에서 제시한 목표체계와 성과지표에 기반하여 성과정보가 생산된다(신상훈·차경엽, 2009: 5). 재정사업자율평가제도의 경우, 자율평가의 형식으로 운영되고 있으나, 재정당국이 단위사업 수준에서 예산의사결정에 필요한 정보들을 수집하기 위하여 체크리스트 방식을 적용하였다. 그 결과 목표 달성 여부에 관한 정보뿐만 아니라 사업계획, 집행관리 및 효율성 제고 등 사업 개선과 관련한 정보들을 종합적으로 생산하고 있다(신상훈·차경엽, 2009: 6). 반면, 기관 차원에서 작성되는 성과계획서와 성과보고서는 목표체계 및 성과지표 개발에 초점을 두고 성과측정을 통한 목표 대비 성과달성 여부, 간략한 성과달성 및 미달성 원인분석 정보를 제공한다(신상훈·차경엽, 2009: 6). 또한 최근에는 「국가재정법」에 의거하여 2009 회계연도부터 성과계획서와 성과보고서의 국회 제출이 의무화되어 운영되고 있으며, 성과계획서 및 성과보고서에 대한 감사원이나 국회예산정책처 등에 의한 성과감사 및 평가, 성과정보의 신뢰성 점검 등이 점차 강화되는 추세에 있다(박승규, 2012: 38).

3. 성과관리 지원체계

성과관리 지원체계로는 성과관리제도 주관기관이 제공하는 교육·학습·훈련 프로그램을 대표적으로 제시할 수 있다(박승규, 2012: 39). 국무조정실에서는 각 부처의 성과관리 담당공무원들을 대상으로 매년 정부업무평가시행계획에 대한 설명회를 개최하고 있으며, 이와 함께 성과관리제도의 운영과 관련된 기본적인 정보들을 제공한다. 또한 각 부처별 담당 공무원들을 대상으로 정부업무평가 및 성과관리에 관한 사이버 교육을 제공함으로써 성과관리에 대한 주기적인 교육프로그램을 실시한다. 그리고 성과관리수준 진단을 매년 연말에 실시함으로써 각 부처별 성과관리역량을 진단·평가하고 이러한 결과를 부처에 통보·공개함으로써 경쟁 기반의 성과관리역량 제고를 간접적으로 지원하고 있다. 또한 부처들이 자체적으로 성과관리교육을 실시하는지 여부 등을 성과관리수준 진단 항목에 추가적으로 포함시킴으로써 부처별로 자체적인 성과관리 교육프로그램을 운영하는 것을 강조하고 있다.

기획재정부는 성과관리역량 제고를 위한 교육·학습·훈련프로그램을 보다 적극적으로 지원하고 있다(박승규, 2012: 39). 기획재정부에서는 재정사업자율평가지침에 대한 업무설명회를 개최하는 것뿐만 아니라 한국조세연구원 성과관리센터를 통해 단기 집합교육프로그램 등을 운영함으로써 재정성과관리제도 전반에 관한 기본역량 강화를 지향하고 있다. 아울러 중앙공무원교육원의 신규공무원 기본 교육과정에 성과관리 교육과정을 신설하고, 사이버 교육과정을 정기적으로 운영하고 있으며, 부처의 요구가 있을 경우 권역별 맞춤형 교육프로그램을 제공한다. 또한 각 부처별로 당해 연도의 재정사업자율평가 결과가 '미흡' 이하인 사업에 대해 차기 연도 평가에서 수정평가를 받고자 희망하는 경우 사업담당자가 성과관리교육을 의무적으로 이수할 것을 명시함으로써 재정사업자율평가 결과 중 하위 그룹에 속한 부처 및 사업담당자에 대한 성과관리교육을 강화하고 있다.

4. 조직 내 성과문화의 형성

성과관리와 관련한 조직문화 측면에서 기관장의 리더십, 조직구성원 및 조직의 성과지향문화가 성과관리체계의 품질 개선에 영향을 미칠 수 있다. 성공적 성과관리와 관련하여 이들 변수가 갖는 중요성은 많은 국내외 연구에서 강조되고 있다(예: Behn, 2014; 이정철·이정욱, 2017; 최형준·이정욱, 2016). 이러한 중요성을 반영하여 매년 말 시행하고 있는 성과관리수준 진단에는 진단지표로서 성과관리 리더십 항목이 포함되어 있으며, 기관장의 성과관리어 대한 의지와 노력, 성과관리 조직 및 지원 현황에 대한 평가도 함께 실시되고 있다(박승규, 2012: 40). 이처럼 성과관리와 관련한 리더십 평가는 성과관리에 대한 기관장의 관심도 제고 등에 긍정적인 영향을 미칠 수 있다. 그러나 본질적 차원의 제도 개선이 병행되지 않을 경우 리더십 평가를 통한 성과관리문화의 향상은 제한적일 수 있다.

한편 재정성과관리제도에서는 기관장 리더십과 관련하여 특별한 제도적 장치는 존재하지 않으나, 각 부처의 재정사업에 대한 상시 점검 및 모니터링 활성화 등 집행 단계에서의 관리체계를 강화하기 위한 목적으로 PI보드Performance Information-Board 시스템의 구축을 추진한 바 있다(박노욱 외, 2013: 88). PI보드는 성과계획서, 성과보고서, 재정사업자율평가 결과 등 성과정보가 다양하게 생산되고 있음에도 불구하고, 차년도 예산편성 및 예산계획서를 작성하는 시기에는 시차의 존재로 인하여 성과정보의 활용이 적절히 이루어지지 못하는 한계를 극복하기 위하여 제안되었다. 상시적인 성과 모니터링의 강화를 추구하는 PI보드 제도는 분기별 성과측정의 어려움 등으로 인하여 2015년 폐지되었으나, 이후 민간 전문가를 활용한 현장조사를 강화하여 사업의 집행 단계에서의 점검을 강화하였다(금재덕·임소영, 2016: 146).

Ⅲ. 우리나라 성과관리제도의 개선 방향

우리나라의 성과관리제도는 성과관리제도의 정착을 위하여 국무조정실과 기획재정부의 성과관리 및 성과평가 제도 운영 방향에 맞추어 그 나름대로 다양한 실험적 노력이 전개되어 왔다. 그러나 여러 성과관리 주관부처에서 개별적으로 운영되는 평가제도 하에서, 통합적 성과관리를 구현하여 정부업무의 효율성, 능률성, 책임성을 제고하겠다는 「정부업무평가기본법」 제정의 당초 목표에 부합하기에는 여러 가지 한계가 있다. 이에 본 절에서는 성과관리제도가 궁극적으로 지향해야 할 성과관리제도의 선순환적 구조를 구축하고 성과

정보와 예산, 조직, 인사와의 연계성을 강화하기 위하여 성과관리제도 운영 과정에서 나타나는 주요 문제점과 개선 방향을 논의한다.

1. 성과관리제도 운영 효율성 확보

우리나라 정부업무성과관리제도의 운영 현황을 종합하면 성과관리시행계획에 따른 주요 정책 자체평가와 성과계획서에 따른 재정사업 자율평가의 평가 대상과 범위가 중복되는 문제점이 존재한다. 이러한 문제점이 발생하는 근본적 배경에는 우리나라 정부업무성과관리제도가 성과관리시행계획과 성과계획서로 이원화되어 운영되고 있는 데에 근거한다(이환성·김용훈, 2013: 102). 이러한 성과관리제도의 이원화된 운영은 성과계획의 수립 과정에서의 중복문제와 평가에 대한 업무부담 문제를 야기할 수 있다. 동일한 정책사업임에도 불구하고 법적 근거나 총괄·감독 기관이 서로 다른 두 제도가 서로 중복하여 각각의 성과계획을 작성하도록 운영되고 있기 때문에 제도 운영의 복잡성을 가중시키고 중앙행정기관의 업무 부담을 가중시킬 수 있다. 이러한 문제는 성과관리 대상이 되는 중앙행정기관들이 실질적으로 타당성과 실효성을 지닌 계획을 수립하는 데 제약요인으로 작용할 수 있다. 성과관리제도의 이원화문제를 해결하기 위해서는 궁극적으로 성과관리와 관련된 두 법률 및 제도를 통합하는 것이 요구되는 만큼, 내용상 중복 문제를 해결하고 제도의 완결성을 확보하기 위하여 정부업무평가기본법의 개정 및 시행령의 신설 등을 통해 관련 법 제도의 일원화를 추구하는 방안을 고려할 수 있다(이광희·윤수재, 2012: 59; 이환성·김용훈, 2013: 226-227). 그러나 현행 우리나라 정부업무성과관리제도 하에서 성과관리시행계획과 성과계획서는 그 목적이나 수준, 작성 시기 등에서 서로 차이가 존재하기 때문에 이를 물리적으로 통합하는 것은 용이하지 않은 측면이 존재한다. 따라서 성과관리상의 중복문제를 보완하기 위해서는 두 제도의 운영 과정에서 생산되는 각종 성과정보의 부서 간 공유와 활용이 촉진될 수 있도록 현재보다 성과 전략-목표-측정 체계 간의 연계성을 제고해야 한다. 특히 정보의 공유 측면에 있어서 행정관리담당관실, 기획재정담당관실 등 부처 내에 존재하는 성과관리 총괄부서 간에 각종 성과정보를 공유하는 것이 강조된다. 이러한 공유가 가능한 성과정보로는 성과관리 대상과제에 대한 반기별 점검결과, 재정사업에 대한 모니터링 결과, 외부 및 내부 평가를 위한 각종 실적자료, 내·외부 기관에 대한 평가보고서, 성과보고서 등과 관련해 개별 사업부서에서 작성한 각종 실적자료 등이 해당될 수 있다(박승규, 2012: 85). 이와 함께 성과관리 과제를 담당하는 부서들이 각각의 보고서를 준비하는 데 있어서 유사한 자료를 반복적으로 작성·제출하는 한계를 보완하려는 노력이 요구된다. 예를 들어 평가의 중복과 이로 인한 각 부처의 부담을 경감시키기 위한 노력으로서 주요 국정과제와 재정사업, 행정관리역량 등을 통합하여 정부업무의 종합평가방안 등을 검토해볼 수 있다(오영민, 2014: 18). 주요 국정과제, 재정사업, 내부행정관리 각각에 대하여 평가주체는 구분되지만, 공공기관이 작성하는 경영계획서와 같이 단일 문서를 제출하는 방안 등을 고려할 수 있다.

2. 성과관리제도 운영상의 통합성 제고

현재 우리나라 성과관리제도 하에서는 성과정보가 분산되어 이력관리가 미흡하고, 성과관리제도 운영주체 간의 정보공유와 의사소통체계가 충분히 마련되어 있지 않다는 한계를 지니고 있다(박노욱, 2015: 18). 앞서 논의한 바와 같이 우리나라 정부업무성과관리제도는 국무조정실 소관의 정부업무성과관리제도와 기획재정부 소관의 재정성과관리제도로 이원화되어 운영되고 있으며, 이를 담당하는 부서 또한 행정담당관실과 기획재정담당관실로 각각 구분되어 운영되고 있다. 그리고 이와 함께 행정자치부 소관의 인사성과관리를 담당하는 운영지원과도 성과관리 담당부서에 포함될 수 있다. 성과관리업무의 감독·확인과 관련하여 제도별·주체별로 이러한 구분이 존재함에도 불구하고, 제도별 성과관리 대상은 개별 사업부서의 재정사업 및 이와 관련된 업무들로 구성되어 있다(박승규, 2012: 85). 따라서 기관 차원의 통합적 성과관리를 구축하고, 업무의 효율성을 제고하기 위해서는 업무와 조직의 통합·조정이 강조된다. 이러한 통합·조정은 성과관리와 관련된 사업부서들의 업무부담을 완화시킬 수 있을 것으로 기대할 수 있다. 그리고 성공적인 통합을 위해서는 각 제도의 주관기관과 조직업무를 관장하는 행정자치부의 관심과 지원이 뒷받침되어야 할 것이다. 또한 개별 평가제도와 성과관리제도의 주무부처가 상이하므로 부처 간 협력체계를 구축하거나 DB를 활용하여 성과관리제도 간 정보를 공유하는 방안 등이 고려될 수 있고, 동일한 부처 내에서도 성과관리를 담당하는 부서 간 담당자들끼리 유기적인 협력이 가능하도록 공식적·비공식적으로 협의체를 운영하는 방안 등을 제시해볼 수 있다(강은숙·공병천, 2007: 148; 박노욱, 2015: 19).

3. 성과지표의 고도화 및 성과관리 지원체계의 개선

성과관리제도를 운영하는 데 있어서 핵심적으로 강조되는 요소 중의 하나는 성과지표의 개발, 그리고 수정 및 보완 과정이라고 할 수 있다(장지인 외, 2007: 108). 성과관리제도가 보다 성공적으로 운영되기 위해서는 개발된 성과지표에 대하여 체계적인 관리가 뒷받침되어야 하고, 평가 결과를 기초로 지표별 가중치를 수정·보완하는 지속적인 관리체계의 확립이 요구된다. 성과지표는 독립적으로 존재하는 것이 아니라 다른 지표들과의 관계 속에서 그 중요성이 결정되므로, 부처의 비전과 전략목표를 달성하기 위해 핵심 성과지표가 어떻게 연계되어 있는지 성과지표 간 인과관계, 선행 및 후행 관계에 대한 실증분석이 수행되어야 한다(장지인 외, 2007: 108-109). 따라서 신규 사업의 개발 단계에서부터 기존에 운영하고 있는 계속 사업의 추진 및 관리에 이르기까지 성과지표를 지속적으로 점검하고 고도화할 수 있도록 지원하는 시스템을 갖추는 것이 강조된다. 이러한 시스템을 구축하기 위해서는 담당 전문인력의 확보, 전

담부서로부터의 지원 등 기관의 성과관리 운영역량을 강화할 필요성이 제기된다(원종학·금재덕, 2012: 112). 각 부처에서는 성과관리 업무에는 보직이동을 제한하고 승진 및 보수에 대한 인센티브를 제공하는 등 조직 차원에서 성과관리 역량을 강화하기 위한 방안들을 고려할 수 있고 개별 부처의 성과관리역량을 제고하기 위해서 별도의 성과관리 전문기관을 설립하여 지원하거나 성과관리 제도 주관기관 차원에서 성과관리 업무 전반에 대한 컨설팅 및 교육훈련을 종합적으로 지원하는 방안 등을 검토해볼 수 있다(오영민, 2014: 19). 또한 필요한 경우에는 외부 전문가나 전문기관의 자문 등을 활용하는 방안 등이 고려될 수 있다.

4. 평가 결과의 공개 및 활용의 확대

아무리 양질의 정보를 생산하는 성과관리체계라 하더라도 업무성과에 대한 정보가 관리자나 이해관계자들에게 전달되지 않는다면 그 의미는 반감될 것이다. 즉, 내·외부적으로 평가 결과를 투명하게 공개하는 것은 성과정보에 대한 수용성과 성과관리시스템의 효과성에 긍정적 영향을 미친다(하미승, 2007; 이석환·조주연, 2010). 이러한 측면에서 정부성과보고서 공개로 정부의 투명성transparency을 강화하는 것이 강조된다. 현재 우리나라의 경우 성과평가 결과에 대한 공개는 매우 제한적으로 이루어지고 있다. 대부분의 통합평가가 평가결과보고서는 공개하고 있으나, 평가 기초자료라고 할 수 있는 성과정보 등에 대한 공개에는 이르지 않고 있다. 개별 평가의 경우에도 전체의 약 1/3 정도는 평가보고서를 공개하지 않고 있으며, 평가 계획과 기준, 우수 기관에 대한 공표 정도만이 이루어지고 있다(윤수재·임동진, 2016: 265). 성과관리의 궁극적인 목적은 공공서비스의 고객이라 할 수 있는 시민들에게 높은 수준의 공공서비스를 제공하는 것이기 때문에 서비스의 질을 향상시키기 위해서는 시민들과의 지속적인 커뮤니케이션이 필수적이라고 할 수 있다. 또한 공개되는 평가정보를 신뢰하기 어려울 경우, 평가정보의 활용 범위가 제한적인 수준에 국한됨으로써 성과관리가 책임성 확보를 위한 기제로서 제대로 기능하기 어려울 것이다(유재원·김영미, 2006: 38). 따라서 성과관리를 통한 평가 결과가 조직 간에 비교가 가능한 형태로 시민들에게 공개되어 정부조직의 업무나 서비스를 개선시킬 유인으로 작용하도록 설계하는 방안 등이 고려될 수 있다. 그리고 성과관리체계의 성공적이고 지속적인 운영을 위해서는 기관 스스로 양질의 성과정보를 생산하고, 이를 적극적으로 활용하는 선순환적인 성과관리 과정을 구축하는 것이 강조된다. 따라서 성과정보의 활용을 유도하기 위하여 개별 부서 단위의 활용 정도를 조사하고, 우수한 기관에는 성과급 지급, 예산 자율권 확대 등과 같은 인센티브 도입 방안을 고려할 수 있다(오영민, 2014: 19). 또한 성과지향적 조직문화를 내재화하기 위해서는 특히 고위관리자의 관심과 리더십이 중요하므로(신홍철, 2008: 56), 고위관리자의 적극적인 관심과 참여를 유도하는 것이 요구된다. 학습learning 및 개선improvement의 관점에서 유용한 정보가 평가 과정을 통해 전달될 때 성과관리제도의 유용성에 대한 인식이 제고될 수 있고, 더 나아가 성과관리제도가 궁극적으로 지향하는 능률성, 효과성, 책임성 구현에도 기여할 수 있다. 이러한 측면에서 현재 국무조정실에서 시행하는 정책현안과제 분석 등은 일종의 활용 가능한 대안으로 제시될 수 있을 것이다. 국무조정실은 국민들의 관심도가 높은 정책이나 다수의 부처들이 관련된 정책 등에 대해서 전문자문위원 등을 활용함으로써 해당 정책의 문제점을 분석하고 개선 방안을 제시하도록 하는 분석·평가 제도를 상시적으로 운영하고 있다. 이러한 제도는 부처 차원에서도 현재 운영 중인 정책이나 사업에 대하여 전문적이고 심도 있는 분석을 실시함으로써 정책이나 제도의 개선을 위한 방안을 제시하고 이를 내부 평가 등에 반영하는 방식으로 활용될 수 있다.

Ⅳ. 결론과 정책적 함의

정부성과관리제도의 개선을 통한 통합적 성과관리를 실현하기 위해서는 다음과 같은 정책적 대안을 구체적으로 제시할 수 있다. 먼저, 정부성과관리제도의 일원화를 법적으로 뒷받침할 수 있는 법률 제정 및 규정의 명시가 필요하다. 현재 「정부업무평가기본법」에서 명시하고 있는 성과관리제도는 중앙행정기관에서 성과관리계획을 수립하도록 규정하는 동시에 부처의 자율적 성과관리체계 구축을 지향하고 있다. 그러나 자율적 성과관리에 대해 선언적인 수준에서 규정하고 있다는 한계를 지니고 있으며, 실현가능성 측면에서 보다 구체적으로 자율적인 성과관리체계 구축을 위한 실천적 지침을 제공하고 있지는 못한 형편이다. 따라서 장기적인 차원에서는 통합적인 성과관리를 구축하기 위한 법률을 제정하고, 이러한 법률에 기반하여 국무조정실, 기획재정부 등 성과관리 주관기관들이 그동안 운영해온 제도들을 하나의 성과관리체계로 통합하는 작업이 요구된다.

둘째, 부처의 자율성과 책임성을 강조하는 방향으로 성과관리 운영이 전환될 필요가 있다. 양대 성과관리제도인 정부업무성과관리제도와 재정성과관리제도 모두 자체평가를 표방하고 있으나, 실제 제도 운영은 부처의 자율성을 상당히 제약하는 형식으로 이루어지고 있는 것이 현실이다. 가령 국무조정실, 기획재정부 모두 서열화 방침을 경직적으로 고수하고 있는데, 이는 부처 내부에서 부서 간의 경쟁을 심화시키고 평가 업무에 행정력을 과중하게 치중하도록 하는 경향이 있다. 또한 서열화에 대한 부담은 각 부서로 하여금 중장기적 성과보다는 단기적 평가 결과에 더 집중하도록 하고, 이러한 태도는 성과관리 문화의 정착을 저해하는 요인으로 작용할 가능성이 높다. 더 나아가 서열화에 대한 지나친 강조는 성과관리가 조직 차원의 '학습'과 '개선'에 기여할 수 있는 여지를 축소시키는 결과를 낳을 수 있다. '학습'과 '개선'의 가능성은 성과관리 주관기관이 제시한 평가방식을 단순히 기계적으로 적용해야 할 경우 더욱 줄어들게 된다. 현행 성과관리체계 운영방식은 각 부처가 스스로에게 적합한 성과평가체계를 개발하여 활용할 수 있는 여지를 충분히 부여하고 있지 못한 것이 현실이다. 이처럼 자율성과 책임성이 동시에 강조되지 않을 경우 성과관리 시행의 효과는 제한적일 뿐만 아니라, 얼마든지 의도치 않은 부정적 효과를 수반할 수도 있다는 것이 전문가들의 공통적 견해이다(예: Moynihan, 2008; Van Dooren et al., 2010; Behn, 2014).

셋째, 성과정보의 신뢰성 제고를 위한 효과적인 관리시스템의 구축이 강조된다. 성과관리제도가 성공적으로 운영되고, 성과평가를 통해 생성된 성과정보가 조직관리, 정책 개선 등 다양한 목적을 위해 활용되기 위해서는 성과정보의 신뢰성이 전제되어야 한다. 이러한 측면에서 미국의 GAO는 성과정보의 신뢰성 제고를 위하여 종합적인 대책이 필요하다고 주장한 바 있으며, 이러한 대책에는 하드웨어적인 내부통제 및 외부통제 방안은 물론이고 문화적 요인, 리더십 등과 같은 소프트웨어적인 방안도 포함되어야 한다고 강조하였다(원종학·금재덕, 2012: 110). 따라서 내부적으로는 성과측정 과정별로 담당자의 역할에 대해 매뉴얼을 작성하는 등 체계적인 성과측정시스템을 구축하고, 외부적으로는 현재 제도적으로 마련·운영되고 있는 감사원의 성과계획서 및 성과보고서에 대한 성과감사 절차가 보다 실효성을 확보할 수 있도록 운영될 필요성이 있다. 이를 위해서는 우선적으로 부처에서 생산하는 성과정보가 보다 신뢰성을 확보할 수 있도록 제도적인 보완을 갖추는 것이 강조된다. 그리고 이는 성과감사를 위한 추가적인 업무부담이 아닌 성과정보의 신뢰성을 확보하기 위한 수준으로 이루어질 필요가 있다. 이러한 성과감사를 통해 확인된 실적 및 성과정보에 대해서는 감사원이 성과정보를 인증함으로써 동일한 항목에 대해 다른 평가주체가 다시 평가하지 않고 인증된 성과정보를 활용하는 방법 등 또한 고려할 수 있다(박승규, 2012: 89).

넷째, 성과평가를 통해 도출된 성과정보를 예산 과정에서 보다 적극적으로 활용할 필요가 있다. 현행 성과관리제도 하에서는 성과정보의 생산 및 활용이 정책사업에 대한 예·결산과 충분히 연계되고 있지 못하다는 문제점을 내포하고 있다. 이러한 문제는 예산 편성 및 결산 보고 시 성과계획서 및 성과보고서의 제출규정만 존재할 뿐 성과정보의 활용에 대한 규정이 미비함에 따라 현행 제도 하에서의 성과평가 결과가 사업예산을 조정·삭감하는 수단으로 주로 활용되는 데에 기인한다(이홍재, 2011: 39). 재정운용에 대한 성과관리 강화, 성과정보와 예산의 연계성 강화를 확보하기 위해서는 국회가 얼마나 성과중심예산제도를 정치적으로 지지하고 활용하느냐에 달려 있다고 할 수 있다(정무경, 2011: 23). 따라서 예산심의 과정에서 성과정보 활용에 대한 국회의 적극적인 지지가 뒷받침되어야 하고, 예산배분 과정에서 예산이 성과에 입각하여 보다 합리적이고 효율적으로 사용될 수 있도록 제도적인 장치를 마련하는 것이 강조된다. 또한, 성과정보를 예산 증액보다 예산 삭감이나 사업 구조조정의 수단으로 지나치게 활용할 경우 평가왜곡 등 부작용이 발생할 수 있으므로(Jones & Euske, 1991; 정무경, 2011: 24), 예산 인센티브를 적극적으로 부여하는 방안을 강구할 필요가 있다.

마지막으로 범정부 차원의 성과관리 제도화를 위한 주관기관들의 노력이 요구된다. 성과관리제도 간의 중복과 이로 인한 제도 운영상의 문제점이 나타나고 있는 원인 중 하나로 범정부 차원에서 성과관리시스템이 원활하게 작동되지 못하고 있다는 점을 제시할 수 있다. 다시 말해 국무조정실과 기획재정부 등 총괄기관들이 소관 범위 내에서 현재 성과관리제도를 분절적으로 운영하고 있다는 한계가 존재한다. 이로 인해 제도 간 중복성, 계획 수립 및 평가 시기 부조화의 문제, 평가 결과의 활용성 저하 등 다양한 문제점이 나타나고 있는 것이다. 따라서 각 총괄기관은 정부 전체의 성과관리 수준이 향상되고 제도 정착이 선행되었을 때 각 기관 차원의 성과관리제도 또한 원활히 운영될 수 있음을 인식하고 범정부 차원에서 성과관리제도의 정착을 위한 보다 심도 있는 소통과 논의를 시작할 필요가 있다. 부처이기주의로 인해 소관제도를 중심으로 한 업무영역 경쟁이나 힘겨루기가 지속된다면 성과관리제도가 안고 있는 근본적인 문제가 해결될 수 없다. 따라서 성과관리제도 총괄기관인 국무조정실과 성과관리 관련 기관이자 재정사업평가제도의 주관부처인 기획재정부 등은 정부 전체 차원에서의 성공적인 성과관리제도 운영을 위하여 주무기관으로서의 역할을 인식하고 범정부 차원에서 성과관리제도의 운영상 한계를 해결하기 위한 논의를 전개해야 할 것이다.

제8장

한국 복지국가의 진단과 개혁 과제

* 양재진(연세대학교 행정학과 교수)

* 최영준(연세대학교 행정학과 교수)

본 장은 2014년『동향과 전망』92호에 게재된 논문,「한국 복지국가의 진단과 개혁과제: 남부 유럽과 자유주의 복지국가의 혼합형에서 벗어나기」를 수정·보완하여 작성되었다.

Shaping Government in the Future Society

Ⅰ. 서론

김대중 정부에서 대대적인 사회보험의 적용 확대와 공적부조의 현대화가 이루어지고, 노무현 정부에서 공보육, 장기노인요양보험 등 사회서비스와 근로소득세액공제제도EITC, 기초노령연금 등 새로운 복지프로그램이 다수 도입되면서 한국 복지국가는 한 단계 도약하였다. 눈에 띄는 발전은 없었으나, 이명박 정부에서도 공보육과 근로소득세액공제제도가 확대되고 연금과 의료지출이 늘어가는 등 한국 복지국가는 계속해서 성숙하였다. 박근혜 정부에서도 복지공약 후퇴 논란에도 불구하고 복지예산 증가율이 타 부문을 크게 앞지르며 기초연금의 도입, 보편주의적 무상보육 등을 실천하고 있다. 최근에는 총 316조 원이 투자되는 제1차 사회보장 5개년 기본계획(2014~2018)이 발표되는 등 한국 복지국가는 확고하게 성장기에 접어들었다(보건복지부, 2014).

2012년 현재 한국의 공공사회지출은 GDP 대비 9.3%로 20%를 웃도는 OECD 평균에 한참 못 미치고 있다. 그러나 급속한 고령화와 국민연금 등 제도의 성숙에 따라 2030년에 15%, 2040년에는 최소 16%에서 20%에 이를 것으로 예상되는 등 현재의 자유주의국가 수준에 이를 것으로 추정된다. 2050년에는 현재 OECD의 평균 수준을 넘게 되어, 한국의 공공사회지출이 GDP의 최소 18%에서 최대 26%까지 이를 것으로 예상되기도 한다(원종욱, 2012: 52). 하지만 최근 정치권에서 경쟁적으로 내놓은 복지공약과 지출 확대가 지속된다면, 한국 복지국가의 사회지출은 더 빠르게 늘어나 OECD 평균 수준에 이르는 시기를 앞당길 것으로 예상된다. 그러나 Esping-Andersen(1990)의 지적대로, 사회지출의 증대가 곧 복지국가의 발전을 가져오는 것은 아니다. 복지국가의 발전은 단선적이지 않고 일정한 궤적을 그리며 각자 다른 길로 성장해가기 때문이다.

본 연구는 현 단계 한국 복지국가의 성격을 분석하고, 이를 토대로 향후 발전방향을 모색하기 위해 시작되었다. 한국에서 사회보장제도의 성장은 과연 어떤 성격의 복지국가를 낳았는가? 한국 복지국가는 스웨덴형 사민주의 복지국가레짐에 가까울 것인가? 미국 같은 자유주의국가 모델에 유사할 것인가? 아니면 독일과 같은 조합주의(보수주의) 복지레짐에 근접한 모습일까? 혹은 이탈리아와 같은 남부 유럽과 비슷한 특성을 보일 것인가? 현 단계 한국 복지국가의 특성으로 미루어볼 때 앞으로의 발전 궤적은 어떻게 될 것인가? 과연 예상되는 발전방향이 바람직하지 않다면, 괘도 수정은 어떻게 해야 하는가?

김대중 정부 들어 한국 복지국가의 확대가 가시화되면서, 한국 복지국가의 유형화가 이론적, 실증적 차원에서 논의된 바 있다(김연명, 2002; 정무권, 2009). 한국 사회보장의 전달체계를 민간에 의존하고 민간 보험시장의 규모가 크며 국가개입을 통한 재분배효과가 낮은 것을 들어 자유주의 복지국가레짐에 가깝다는 논의에서부터, 한국 사회보장제도에서 차지하는 사회보험의 높은 비중을 들어 보수주의레짐으로 분류하는 주장, 그리고 나아가 의료보험의 통합이나 일부 특수직역을 제외하고 모든 국민을 하나의 공적연금 시스템에 통합 적용하는 연대주의적 제도형태에 주목하며 사민주의적 특성을 지적하는 주장(Kuhnle, 2004)은 물론, 어떤 하나의 특정 레짐보다는 여러 레짐적 성격을 공히 포함하고 있다는 혼합모형이라는 주장까지 다양한 논의가 이루어지고 있다. 최근에는 Esping-Andersen의 사민주의, 조합주의(혹은 보수주의), 그리고 자유주의 복지국가의 3분류를 벗어나, 남부 유럽 복지모델과 한국과의 유사성을 지적하는 연구도 등장하여(김연명, 2013), 한국 복지국가의 레짐 차원의 성격 규명에 다양성을 더해주고 있다.

복지국가레짐론은 다른 유형화론과 마찬가지로 이념형ideal type에 따른 분류이기에, 그 어떤 국가도 현실에서는 모든 측면에서 완벽하게 특정 레짐에 속할 수는 없다. 그러다 보니, 연구자마다 강조하는 측면이 다르고 그 결과 한국 복지국가를 자유주의, 보수주의, 사민주의, 남부 유럽, 그리고 혼합형으로 규정하는 상황에 이르게 되었다. 본 연구는 복지국가레짐 이론에서 논의되는 변수를 총망라해 한국 복지국가의 현 모습을 다른 복지국가들과 입체적으로 비교 조명하고자 한다. 그리고 방사형 그림 분석을 통해 종합적으로 한국 복지국가의 특징을 드러내고자 한다.

결론부터 밝히면 분석 결과, 한국은 그 어떤 복지국가레짐에도 속하지 않는 '이단아outlier' 같은 존재이나, 남부 유럽 복지국가레짐과 가장 가까운 속성을 보여주고 있다. 여기에 자유주의 모델의 특징도 공유하고 있다. 한국 복지국가의 미래를 예측하기는 쉽지 않다. 그러나 현재 한국 복지국가가 그리고 있는 궤적이 남부 유럽 복지국가와 자유주의 복지국가의 그것과 유사하다는 점에서 한국 복지국가의 최종적인 모습은 자유주의적 색채가 가미된 남부 유럽 복지국가의 모습일 가능성이 높다. 각 복지국가레짐마다 각자의 장단점은 있다. 하지만 본론에서도 밝히겠지만 남부 유럽 복지국가의 사회경제적 성과가 레짐들 중에서 가장 저조한 편이다. 그리고 자유주의국가의 사회적 성과 또한 높지 못하다. 본 장에서는 한국 복지국가에 빨간 경고등이 켜져 있다는 가치판단하에, 현재의 발전 경로를 벗어나 보다 균형 잡히고, 미래 정부에서 정치·경제·사회적으로 지속 가능한 복지국가의 건설을 위한 개혁과제를 제시하고자 한다.

Ⅱ. 복지레짐별 비교분석과 한국 복지국가의 현황

1. 비교분석 방법론

한국 복지국가의 특성을 파악하기 위해 본 연구에서는 OECD의 서구 복지국가를 사민주의(스웨덴, 덴마크, 노르웨이, 핀란드), 보수주의(독일, 오스트리아, 네덜란드, 프랑스), 자유주의(미국, 영국, 캐나다, 호주) 그리고 남부 유럽(이탈리아, 스페인, 포르투

표 8.1 복지국가레짐의 특성 구분을 위한 비교준거점과 지표의 구성

부문	세부 항목	지표	단위	기준 연도	자료 출처
소득 보장	탈상품화	공공사회지출 중 현금이전지출	GDP 대비 %	2013	OECD Social Expenditure dataset
	계층화	(가처분) 지니계수	지니계수	2010	OECD Income Distribution and poverty dataset
		상대적 빈곤율	중위소득 50% 이하 비율	2010	OECD Income Distribution and poverty dataset
사회 투자	탈가족 의존화	의료를 제외한 사회서비스	GDP 대비 %	2009	OECD Social Expenditure dataset
		여성고용률	15세 이상 전체 근로자 대비 여성 비율	2013	OECD Labor Force Statistics
	근로 활성화	적극적 노동시장정책 (ALMP)	GDP 대비 %	2009	OECD Social Expenditure dataset
		장기실업률	전체 실업자 대비 12개월 이상 실업상태인 실업자의 비율	2012	OECD Labor Force Statistics
고용·노동 시장	고용 성과	고용률	15세 이상 인구 대비 취업자 수 비율	2012	OECD Employment dataset
		임금노동자 비율	전체 근로자 대비 임금노동자 비율	2008	ILO Total and Paid Employment, by activity dataset
	임금 불평등	저임금노동 비율	전체 근로자 대비 중위임금의 2/3 미만자의 비율	2011	OECD Earnings dataset
		소득배율 (10분위)	하위 10%의 소득 대비 상위 10%의 소득 비율	2011	OECD Earnings dataset
	노동 시장 경직성	고용보호	EPL(Employment Protection Legislation) 지수	2013	OECD Employment Protection dataset
		비자발적 시간제근로자 비율	전체 근로자 대비 비자발적 시간제근로자 비율	2012	OECD Labor Force Statistics dataset
거버넌스	정부의 질	정부의 효율성	정부효율성 지수	2011	World Bank Worldwide Governance Indicators dataset
		국가기관에 대한 신뢰	국가기관 신뢰 지수	2010	OECD Society at a Glance 2011 Report
	계급 연대	단체협약적용률	단체협약 적용을 받는 근로자의 비율	2008	OECD Legislation, Collective Bargaining and Enforcement Report
지속 가능성	국가 재정	국민부담률 (조세+사회보장세)	GDP 대비 %	2012	OECD Taxation dataset
		국가채무	GDP 대비 %	2013	OECD Economic Outlook dataset
	인구 재생산	출산율	가임여성 1명당 자녀 수	2010	OECD Country Statistical Profiles dataset
	국가 경쟁력	국가경쟁력	국가경쟁력 순위	2012~2013	WEF, Global Competitiveness Report 2012~2013

갈, 그리스)으로 구분한다. 비교평가의 적실성을 높이기 위해 일본도 함께 비교하며, 필요에 따라 OECD 평균과도 비교할 것이다. 앞서 논한 비교준거점을 기준으로 5대 부문(소득보장, 사회투자, 고용·노동시장, 거버넌스, 지속가능성)으로 12개 항목(탈상품화, 계층화, 탈가족의존화, 근로활성화, 고용 구조와 성과, 노동시장 이중구조화, 정부의 질, 계급연대성, 국가재정, 인구재생산, 국가경쟁력)과 이를 계량적으로 나타낼 20개 지표를 활용하여 한국 복지국가의 특성을 비교 분석한다. 비교분석에 활용될 5대 부문, 그리고 특성별 12개 세부 항목, 20개 해당 지표와 단위 및 자료 출처 등을 표로 정리하면 **표 8.1**과 같다. 20개 지표의 기준연도는 비교 국가가 모두 포함된 취득 가능한 최근 연도를 기준으로 하였다.

5대 부문별 비교분석 후, 비교 가능한 종합지수composite index를 만들고 이를 바탕으로 방사형 그림 분석을 추가로 진행하여 한국 복지국가의 특성을 시각적으로 드러내고자 한다. 종합지수의 작성을 위해서는 변수 간의 표준화가 필요한바, 가장 널리 사용되는 '최대-최소 방법'을 활용하였다.[1]

2. 부문별 비교분석

1) 소득보장

소득보장의 수준을 나타내는 사회지출 중 현금이전이 GDP에서 차지하는 비율을 보면, 2013년 현재 남부 유럽 국가(17.7%)와 보수주의국가(16.5%)가 높

1 종합지표 작성 방법은 Freudenberg(2003)을 참고하였다. 항목별 1위 국가는 1점, 항목별 최하 점수를 받은 국가는 0점으로 처리되고 나머지 국가들은 그 사이에 위치하게 하였다. 이는 극단치(extreme value)의 영향을 크게 받는 단점을 갖고 있으나, 모든 변수들이 동일한 기준에 의해 0부터 1사이의 값을 가지게 되기에 비교평가가 용이하다는 장점이 있다. 부문별 하위지표 간 가중치는 동일한 값을 부여하였고 표준화방법(minimum-maximum method)에 따라 계산된 세부 항목들의 값을 단순평균 하여 각 분야별 지수를 계산하였다. 최대-최소 방법의 표준화 방식은 다음과 같다.

$$\text{최대-최소 방식의 표준화} = \frac{(\text{항목 내 실젯값} - \text{항목 내 최솟값})}{(\text{항목 내 최댓값} - \text{항목 내 최솟값})}$$

표 8.2 OECD 국가 복지레짐별 사회보장 특성 비교

		탈상품화	계층화	
		현금이전지출 (2013)[1]	가처분소득 지니계수 (2010)[2]	상대적 빈곤율 (2010)[3]
사민주의	스웨덴	13.46	0.27	9.10
	덴마크	14.63	0.25	6.00
	노르웨이	12.21	0.25	7.50
	핀란드	18.36	0.26	7.30
	평균	14.67	0.26	7.48
보수주의	독일	14.73	0.29	8.80
	오스트리아	19.71	0.27	8.10
	네덜란드	11.93	0.29	7.50
	프랑스	19.54	0.30	7.90
	평균	16.48	0.29	8.08
자유주의	미국	9.7	0.38	17.40
	영국	12.18	0.34	10.00
	캐나다	9.14	0.32	11.90
	호주	8.57	0.33	14.40
	평균	9.9	0.34	13.43
남부 유럽	이탈리아	19.29	0.32	13.00
	스페인	17.62	0.34	15.40
	포르투갈	18.29	0.34	11.40
	그리스	15.46	0.34	14.30
	평균	17.7	0.33	13.53
	일본	12.21	0.34	16.00
	한국	3.58	0.31	14.90
OECD 평균[4]		12.98	0.30	10.93

주: 1) 일본과 한국의 경우 2013년도 자료 누락으로 각각 2010년도, 2012년도 수치로 대신함
2) 일본의 경우 2010년도 자료 누락으로 2009년도 자료로 대체함
3) 일본의 경우 2010년도 자료 누락으로 2009년도 자료로 대체함
4) OECD 34개국 평균

은 지출 수준을 보이고 있다. 그 뒤를 사민주의 복지국가가 따르고(14.7%) 있으나 그 차이는 크지 않다. 자유주의 복지국가는 GDP 대비 9.9%를 차지해 유의미하게 낮은 수준을 보이고 있다. 한국은 2012년 현재 3.58%로, 비교 대상국가에 비해 상대적으로 낮은 고령화율을 감안하더라도, 매우 낮은 수준을 나타내고 있다. 자유주의 복지레짐과 특성을 공유한다고 할 수 있겠다.

흥미로운 점은 소득보장의 정도와 소득분배가 일대일 대응관계가 아니라는 것이다. 소득분배 정도를 나타내는 가처분소득 기준 지니계수의 경우, 사민주의가 0.26으로 가장 낮아 소득분배가 상대적으로 고르고 계층화의 정도가 낮은 것으로 나타나고 있다. 반면에 남부 유럽 복지국가는 연금 등 현금이전지출 수준이 높음에도 불구하고 지니계수가 높아 소득이 불균등하게 분배되고 계층화 수준이 높다. 이는 Ferrera(2010)가 지적하듯이 소득보장의 혜택을 받는 내부자와 그렇지 못한 다수 외부자와의 간극이 커서 발생하는 것으로 분석이 가능하다. 자유주의국가의 경우는 소득보장지출 수준이 낮은 만큼 지니계수가 가장 높아(0.34), 소득분배 상태가 나쁘며 계층화 정도가 큰 것으로 추정된다. 보수주의는 사민주의와 자유주의 국가 사이에 위치한다. 상대적 빈곤율도 지니계수와 비슷한 패턴을 보이고 있다. 한국의 경우, 지니계수도 좋지 않지만 상대적 빈곤율이 남부 유럽과 자유주의 복지국가 평균을 웃돌고 있다. 소득분배가 공정하지 않고 계층화 정도가 심한 것을 알 수 있다.

2) 사회투자

여성의 일과 가정의 양립을 돕는 공보육을 비롯한 사회서비스에 대한 사회지출의 GDP 비중은 사민주의국가가 6.1%로 단연 높고, 보수주의와 자유주의 국가가 2.5%와 2.3%로 그 뒤를 잇고 있다. 남부 유럽 국가는 1.4%로 최하위를 기록하고 있다. 한국의 경우, 2009년 GDP 대비 1.5%를 사회서비스에 지출하고 있어 최하위권인 남부 유럽 수준에 머물러 있다.[2]

---

2 OECD Social Expenditure Dataset에서 세부 지출 항목은 2009년이 최근 연도이어서 2009년을 비교 시점으로 삼았다. 2013년이 기준이라면, 2009년 이후 한국이 공보육 등 사회

표 8.3 OECD 국가 복지레짐별 사회투자 특성 비교

		탈가족의존화		근로활성화	
		사회서비스: 의료 제외(2009)	여성고용률 (2013)	ALMP (2009)	장기실업률 (2012)
사민주의	스웨덴	7.7	55.7	1.1	17.5
	덴마크	6.9	54.3	1.6	28.0
	노르웨이	5.0	66.1	0.5	8.7
	핀란드	4.7	51.4	0.9	21.7
	평균	6.1	56.9	1.0	19.0
보수주의	독일	2.5	51.9	1.0	45.5
	오스트리아	1.7	53.0	0.8	24.8
	네덜란드	2.7	55.7	1.2	33.7
	프랑스	3.2	46.8	1.0	40.3
	평균	2.5	51.8	1.0	36.1
자유주의	미국	1.1	53.2	0.2	29.3
	영국	3.9	52.9	0.3	34.8
	캐나다	0.9	58.0	0.3	12.5
	호주	3.3	55.4	0.3	20.3
	평균	2.3	54.9	0.3	24.2
남부 유럽	이탈리아	1.1	34.5	0.4	53.0
	스페인	2.1	38.5	0.9	44.5
	포르투갈	0.7	45.8	0.8	48.7
	그리스	1.5	30.3	0.2	59.3
	평균	1.4	37.3	0.6	51.4
	일본	2.6	47.1	0.4	38.5
	한국	1.5	48.8	0.6	0.3
OECD 평균1)		2.4	47.2	0.5	34.3

주: 1) OECD 34개국 평균

근로활성화와 직업능력 배양에 도움을 주는 적극적 노동시장정책ALMPs의 경우 사민주의와 보수주의 복지국가가 동일한 수준에서 투자를 하고 있고(GDP 대비 1.0%), 남부 유럽(0.6%)과 자유주의(0.3%)가 그 뒤를 잇고 있다. 한국은 0.6% 수준으로 남부 유럽 복지국가와 비슷한 수준의 지출을 보이고 있다.

3) 고용노동시장

고용성과를 보면 고용률과 임금노동자 비율 모두 사민주의국가가 가장 높은 수준을 보이고 있다. 뒤이어 보수주의와 자유주의 국가가 엇비슷한 수준에서 뒤를 잇고 있으나 사민주의와의 차이는 크지 않다. 그러나 남부 유럽 복지국가의 고용률은 56.3%로 매우 낮고, 임금노동자 비율도 뚜렷하게 낮다. 한국의 고용성과는 고용률의 경우 남부 유럽보다 높으나 임금노동자 비율은 오히려 남부 유럽보다도 낮은 68.7%에 불과하다. 한국의 고용구조와 성과는 남부 유럽형에 가깝다고 할 수 있겠다.

임금불평등 항목의 경우, 저임금노동 비율은 남부 유럽 복지국가에서 가장 작은 것으로 나타나고 있다.[3] 그 뒤를 사민주의와 보수주의가 차지하고 있다. 자유주의 복지국가에서 저임금노동 비율은 20.7%로 가장 높다. 한국의 저임금노동 비율은 25.2%로 미국과 함께 가장 높은 수준을 보이고 있다. 소득10분위 배율의 경우, 사민주의 복지국가가 2.51로 가장 낮고, 남부 유럽 국가가 3.04, 보수주의국가가 3.14로 그 뒤에 위치하고 있다. 자유주의국가의 소득배율이 3.91로 가장 높다. 한국은 이보다 높은 4.85로 비교 대상국 중 미국(5.03) 다음으로 매우 높은 수준이다. 종합하면, 한국은 임금불평등에 있어 자유주의 복지국가레짐에 가장 유사한 특성을 보이는데 그 정도는 자유주의국가의 평균보다 불평등도가 심한 것으로 나타나고 있다.

서비스를 빠른 속도로 확대시켰기에, 사회투자형 복지지출 수준은 남부 유럽보다는 뚜렷한 수준에서 높았을 것으로 추정된다.

3 포르투갈의 저임금노동자 비율이 6.5%로 비교 대상국 중 가장 낮은 성과를 보이고 있는데, 이는 정규직근로자 중위소득의 58%에 이르는 높은 최저임금 수준에 영향을 받는 것으로 추정된다.

표 8.4 OECD 국가 복지레짐별 고용·노동시장 특성 비교

		고용 구조와 성과		임금불평등		노동시장 경직성	
		고용률 (2012)	임금노동자 비율(2008)	저임금노동 비율(2011)[1]	Earning dispersion: 10분위(2011)[2]	EPL (2013)	비자발적 시간제근로자 비율(2012)[3]
사민주의	스웨덴	73.8	89.6	–	2.31	2.61	22.8
	덴마크	72.6	91.3	16.7	2.81	2.20	12.7
	노르웨이	75.8	92.2	–	2.34	2.33	5.8
	핀란드	69.4	86.4	9.3	2.58	2.17	24.6
	평균	72.9	89.9	13.0	2.51	2.33	16.5
보수주의	독일	72.8	86.5	18.4	3.34	2.87	14.1
	오스트리아	72.5	86.3	16.1	3.34	2.37	8.0
	네덜란드	75.1	86.4	–	2.89	2.82	6.5
	프랑스	63.9	89.5	–	2.97	2.38	28.6
	평균	71.1	87.2	17.2	3.14	2.61	14.3
자유주의	미국	67.1	94.3	25.2	5.03	0.26	11.5
	영국	70.1	86.1	20.6	3.62	1.03	16.5
	캐나다	72.2	84.6	20.3	3.67	0.92	27.2
	호주	72.3	88.2	16.9	3.31	1.67	31.0
	평균	70.5	88.3	20.7	3.91	0.97	21.6
남부유럽	이탈리아	56.8	74.5	9.5	2.22	2.51	45.1
	스페인	55.4	82.3	15.3	3.24	2.05	64.1
	포르투갈	61.8	76.0	6.5	3.70	3.18	35.3
	그리스	51.3	64.3	12.5	2.99	2.12	43.6
	평균	56.3	74.3	11.0	3.04	2.47	47.0
	일본	70.6	86.5	14.4	2.97	1.37	18.3
	한국	64.2	68.7	25.2	4.85	2.37	56.3
OECD 평균[4]		65.0	83.0	16.7	3.44	2.04	17.8

주: 1) 저임금노동 비율의 경우, 스웨덴, 노르웨이, 네덜란드, 프랑스는 수치자료를 제공하지 않아 OECD 평균을 기입하여 지수를 도출하였음. 저임금노동은 전체 full-time 정규직근로자 임금 중윗값의 2/3 미만 소득을 받는 노동자의 비율을 뜻함. 이탈리아의 경우 2011년도 자료 누락으로 2010년 자료로 대체하며, 스웨덴, 노르웨이, 네덜란드, 프랑스의 경우 수치자료를 제공하지 않았음

2) 네덜란드와 프랑스, 이탈리아의 경우 2011년도 자료 누락으로 2010년 자료로 대체함

3) 한국의 경우 OECD(2013: 114)에서 발췌

4) OECD 34개국 평균

노동시장의 경직성 수준을 비교하면, 법적 고용보호 수준은 보수주의국가가 가장 높아 경직성이 가장 높은 것으로 나타나고 있으며(2.61), 그 뒤를 남부 유럽 국가(2.47)와 사민주의국가(2.33)가 따르고 있다. 자유주의 복지국가의 법적 고용보호지수는 0.97로 매우 낮아 가장 유연한 노동시장으로 나타나고 있다. 한국의 고용보호지수는 2.37로 사민주의보다는 높으나 남부 유럽 복지국가보다는 다소 낮은 경직성을 보이고 있다. 노동시장의 계층화를 시사하는 비자발적 시간제근로자 비율은 남부 유럽이 47%로 월등히 높고, 자유주의가 21.6%, 사민주의가 16.5%, 그리고 보수주의가 14.3%로 가장 낮다. 한국은 비자발적 시간제근로의 비율이 56.3%로 남부 유럽 평균보다도 높다. 이는 비교대상국 중 스페인(64.1%) 다음으로 높은 수준이다.

4) 거버넌스

정부의 질quality of government을 나타내는 '정부의 효율성'과 '국가기관에 대한 신뢰'에 있어 사민주의 복지국가의 성과가 가장 높게 나타나고 있다. 자유주의국가는 정부의 효율성 측면에서, 그리고 보수주의국가는 국가기관에 대한 신뢰도 측면에서 사민주의 다음으로 점수가 높다. 반면에 남부 유럽은 정부의 효율성과 국가기관에 대한 신뢰도가 가장 낮다. 한국은, 정부의 효율성은 남부 유럽보다는 높으나 다른 복지국가레짐 평균보다 낮은 수치를 보이고 있고, 국가기관에 대한 신뢰는 남부 유럽 평균보다도 낮은 40.6이다. 이 점수는 비교 대상국 중에 가장 낮은 수치이다.

노동계급 내 연대성 지표인 단체협약 적용률은 보수주의(84.8%)와 사민주의 복지국가(84%)가 가장 높은 수준을, 남부 유럽(76.8%)이 중간 수준, 자유주의국가가 가장 낮은 단체협상 적용률(35%)을 보이고 있다. 한국은 자유주의 복지국가에 가장 근접하며, 이 역시 12%로 비교국들 중 최하위를 기록하고 있다.

표 8.5 OECD 국가 복지레짐별 거버넌스 특성 비교

		정부의 질		계급연대
		정부의 효율성 (2011)[1)2)]	국가기관에 대한 신뢰 (2010)	단체협약 적용률 (2008)
사민주의	스웨덴	1.96	64.6	92.0
	덴마크	2.17	75.3	82.0
	노르웨이	1.76	67.9	72.0
	핀란드	2.25	81.6	90.0
	평균	2.0	72.3	84.0
보수주의	독일	1.66	53.4	63.0
	오스트리아	1.53	60.5	99.0
	네덜란드	1.36	71.7	82.0
	프랑스	1.79	59.2	95.0
	평균	1.59	61.2	84.8
자유주의	미국	1.41	58.5	13.0
	영국	1.55	47.7	35.0
	캐나다	1.88	66.9	32.0
	호주	1.66	70.5	60.0
	평균	1.63	60.9	35.0
남부 유럽	이탈리아	0.45	49.1	80.0
	스페인	1.02	50.2	80.0
	포르투갈	0.97	43.1	62.0
	그리스	0.48	43.8	85.0
	평균	0.7	46.5	76.8
	일본	1.35	53.3	16.0
	한국	1.23	40.6	12.0
OECD 평균[3)]		-	56.3	57.7

주: 1) 정부효율성 측정치: -2.5 (약함-비효율적) ~ 2.5 (강함-효율적)
2) 정부효율성의 경우 OECD 평균치를 제공하지 않아 표에 해당되는 18개 국가의 평균을 기입하여 지수를 도출함
3) OECD 34개국 평균

5) 지속가능성

복지국가의 미래 지속가능성은 조세추출능력과 재정건전성 그리고 인구재생산능력과 국민경제의 국제경쟁력에 달려 있다. 국가의 조세추출능력을 국민부담률을 통해 살펴보면, 자유주의 복지국가의 국민부담률이 30.0%로 가장 낮고, 남부 유럽(35.9%)과 보수주의(41.2%)가 그 뒤를 따르고 있다. 사민주의국가의 국민부담률이 GDP 대비 44.7%로 가장 높은 조세추출능력을 보이고 있다. 한국의 국민부담률은 자유주의국가레짐과 가장 유사한 수준으로 GDP 대비 26.8%를 보이고 있다. 재정건정성 지표인 국가채무의 경우, 사민주의 복지국가가 GDP의 52.9%로 가장 양호하고, 자유주의(85.6%), 보수주의(93.3%)가 그다음에 위치한다. 남부 유럽 복지국가의 국가채무는 GDP의 141.9%에 달해 가장 큰 규모를 보이고 있다. 한국의 국가채무는 GDP 대비 35.6%로 사민주의국가와 가장 유사한 수준을 보이고 있으며, 비교국 중 호주와 노르웨이 다음으로 양호한 상태를 보이고 있다.

인구재생산능력을 나타내는 합계출산율을 보면, 사민주의 복지국가가 1.92로 가장 높고, 자유주의국가(1.87)와 보수주의국가(1.66) 순으로 뒤를 잇고 있다. 남부 유럽 복지국가는 1.42로 출산율이 가장 낮다. 한국의 출산율은 1.23으로 남부 유럽보다도 낮은 수치를 보이고 있다.

세계경제포럼WEF이 144개국을 비교 평가해 발표한 국가경쟁력 순위의 경우도 사민주의 복지국가의 평균이 가장 높은 수준을 기록하고 있고(평균 9위), 자유주의와 보수주의가 동률로 중간 수준(12위), 남부 유럽이 가장 낮은 점수(56위)를 보이고 있다. 한국은 19위로 자유주의와 보수주의보다 낮으나 남부 유럽보다는 상당히 높은 순위를 보이고 있다.

표 8.6 OECD 국가 복지레짐별 지속가능성 비교

		국가재정		인구재생산	국가경쟁력[3)]
		국민부담률(2012): (조세+사회보장세)[1)]	정부부채 (2013)	출산율 (2010)[2)]	국가경쟁력 순위 (WEF: 2012)
사민주의	스웨덴	44.3	52	1.98	4
	덴마크	48.0	58.8	1.88	12
	노르웨이	42.2	34.2	1.95	15
	핀란드	44.1	66.7	1.87	3
	평균	44.7	52.9	1.92	9
보수주의	독일	43.1	87.3	1.44	16
	오스트리아	37.6	86.1	1.39	6
	네덜란드	45.3	113	1.99	21
	프랑스	38.6	86.9	1.8	5
	평균	41.2	93.3	1.66	12
자유주의	미국	35.2	104.1	1.93	7
	영국	27.7	107	1.98	8
	캐나다	30.7	97	1.67	14
	호주	26.5	34.4	1.89	20
	평균	30.0	85.6	1.87	12
남부유럽	이탈리아	44.4	145.7	1.41	42
	스페인	32.9	99.6	1.38	36
	포르투갈	32.5	135.4	1.37	49
	그리스	33.8	186.9	1.51	96
	평균	35.9	141.9	1.42	56
	일본	28.6	227.2	1.39	10
	한국	26.8	35.6	1.23	19
OECD 평균[4)]		34.1	110.3	1.74	-

주: 1) 네덜란드, 호주, 일본, OECD 평균은 2012년도 자료 누락으로 2011년 자료로 대체함
2) 네덜란드는 2010년도 자료 누락으로 2009년 자료로 대체함
3) 국가경쟁력의 경우 OECD 평균치를 제공하고 있지 않아 표에 해당되는 18개 국가의 평균을 기입하여 지수를 도출함
4) OECD 34개국 평균

3. 방사형 그림 분석

5대 부문별 종합지수를 바탕으로 작성한 **그림 8.1**을 보면, 각 부문의 성과가 좋아서 면적이 넓을 뿐 아니라 5개 부문별로 균형 잡힌 성과를 보이는 복지국가레짐은 사민주의라 할 수 있다(종합지수는 부록 참조). 보수주의 복지레짐도 어느 정도 균형 잡힌 성과를 보이는 반면, 자유주의와 남부 유럽은 면적도 작아 상대적으로 성과가 낮은 것을 알 수 있다. 자유주의의 경우 재정과 미래 지속가능성에서 우수한 성과를 보이는 것에 비하면, 남부 유럽 복지국가는 대부분의 항목에서 낮은 성과를 보이고 있는 것이 확연히 드러난다.

한국은 어떤가? 한국은 낮은 정부부채와 국가경쟁력 순위에서 그 나름 선전한 지속가능성 부문에서 18개국 중 9위를 한 것을 제외하고는 소득보장, 사회투자, 고용·노동시장, 그리고 거버넌스의 모든 항목에서 점수가 매우 낮은 특징을 보이고 있다는 점이다. 한국은 형태상으로는 자유주의의 미국, 면적으로는 남부 유럽의 그리스와 가장 유사하다. 현재 한국 복지국가가 상대적으로 우수한 성적을 보이는 재정부문도, 최근 증세 없는 복지지출의 확대로 재정적자가 빠른 속도로 누적되고 있어 미래에 좋은 성과를 기대하기 어렵다. 단지, 국민연금이 성숙하고, 기초연금, 공보육 등 최근에 도입된 사회보장제도들이 소득보장과 사회투자 수준을 높여주면 다소 균형 잡힌 복지국가로 성장해갈 가능성은 있다 하겠다. 그러나 의식적인 노력이 없다면, 그 개선 정도는 크지 않을 것으로 보인다.

그림 8.1 복지국가의 특성별 방사형

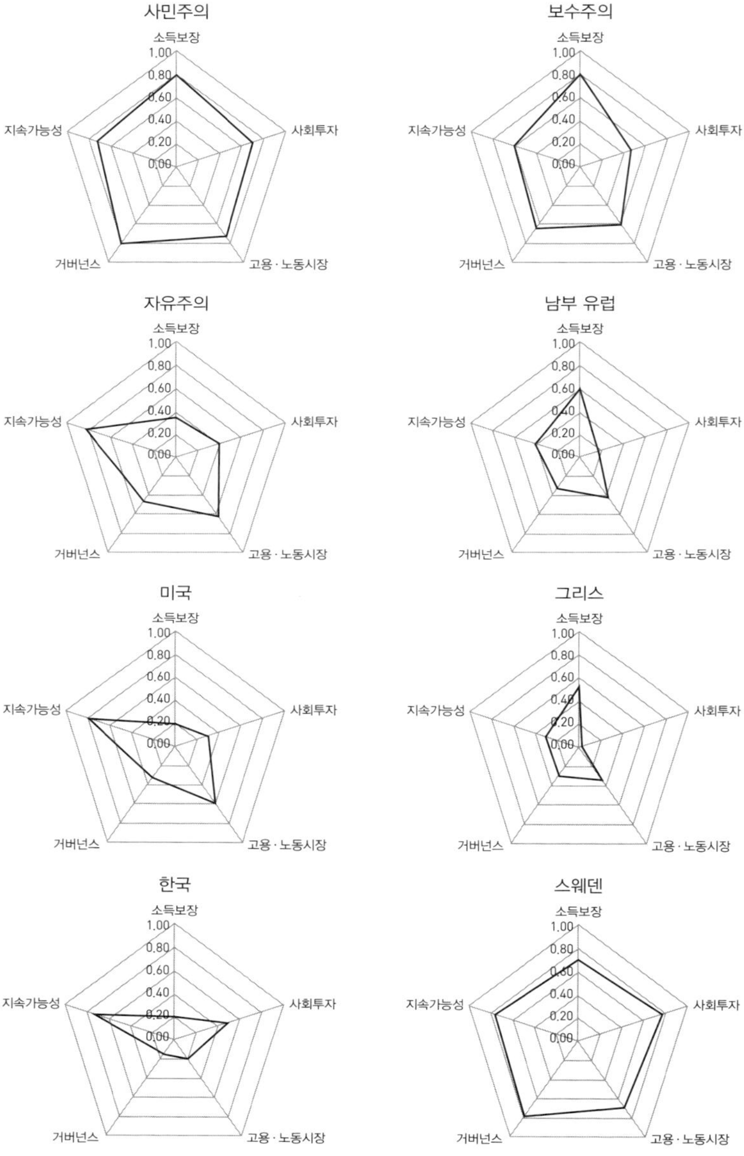

Ⅲ. 복지개혁 이슈별 정책제언

현재 한국 복지국가와 가장 유사한 복지레짐은 남부 유럽과 자유주의형이고 국가별로는 미국과 그리스와 가장 가까운 모습을 보이고 있다. 그러나 남부 유럽과 자유주의 복지국가들은 사회복지적 성과가 그리 높지 못한 국가들이다. 게다가 남부 유럽은 재정과 지속가능성의 모든 측면에서 우려되는 성적표를 받고 있다. 한국 복지국가가 현 상태에서 단순히 몸집만 키운다면, 미래가 밝지 못하다. OECD 국가 평균보다 크게 낮은 우리의 소득보장 수준을 높여야 하겠으나, 단순히 복지지출만 늘린다고 사민주의 복지레짐처럼 지속 가능한 복지국가가 되는 것은 아님을 확인했기 때문이다. 다행히 한국은 복지국가 건설에 있어 후발주자이다. 후발주자의 이점을 살려, 성장기 한국 복지국가가 나아가야 할 목표와 방향을 재정립하고 의식적인 노력을 펼쳐야 할 필요가 있다. 짧은 지면에 모든 개혁과제를 다룰 수는 없으므로 여기에서는 핵심적인 사항만 큰 틀에서 언급하고자 한다.

1. 소득보장: 국민연금을 중심으로 한 노후소득보장제도의 재편

한국 복지국가의 부문별 비교평가에서 소득보장과 소득분배 모드 낮은 평가를 받았다. 연금의 유무와 급여의 적절성이 소득보장과 소득재분배에 미치는 영향이 가장 큰 요인인 것을 감안할 때(Hausermann & Schwander, 2012: 42), 국민연금의 광범위한 사각지대 문제를 해결하고 제도의 미성숙 문제를 보완하는 것이 소득보장의 선결과제라 하겠다. 실제로 **그림 8.2**에서 보듯이 노인가구의 포함 여부에 따라 우리나라 지니계수의 변동 폭이 매우 크다. 그리고 고령화가 진전될수록 변화 폭이 커짐도 알 수 있다. 문제는 국민연금의 목표 소득대체율이 40년 가입 시 40%에 불과하고, 이를 보완할 것으로 기대되었던 퇴

그림 8.2 노인가구 포함에 따른 지니계수의 변화 비교

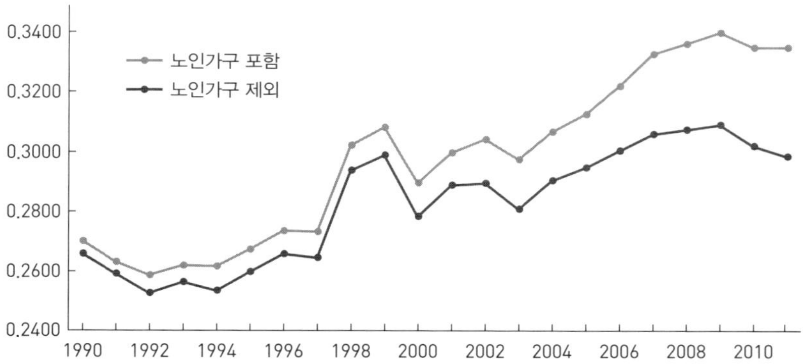

자료: 김미숙 외(2012: 121)

직연금의 사각지대가 70%에 달하며 기초연금도 급여액이 낮아 향후 연금제도가 성숙되더라도 소득보장의 효과성이 매우 낮을 것이라는 점이다. 그리고 30%에 불과한 퇴직연금 가입자와 대다수 미가입 근로자 사이의 계층화 문제도 심각할 것으로 우려된다. 그렇다면 어찌해야 하는가?

국민연금은 소득대체율 50% 회복을 목표로 현재 OECD의 절반 수준 그리고 우리나라 공무원연금의 2/3 수준에 불과한 보험료(9%)의 인상을 단행하고 적절한 수준의 노후소득보장을 약속하는 것이 필요하다. 현재처럼 낮은 보험료를 유지하면서, 기여와 보상 개념이 미약한 기초연금을 확대하는 것도 방법이나, 이는 후대에 심각한 재정문제를 남긴다. 재정적으로 지속 가능하고 튼튼한 국민연금을 만들기 위해서는, 국민연금의 보험료 인상(9% → 15.85%)을 통해 소득대체율 50%를 회복하고 재정안정화 구조를 만들고자 한 노무현 정부의 2003년 국민연금개혁 원안으로 돌아가야 한다. 보험료 인상의 부담을 줄이기 위해서는 퇴직연금의 고용주 부담분(임금의 8.33%) 중 일부를 국민연금에 납부토록 하는 것도 방법이다. 국민연금 보험료 징수 시 퇴직연금 보험료를 함께 걷으면, 퇴직연금의 광범위한 사각지대가 곧바로 대폭 감소한다. 근로자의

노후소득보장은 물론 계층화도 낮출 수 있는 일석이조의 효과를 보는 것이다(양재진, 2012a).

국민연금이 아무리 강화된다 하더라도, 고용이 불안정하고 보험료 납부액이 얼마 되지 않는 저소득 노인들에 대한 추가적인 소득보장이 필요하다. 이를 위해서는 현행 기초연금을 스웨덴식으로 선별주의에 기초한 기초(보장)연금으로 바꿔서 저소득 노인들에게 높은 수준의 실효성 있는 소득보장을 가능케 해야 한다. 보편주의의 이상은 좋지만, 야당이나 진보진영에서 주장하는 사회수당식 기초연금은 초고령사회에서는 재정문제 때문에 '용돈' 연금에 머무를 수밖에 없다. 저소득 노인을 대상으로 한 보다 높은 수준의 기초(보장)연금이 도입되면, 국민연금의 소득재분배 기능(소위 A값)은 삭제하여 국민연금을 우리나라 공무원연금이나 스웨덴이나 독일의 공적연금처럼 순수 소득비례연금으로 개편하는 것이 필요하다. 이는 중산층의 연금액을 높이는 효과를 낳아 국민연금에 대한 중산층의 정치적 지지를 확보하는 계기가 될 것이다.[4]

2. 사회투자: 여성과 취약계층의 근로활성화

우리나라도 사회서비스를 대폭 확대하고 있다. 특히 저출산 극복과 여성의 일-가정 양립을 돕는다는 취지에서 보육예산이 크게 늘고 있다. 2014년 예산을 보면 전년 대비 18.2%가 증가한 4조 9,000억 원이 배정되었다. 2004년 노무현 정부에서 4,038억 원의 예산으로 시작한 공보육사업이 10년 만에 11배 이상 증액된 것이다. 그러나 2013년 합계출산율이 다시 1.1명대로 주저앉고, 기대했던 20~30대 여성고용률이 오르지 않는 등 정책효과성에 대한 의문이 높아지고 있다. 앞으로 어떻게 해야 할까? 공보육에 대한 지속적인 투자와 함께 아래와 같은 보완책이 병행되어야 할 것이다.

4 우리나라 노후소득보장제도의 개혁과 정치적 의미에 대한 자세한 논의는 양재진(2012a)을 참조하기 바란다.

첫째, 차별과 장벽이 없는 유연한 노동시장을 만들어야 한다. 노동시장이 이중구조화되어 있는 상황에서는 사민주의 복지국가처럼 공보육에 높은 투자를 하여도 그 효과에 있어 한계가 있을 수밖에 없다. 이중구조화된 노동시장에서는 여성이 출산과 양육의 기간을 거친 후 '좋은 일자리'로 재진입하기가 어렵기 때문이다. 둘째, 남성일인생계모형에 근거해 남성 위주로 관행화된 기업문화를 여성 친화적으로 개선해나가야 한다. 기업의 업무관행 자체가 여성에게는 보이지 않는 차별이기 때문이다. 기업이 정규직 직원에게 기대하는 충성은 기혼여성이 감당할 만한 노동시간과 노동강도를 훨씬 뛰어넘는다. 이는 고학력 노동시장에서의 기혼여성에 대한 진입장벽으로 작용하고 있다(김주영, 2010). 셋째, 정규직 파트타임제도를 통한 여성 재고용 기회의 확대가 필요하다. 정규직 파트타임 일자리는 직업능력을 유지시키면서 육아가 끝나는 대로 여성근로자가 정규직 풀타임 고용상태로 이행할 수 있는 징검다리 역할을 할 수 있을 것이다(최성은·양재진, 2014).

한편, 대대적인 보육투자를 통해 여성의 일-가정 양립을 도모하려는 정부의 의지는 청년실업자, 장기실업자, 조기퇴직 중장년층의 노동시장 참여와 복귀에서도 찾아볼 수 있어야 한다. 이를 위해서는 근로취약계층에 대해 직업훈련 등 (재)취업능력 향상프로그램에 대한 투자가 확대돼야 한다. 그러나 현재 한국의 고용보험은 사회보험의 기여원칙 때문에, 취업경험이 없어 가입자격조차 없었던 청년실업자, 장기실업자, 출산 후 비공식부문에서 취업과 실업을 오가는 여성, 조기퇴직 중장년 등에 대한 최소한의 소득보장과 이와 결부된 직업훈련과 고용서비스를 적절한 수준에서 제공하지 못하고 있다. 청년 등 신규 구직자에게는 국고를 바탕으로 훈련과 고용서비스의 수혜 범위를 넓히고, 영세사업장에는 사회보험료 매칭 지원을 확대 실시함과 동시에, 불응에 대해 과태료 부과 등 행정지도를 산재보험 수준으로 대폭 강화해서 가입자를 최대한 확보해야 할 것이다(양재진, 2012b).[5]

---

5 산재보험의 경우는 미납 고용주에 대해 300만 원 이하 과태료, 미납 보험료의 10% 가산금, 그리고 미납금에 대해 연체료를 추가로 부과하고 있다.

3. 노동시장: 소득정책을 통한 노동시장 이중성 극복

앞서 살펴보았듯이, 우리나라 노동시장은 영세한 자영업의 비중이 크고 임금노동시장은 이중화와 분절화 정도가 크다. 그만큼 양극화 정도가 심하고 사후적인 복지수요를 촉발하는 구조이다. 현재와 같이 임금과 근로조건에 관한 논의가 시장과 기업 내부의 노사관계에만 맡겨질 경우, 숙련과 기술의 차이에 따른 임금격차가 커지고 기업 간 지불능력의 차이로 기업 규모별 격차가 더 확대될 것이다. 따라서 초기업 단위인 산별 협상이나 노사정위원회를 통해서 사회적 임금(각종 실업수당, 공교육, 의료, 연금 등 실질적 임금보전분)과 시장임금의 배분관계를 조율하여 시장임금 인상을 자제하고 임금격차를 줄이는 노력을 해나가야 할 필요가 있다. 즉, 자유방임형 임금정책에서 사회적 임금결정체제로 점진적으로라도 전환해가는 노력이 필요한 것이다. 이때 정부는 복지정책은 물론 조세정책을 통해 사회적 임금결정이 노사 간에 합의될 수 있도록 지원하는 역할을 맡아야 할 것이다.

만약 한국의 조직노동이 전체 노동계급을 아우르는 노동운동에 나서지 못한다면, 정부의 개입이 불가피하다. 미국과 같은 몇몇 자유주의국가를 제외하고 대부분의 국가들은 정부가 소득정책을 활용한다. 우리나라도 민주화 이후 김영삼 정부에서 임금 가이드라인정책을 시행하고 정부의 후원하에 한국노총과 한국경영자총협회가 중앙임금협상에 나선 경험을 갖고 있다(홍주환, 1995). 정부는 최소한 산업별, 업종별, 기업 규모별 임금인상의 준거가 되는 객관적인 정보를 제공하고, 노동시장의 분절화를 완화하고 안정성을 높이기 위한 차등화된 임금 가이드라인을 제시하는 역할을 해야 한다. 그리고 중위소득의 42%에 불과해 OECD에서 하위권에 머무르고 있는 최저임금을 적정 수준으로 인상해 근로빈곤을 막고 노동시장의 이중화를 완화하여야 한다. 최저임금의 인상은 기업의 생산성 향상을 독려하는 산업정책적 효과도 발휘하게 될 것이다. 물론 고령자 고용에 미치는 효과를 감안하여 연령과 업종별로 차등 적용하는 미세 조정도 필요하다.

4. 거버넌스: 노동운동의 초기업화와 정책정당화를 통한 신뢰 회복[6]

앞선 복지국가들은 노동운동이 연대성에 입각해 있고 정치리더십에 대한 국민적 신뢰가 높다. 우리나라에서 복지국가의 발전을 가져오기 위해서는, 노동운동의 산별화를 통한 초기업 노동운동의 활성화가 필요하다. 이상호(2012: 402)의 고백처럼, "민주노총 소속 노동자의 80퍼센트가 산별노조에 소속돼 있고 산별노조라는 간판을 달고 있을지 모르지만, 실상은 여전히 기업별 노동조합의 연합체 그 이상도 아니다." 단체협상권이라는 핵심 권한을 기업별노조가 산별노조에 이양하지 않기 때문이다. 여기에 기업 내 복수노조가 허용되어 과거보다도 더 분절화되고 파편화된 노동운동이 될 가능성이 커졌다. 이러한 경향을 제어하기 위해서는 뒤늦은 감이 있으나, 초기업 노조운동에 다시 한번 힘을 모아야 한다.

한편 비례대표제의 도입 등 정치제도 개혁을 통해 정책정당화를 유도하여 정치리더십에 대한 국민적 신뢰를 확보해야 한다. 비례대표제로의 전환 시에는 선거구를 최대한 크게 하여 전국적인 사회경제적 문제를 정책화하는 유인을 높이되, 직능별로 협소한 이해를 대변하는 다수의 정당이 난립하지 않도록 독일처럼 의회 진입의 문턱을 높여야 할 것이다. 복지국가 발전은 큰 정당들이 전국적 지지도를 높이기 위해서 사회경제 문제를 중심으로 경쟁할 때 가능하기 때문이다. 유럽의 많은 복지국가들처럼 의원내각제로의 개헌도 고려해볼 수 있겠다. 그러나 현행 소선거구제를 유지하면서 이의 도입을 추진하는 것은 개악이 될 가능성이 크다. 그나마 전 국민의 지지 동원을 위해 사회경제 정책이 중요한 의제로 다루어지는 대통령제를 버리고, 소선거구제하 의원내각제가 되면 지역구 중심 정치의 중앙화 문제를 낳을 것이기 때문이다. 비례대표제로의 선거제도 개혁 없는 이원집정부제로의 개헌도 마찬가지이다. 한국의 대통령제는 그 나름 소선거구제도하에서 더 지체될 수 있었던 한국 복지

6 이 절은 양재진(2014)의 결론 부분에 크게 의존해 작성되었다.

국가의 발전을 견인해오고 있는 유일한 제도적 기반이기 때문이다. 우리나라에서 복지국가의 발전을 가져오기 위한 거버넌스 개혁의 핵심은 노동운동의 초기업화 그리고 비례대표제의 도입에 있다 하겠다.

5. 지속가능성: 적극적 이민정책과 복지증세

한국 정부가 앞으로 일-가정 양립정책의 성공을 이끌어낸다고 해도, 인구대치 수준이 2.1명까지 출산율이 오르기는 어렵다. 그리고 지난 30년간 지속된 초저출산 때문에 인구의 감소와 이에 따른 인구고령화는 피할 수 없다. 복지국가의 지속가능성을 제고하기 위해, 60세 이상 고령인구의 소득활동을 확대할 수 있는 종합적인 방안 마련과 함께,[7] 향후 전향적인 이민정책을 통해 인구 감소를 완화하고 우수 노동력을 확보하는 것이 필요하다. 실제로 EU 등 지역경제 통합이 활발해지면서 국경을 넘는 인력이동이 활발해지고 있다. 전 세계적으로도 WTO의 자연인의 단기이동협상(GATS Mode 4: General Agreement on Trade in Services Mode 4)이 타결되면 국가 간 노동력의 이동은 더욱 활발해질 전망이다. 우리의 경우, 현재는 내국인 노동시장을 보호하기 위해 단순 노무인력 중심으로 이민노동을 받아들이고 있다. 그러나 **표 8.8**에서 보듯 인구감소와 더불어 전문직 분야도 인력 부족이 예상되는 만큼, 국제경쟁력 강화 차원에서라도 전문인력과 숙련인력에 대해 대대적으로 문호를 개방할 준비를 해야 한다. 현재는 언어와 문화의 동질성을 갖고 있는 해외동포들에게 보다 자유로운 이민정책을 펼치고 있는데, 언어와 문화 면의 동질성도 중요하지만 우리 산업의 필요성에 입각한 기술과 숙련이 이민정책의 핵심 기준이 되어야 할

7 중고령 근로자의 취업능력과 근로여건을 조성하기 위해서는 중고령자 직업훈련과 알선, 유연근무제의 확대를 통해 근로시간 단축 및 다변화 등이 필요하고, 사용자의 고령근로자 수요 확대를 위해서는 연공급에서 성과급제로 전환, 최저임금제의 차등 적용 등이 필요하다. 그리고 스웨덴처럼 연금개혁을 단행해, 기여와 연금급여의 연계성을 강화해 고령자의 근로를 유인하게 하는 것 등을 생각해볼 수 있다.

표 8.7 숙련 수준별 적정 외국인력 규모 전망(2008~2017년) (단위: 천 명)

숙련 수준	직업 대분류	적정 외국인력 규모	연평균 외국인력 규모
고숙련 사무직	관리자	26.5	2.6
	전문가	241.1	24.1
	준전문가	183.2	18.3
	소계	450.8	45.1
저숙련 사무직	사무직	267.5	26.8
고숙련 생산직	농림어업 숙련직	22.8	2.3
합계		741.1	74.1

자료: 조준모 외(2009: 220)

것이다.

현재 우리나라의 재정상태는 매우 양호한 편이다. 그러나 소득재분배와 사회보장의 재원을 채무에 의존할 것이 아니라면 향후 증세가 불가피하다. **표 8.8**에서 확인할 수 있듯이, 증세 여력이 있는 세목은 OECD 평균에 한참 밑도는 소득세, 사회보험료, 그리고 소비세이다.

누진과세 구조를 갖고 있는 소득세의 부담을 높이는 것은, 양극화가 문제가 되고 있는 우리나라 상황에서, 이를 완화해줄 수 있는 가장 효과적인 방법이기도 하다. 기술적으로나 보나 사회정의 측면에서 보나 이보다 더 나은 대안이 있을 수 없다. 그러나 증세의 대상이 100% 모두 유권자라는 점은 소득세 증세의 정치적 실현가능성을 매우 어렵게 한다. 그리고 그 조세저항의 강도는 증세 정도가 크면 클수록 커진다. 우리나라의 소득세의 실효세율을 OECD 평균치까지 끌어올린다고 가정하면, 평균 소득의 167%를 버는 고소득자는 지금보다 2.5배, 평균소득자는 3.4배, 평균의 67%를 버는 저소득자는 7.6배 소득세 부담이 늘어나야 한다. 2013년 8월 세법개정안에 대한 파동에서 볼 수 있듯이, 명시적인 소득세 인상은 쉽지 않다. 따라서 소득세를 통한 증세는 지속적으로 추구하되, 소득세 부담의 현실화가 가져오는 정치적·경제적 충격을 완화하기 위해서는 소득세 인상을 오랜 기간에 걸쳐 완만하게 이루어야 할 것

표 8.8 한국과 OECD의 조세수입 비교 (단위: GDP 대비 %)

		2000년		2010년			변화
		한국	OECD	한국	순위(위)	OECD	2000~2010년
소득세		3.3	9.3	3.6	30	8.4	0.3
법인세		3.2	3.4	3.5	6	2.9	0.3
사회보험료		3.8	9.3	5.8	26	9.5	2.0
소비세		8.7	11.3	8.5	29	11.0	-0.2
재산세		2.8	1.8	2.9	7	1.8	0.1
	보유세	0.6	0.9	0.8	16	1.0	0.2
	거래세	2.0	0.6	1.8	1	0.4	-0.2
	상속, 증여세	0.2	0.1	0.3	4	0.1	0.1
기타		0.8	0.2	0.9	3	0.2	0.1
총계		22.6	35.2	25.1	31	33.8	2.5

자료: OECD(2013: 60)

이다(양재진·민효상, 2013: 84).

그리고 폭발적으로 증가하는 복지수요를 충족시킬 재원 마련을 위해서는 서구 복지국가가 그랬던 것처럼, 조세저항이 상대적으로 적은 사회보험료(사회보장세)를 적극 활용할 필요가 있다. 실제로 건강보험의 보장성 확대를 위해 보험료 인상이 필요하다. 그리고 국민연금의 급여 인상 및 재정적 안정화를 위해 연금보험료의 인상이 필요한 상황이다. 구직수당을 현실화하고 적극적 노동시장정책을 강화하기 위한 재원은 고용보험료의 인상으로 해결해야 한다. 사회보험을 통해 사회적 위험에 대한 사회보장 재원을 최대한 확보하고, 이에 배제될 가능성이 높은 사각지대 근로자에게 보험료를 두루누리사업 등을 통해 일반재정에서 매칭으로 지원하여 가입률을 높이는 전략이 합리적이다. 사회보험의 복지기능을 강화하지 않고, 일반재정을 통해 복지 문제를 해결하려고 하는 것은 바람직하지 않다.

유럽의 많은 복지국가처럼 부가가치세 같은 소비세를 어느 정도 인상하는 것 또한 불가피할 것이다. 간접세는 역진성이 문제되지만, 실제 소득재분배의 효과는 세입보다 세출에서 크게 나타난다. 즉, 소비세를 높이더라도, 이 재원을 복지지출에 활용하면 전체적인 소득재분배 효과는 커진다. 성명재 외(2012)에 의하면, 우리나라의 경우도 부가가치세율 인상으로 소득재분배 효과는 음(-)의 값을 가질 수 있으나, 그 절댓값은 0에 가까워 그 효과는 미미한 것으로 보고되고 있다. 따라서 부가가치세 증세를 통한 복지지출 효과는 크게 정(+)의 효과를 나타내는 만큼, 소득재분배에 대한 순효과는 양(+)으로 나타날 것이다. 여기에 건강 증진과 환경보호라는 사회적 함의도 들어가 있는 주세酒稅, 도박세, 주유세 및 담배세 등과 같은 소위 죄악세sin tax의 인상도 추진해야 할 것이다.

Ⅳ. 결론

한국 복지국가는 현재 성장기에 접어들었다. OECD 국가 중에서 가장 빠른 속도로 사회지출이 증가하고 있는 것이 그 증거이다. 한국은 1990년 이래 매년 12%씩 공적 사회지출이 늘고 있어, OECD의 평균 증가율 6.7%를 크게 웃돌고 있다(OECD, 2013: 75). 그러나 앞서 지적했듯이, 복지지출과 사회보장제도의 확충만으로 복지국가의 발전을 담보할 수는 없다. 복지국가의 발전을 위해서는 노동시장의 안정화, 거버넌스 구조의 선진화, 지속가능성 등이 뒤를 받쳐줘야 한다. 이를 감안해 종합적인 평가를 내려보았을 때, 현재 한국 복지국가는 남부 유럽과 자유주의국가의 특성을 강하게 보이고 있고, 그리스와 미국을 합친 듯한 모양새를 보이고 있다. 가치판단의 영역이긴 하나, 그리스와 미국의 혼합형을 한국 복지국가가 가야할 미래로 여기는 사람은 많지 않다. 그렇다면 어찌해야 하는가?

사민주의의 예에서 보듯이 누구나 일할 수 있는 여건을 만들어내는 것이 복지국가의 1차적 과제이다. 이는 넓은 세원, 그리고 사회보험제도가 원활히 작동하는 기초로서도 중요한 의미가 있다. 사회보장을 강화하되 사회투자형 복지지출을 늘려 고용률을 높이고 경제와 복지의 선순환 고리를 강화해야 한다(변영우, 2012; 이명진·양재진, 2013). 자영업에 대한 구조조정과 중견기업의 육성과 서비스산업의 대규모화를 통해 임금노동자의 비율을 높여야 한다.

그리고 노동시장 내의 1차적 분배가 평등하게 이루어져야 2차적 분배인 사회보장의 효과가 커진다. 노동시장 내 불평등이 심하면, 아무리 재정을 쏟아부어도 계층화를 피하기 어렵다. 따라서 노동시장의 경직성을 완화하고 대기업·중소기업, 정규직·비정규직, 그리고 남성과 여성 사이의 격차와 뛰어넘기 힘든 장벽을 제거하여 직업능력에 따른 이동성을 보장하는 것이 필요하다. 복지국가의 지속가능성에도 주의를 기울여야 한다. 여성친화적인 근로환경과 아동에 대한 투자에 인색해서는 안 되며, 노동인구의 감소가 가시화되는 시점에서는 보다 개방적인 이민정책을 펼칠 준비를 해야 할 것이다. 그리고 정치적으로 손쉬운 빚을 내서 복지를 하기보다는 복지증세의 탄탄한 기반 위에 사회지출을 확대해야 한다. 진보와 친복지주의자들도 국가경쟁력과 성장 전략을 고민해야 한다. 세계화와 지식기반경제라는 거대한 변화의 흐름 속에서 국가경쟁력을 유지·향상시키는 노력을 등한시해서는 안 된다는 뜻이다. 이러한 의식적인 변화는 정치리더십에 대한 국민의 신뢰가 없이는 이루어지기 힘들다. 그중에서 최하위 수준인 거버넌스의 질을 높일 수 있는 정치개혁과 노사정의 합의주의, 그리고 노동운동의 연대성 회복을 위한 노력 또한 절실하다 하겠다.

부 록

〈비교 국가의 부문별 종합지수와 순위〉

		소득보장	사회투자	고용·노동시장	거버넌스	지속가능성
사민주의	스웨덴	7(0.70)	1(0.77)	5(0.68)	3(0.78)	5(0.76)
	덴마크	4(0.84)	1(0.77)	2(0.71)	2(0.87)	10(0.66)
	노르웨이	5(0.74)	3(0.67)	1(0.77)	6(0.69)	4(0.77)
	핀란드	2(0.91)	4(0.57)	4(0.70)	1(0.97)	8(0.71)
	평균	4.5(0.80)	2.25(0.70)	3(0.73)	3(0.83)	6.75(0.73)
보수주의	독일	6(0.71)	10(0.42)	11(0.59)	10(0.52)	14(0.52)
	오스트리아	1(0.92)	7(0.45)	7(0.65)	5(0.70)	12(0.60)
	네덜란드	10(0.65)	5(0.54)	6(0.67)	6(0.69)	11(0.63)
	프랑스	3(0.85)	9(0.43)	13(0.57)	4(0.72)	7(0.72)
	평균	5(0.79)	7.75(0.46)	9.25(0.62)	6.25(0.66)	11(0.62)
자유주의	미국	17(0.19)	14(0.30)	11(0.59)	13(0.33)	3(0.78)
	영국	13(0.50)	12(0.39)	8(0.63)	12(0.35)	2(0.88)
	캐나다	14(0.41)	10(0.42)	10(0.61)	9(0.56)	6(0.73)
	호주	16(0.31)	7(0.45)	8(0.63)	8(0.65)	1(0.92)
	평균	15(0.35)	10.75(0.39)	9.25(0.62)	10.5(0.47)	3(0.83)
남부 유럽	이탈리아	7(0.70)	17(0.11)	14(0.49)	14(0.33)	17(0.35)
	스페인	11(0.56)	14(0.30)	16(0.39)	11(0.44)	13(0.55)
	포르투갈	9(0.66)	16(0.26)	15(0.46)	15(0.31)	16(0.47)
	그리스	12(0.52)	18(0.03)	17(0.35)	15(0.31)	18(0.31)
	평균	9.75(0.61)	16.25(0.17)	15.5(0.42)	13.75(0.35)	16(0.42)
동아시아	일본	15(0.38)	13(0.31)	3(0.71)	17(0.29)	15(0.51)
	한국	17(0.19)	6(0.48)	18(0.19)	18(0.14)	9(0.70)
OECD 평균		0.37	0.35	0.56	0.49	0.68

제9장

미래 정부의 정부간재정관계

* 윤성일(연세대학교 SSK 전임연구원)

Shaping Government in the Future Society

Ⅰ. 서론

Lausen(2008)은 그의 저서 *Design for democracy: Ballot and election design*에서 미래 정부의 가장 중요한 요소는 정부와 국민 간의 소통, 이를 통한 정부의 신뢰도 향상과 투명성 증가, 그리고 국민참여제도의 개선이기 때문에 전문 디자이너를 고용해서 정부조직을 디자인하고, 더 나아가 시민들에게 친근하게 다가가기 위해 투표용지까지도 디자인하게 될 것이라고 예측하였다. 이와 같은 미래 정부의 핵심은 정치과정에서 국민이 참여를 통해 좀 더 자기 목소리를 내고, 정부는 좀 더 국민의 목소리에 귀 기울여 국정을 운영하는, 국민참여를 통한 신뢰받는 정부라 할 수 있다.

바람직한 미래 정부의 모습은 다음과 같이 세 가지 측면에서 살펴볼 수 있다. 첫째, 정부와 시장과의 관계이다. 바람직한 미래 정부는 시장과의 관계에서 일방적으로 규제권을 행사하는 것이 아니라 시장의 상황에 맞게 시장의 규칙 설정자로서의 역할과 경제적 규제와 사회적 규제를 관리하는 역할을 수행하여야 할 것이다. 둘째, 정부와 시민사회와의 관계이다. 바람직한 미래 정부는 정보통신기술Information and Communication Technology과 제4차 산업혁명을 통하여 간접민주주의 정치제도의 폐단을 시정할 수 있는 기술을 활용할 수 있어야 할 것이다. 셋째, 중앙정부와 지방정부와의 관계이다. 바람직한 미래 정부는 지방정부가 중앙정부로부터 분권화되는 것을 넘어서 지방정부에 시민이 직접 참여할 수 있어야 할 것이다.

이와 같은 미래 정부의 세 가지 측면 중에서 본 장은 중앙정부와 지방정부 간의 재정관계에 대하여 집중하고자 한다. 정부간재정관계Inter-Governmental

Fiscal Relations, IGFR는 중앙정부와 지방정부의 다양한 관계 중에서 재정적 관계를 나타낸다. 정부간재정관계가 어떻게 형성되어 있느냐에 따라서 중앙정부와 지방정부 간의 관계도 영향을 받을 수 있기 때문에 다양한 정부간관계 중에서 가장 중요하다고 할 수 있다. 정부간재정관계는 Oates(1972)의 분권화 정리Decentralization Theorem에 따라 지방공공서비스가 창출하는 지리적 외부성과 서비스의 공간범위와 재정사업의 관리비용을 고려하여 중앙정부와 지방정부로 재정기능 분담구조를 형성하는 것을 주요 내용으로 하고 있다. 정부간재정관계론은 1970년대 1세대 재정연방주의론에서 1990년대 2세대 재정연방주의론으로 발전하였다. 그렇다면 미래 정부의 정부간재정관계는 어떻게 하여야 하는가? 결론부터 말하자면 미래 정부는 중앙정부와 지방정부의 재정관계에 있어서 재정의 자율성과 독립성이 제고되어야 할 것이다. 본 장은 지방정부가 중앙정부와의 재정관계에 있어서 자율성과 독립성을 제고하는 재정분권과 지역주민의 참여 강화를 위한 정책제언을 목적으로 하고 있다. 이를 위하여 본 장은 다음과 같이 구성하였다. 먼저 재정분권과 정부간재정관계의 개념에 대하여 알아보고, 정부간재정관계의 핵심 제도라 할 수 있는 지방재정조정제도에 대하여 알아본다. 그다음 우리나라 재정분권과 지방재정조정제도의 현황에 대하여 살펴보고, 미래 정부의 정부간재정관계의 재정립을 위한 정책제언을 한다. 정부간재정관계 재정립을 위한 정책제언은 세입 측면에서 세입분권을 위한 신규 지방세의 확충과 지방세 비과세·감면제도의 개편, 그리고 세출 측면에서 세출분권을 위한 지방재정조정제도의 개선과 세출의 효율성을 위한 주민참여예산제도의 강화 등으로 구분하여 서술한다.

Ⅱ. 우리나라 재정분권과 정부간재정관계 현황

1. 재정분권의 의의

우리나라의 지방자치제도는 1988년 「지방자치법」 개정과 1991년 지방의회 의원선거가 이루어지면서 부활하였으며, 1995년 지방자치단체장 선거로 인해 진정한 의미의 지방자치를 이룰 수 있게 되었다(엄태호·윤성일, 2014). 지방자치는 보통 자치권이 미치는 지역적인 범위인 일정한 구역과, 일정한 구역 내에 주소를 가지고 있는 주민, 그리고 자치재정권, 자치조직권, 자치행정권, 자치입법권 등의 자치권 등을 지방자치단체가 가지면서 지역주민의 의사에 따라 공공사무를 지역주민 스스로 또는 대표를 통하여 처리하는 과정이라고 할 수 있다. 이러한 지방자치는 상위정부와 지방정부 간의 분권 또는 집권이 핵심 문제가 되는 단체자치와 지방정부에 대한 시민사회의 투입 측면에서 참여 또는 통제가 핵심 문제가 되는 주민자치로 파악할 수 있다(이승종, 2005).[1]

재정분권fiscal decentralization은 이와 같은 지방자치의 개념 중에서 상위정부와 지방정부 간의 권한을 조정하여 중앙정부의 권한을 지방정부로 이양하는 지방분권을 하면서 중앙정부의 재정권한까지도 지방정부로 이양하는 것이라 할

표 9.1 지방자치의 구성 요소

요소	자치 측면	관 계	이 슈	연구 분야
분권	단체자치	상위정부 - 지방정부	분권/집권	정부간관계
참여	주민자치	주민 - 지방정부	참여/통제	참여론

자료: 이승종(2005) 수정

1 이승종(2005)은 이러한 지방자치에 대한 전통적 견해에 더하여 지방정부의 기업 등과 같은 지배집단에 대한 중립 또는 종속이 핵심 문제가 되며 지방정부의 지배집단에 대한 중립을 요소로 하는 정부자치를 포함하고 있다.

수 있다. 재정분권을 이와 같이 파악했을 때 재정분권은 지방자치를 위한 핵심 요소라 할 수 있다. 왜냐하면 지방자치를 지역의 공공사무에 대하여 지방정부가 스스로 이를 해결하기 위한 규칙과 재원을 마련하는 과정이라고 할 때 규칙은 스스로 만들지만 규칙 집행에 필요한 재원이 확보되지 않는다면 지방자치가 실현될 수 없기 때문이다.

2. 재정분권과 정부간재정관계

우리나라의 재정분권은 1991년에 지방자치가 실시된 이후 본격적으로 진행되었으며, 특히 중앙정부와 지방정부 간의 재정지출 규모의 변화에 중점을 둔다면 재정분권은 지방자치의 초기와 노무현 정부 시기에 상대적으로 강화되었다고 볼 수 있다(임성일, 2013; 2005). 지방이전재원이 정부총지출에서 차지하는 비중을 살펴보면 1990년대 초반에는 30~40%를 차지하고 있었으며 노무현 정부 시기 2000년대 초반에는 50%까지 증가하였다(임성일, 2013). 2008년 이후부터 2017년 지금까지는 대체적으로 30% 초반을 차지하고 있다.

지방자치의 본격화 이후 재정분권이 많이 이루어졌다고 하더라도 여전히 중앙정부와 지방정부 간의 관계에 있어서 지방정부는 중앙정부에 많이 의존을 하고 있다. 이와 관련되는 개념으로 정부간재정관계Inter-Governmental Fiscal Relations, IGFR가 있다. 정부간재정관계IGFR는 중앙정부와 지방정부의 각각의 재정public finance이 존재하고 이들 간의 재정관계에서 나타나는 재정 전반을 포괄하는 개념이다(김현아, 2008). 정부간재정관계IGFR는 한 나라의 단위정부 간에 현실적으로 설정되었거나 제시될 수 있는 법적·정치적·행정적·재정적 제반 관계 및 제도를 의미하는 정부간관계Inter-Governmental Relations, IGR 중에서 중앙정부와 지방정부 간의 핵심적인 관계인 재정관계를 말하며, 분권화가 진행됨에 따라 정부간재정관계IFGR에 대한 중요성이 더욱 강조되고 있다(Wright, 1988).

그림 9.1 연도별 지방이전재원 현황(2008~2017년)

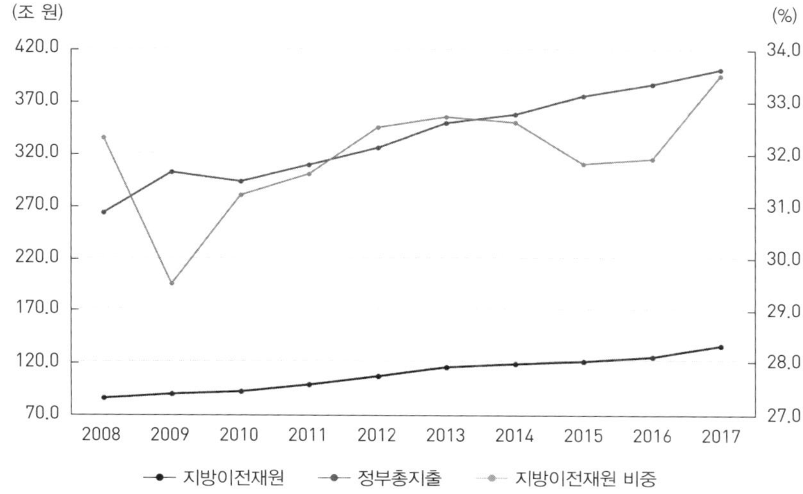

자료: 국회예산정책처(2017) 수정

3. 정부간재정관계와 정부지원금제도

정부간재정관계IGFR는 정치제제와 관계없이 모든 정부에 공통적으로 존재하는 영역이라 할 수 있다(전상경, 2011). 즉 정치체제가 연방주의를 채택하는 국가나 비연방주의를 채택하는 국가에 상관없이 정부간재정관계IFGR는 존재하며, 정부간재정관계IFGR의 전형적인 형태는 정부지원금grants-in-aids이라 할 수 있다(전상경, 2011).

정부지원금제도는 중앙정부의 지방정부에 대한 지원금제도와 광역지방자치단체의 기초지방자치단체에 대한 지원금제도로 구분할 수 있다. 먼저 중앙정부의 지방정부에 대한 지원금제도인 지방재정조정제도에 대하여 살펴보자. 지방재정조정제도는 중앙정부가 일정 규모의 재원을 지방정부로 이전하여 지방정부 간 재정형평성fiscal equalization을 제고하고, 국가 전체적으로 파급효과가 큰 지역공공재를 효율적으로 공급하기 위한 제도이다(국회예산정책처, 2017).

현재 활용되고 있는 지방재정조정제도는 다음과 같이 국고보조금, 지방교부세, 지방교육재정교부금, 그리고 유아교육지원특별회계교부금 등이 있다(전상경, 2011; 국회예산정책처, 2017).

첫째, 국고보조금은 중앙정부의 예산으로 계상된 일반회계와 특별회계의 재원을 통해 중앙정부의 특정한 목적 달성을 위하거나 지방정부 간에 발생하는 외부효과로 인한 자원배분의 비효율성을 시정하기 위하여 중앙정부의 엄격한 통제하에 운영되는 특정지원금specific grant이다.

둘째, 지방교부세는 내국세의 19.24%에 해당하는 금액(보통·특별교부세)과 종합부동산세총액(부동산교부세), 담배에 부과하는 개별소비세액의 20%(소방안전교부세)를 재원으로 지방정부의 기초적인 행정운영에 필요한 부족재원을 보장하여 중앙정부와 지방정부 간의 수직적 재정불균형vertical fiscal imbalance을 시정하고, 지방정부 간의 수평적 재정불균형horizontal fiscal imbalance을 시정하기 위한 무조건부보조금unconditional grant의 일종이다. 지방교부세는 현재 보통·특별·부동산·소방안전교부세 등의 4가지로 구성되어 있는데, 이 중 용도가 지정되어 있는 특별·소방안전교부세를 제외하고는 용도가 정해져 있지 않은 일반재원이다.

셋째, 지방교육재정교부금은 내국세의 20.27%에 해당하는 금액과 교육세 중 일부의 재원으로 교육의 균형발전을 위하여 교육자치단체에 교부하는 지원금이다. 지방교육재정교부금은 일반재원인 보통교부금과 용도가 지정되어 있는 특별교부금으로 구성된다.

넷째, 유아교육지원특별회계교부금은 교육세 중 일부와 일반회계 전입금 등의 재원으로 교육자치단체의 유아보육료를 지원하기 위하여 교부되는 지원금이다. 유아교육지원특별회계교부금은 유아교육비 보육료지원사업에만 지출하도록 용도가 지정되어 있고, 2017년부터 2019년까지 한시적으로 운영된다.

다음으로 광역지방자치단체의 기초지방자치단체에 대한 지원금제도이다.

표 9.2 중앙정부의 지방정부에 대한 지방재정조정제도

	국고보조금	지방교부세	지방교육재정 교부금	유아교육지원특별회계 교부금
근거 법률	「보조금 관리에 관한 법률」, 개별 법률 등	「지방교부세법」	「지방교육재정 교부금법」	「유아교육지원 특별회계법」
목적	특정 사업 지원	지자체 재원 보장 재정불균형 완화	교육의 균형발전	교육·보육과정 정책의 안정적인 추진
종류	자치단체 경상·자본보조	보통·특별교부세 부동산·소방안전교부세	보통·특별교부금	자치단체교부금
재원	일반회계와 특별회계, 기금 예산으로 계상	• 보통·특별교부세: 내국세의 19.24% • 부동산교부세: 종합부동산세 총액 • 소방안전교부세: 담배에 부과되는 개별소비세액의 20%	• 내국세의 20.27% • 교육세 중 일부	• 교육세 중 일부 • 일반회계 전입금
재원 성격	목적사업에 한정	• 보통·부동산교부세: 일반 재원 • 특별·소방안전교부세: 용도 지정	• 보통교부금: 일반 재원 • 특별교부금: 용도 지정	• 목적사업(유아 보육료)에 한정

자료: 국회예산정책처(2017) 수정

광역지방자치단체의 기초지방자치단체에 대한 지방재정조정제도는 다음과 같이 시·도비보조금, 시·군조정교부금, 그리고 자치구조정교부금 등이 있다.

첫째, 시·도비보조금은 「지방재정법」 제23조 제2항과 동법 시행령 제29조 제5항에 근거하여 정책상 필요하다고 인정할 때 또는 시·군 및 자치구의 재정 사정상 특히 필요하다고 인정할 때 예산의 범위에서 시·군 및 자치구에 보조금을 교부하는 제도이다. 시·도비보조금은 시·도의 일반회계 또는 특별회계를 통해 관련 재원을 마련하고 있으며, 특정한 지원대상사업의 재정수요 충당(용도 지정)에 사용되며 지원사업별 사업우선순위 등에 따라 지원되고 있다(유태현 외, 2017).

둘째, 시·군조정교부금은 광역지방자치단체인 도와 일부 광역시 본청이 소

속 시·군이 징수한 광역시세 및 도세의 일부를 재원으로 할애하여 시·군 기초자치단체에 배분하여 상하위 지방자치단체 간 수직적 재정조정제도의 역할뿐만 아니라 시·군 간의 재정력 격차를 조정하여 시·군 간 수평적 재정조정제도의 역할을 수행하는 제도이다(곽채기, 2016). 현재의 시·군조정교부금은 기존의 도세징수교부금을 모태로 하여 시·군 간 재정형평성을 높이기 위해 신설·도입된 재정보전금제도가 2014년 개정 「지방재정법」을 통해 조정교부금으로 그 명칭이 전환되었다(황소하, 2016). 시·군 조정교부금은 「지방재정법」 제29조 제1항과 동법 시행령 제36조에 근거하고 있으며, 시·군에서 징수하는 광역시세와 도세 가운데 일부 세목의 세수를 제외한 전체 세수의 일정 비율에 해당하는 금액을 재원으로 하고 있다.[2] 시·군조정교부금은 다시 시·군의 행정운영에 필요한 재원을 보전하는 등 일반적 재정수요에 충당하기 위한 일반조정교부금과 시·군의 지역개발사업 등 시책을 추진하는 등 특정한 재정수요에 충당하기 위한 특별조정교부금으로 구분할 수 있다. 그리고 일반조정교부금의 재원은 조정교부금 총액의 90%에 해당하는 금액으로 하고, 특별조정교부금의 재원은 조정교부금 총액의 10%에 해당하는 금액으로 한다.

셋째, 자치구조정교부금은 특별시와 광역시장이 해당 지방자치단체 관할구역의 자치구 간 재정력 격차를 조정하기 위해 특별시와 광역시의 시세 중 보통세 수입의 일정액을 조정교부금으로 확보하여 배분하는 제도이다. 자치구조정교부금은 「지방재정법」 제29조의2와 동법 시행령 제36조의2에 근거하고 있으며, 취득세, 레저세, 담배소비세, 지방소비세, 주민세, 지방소득세, 자동차세 등의 보통세를 재원으로 하고 있다. 자치구조정교부금도 시·군조정교부금과 같이 자치구일반조정교부금과 자치구특별조정교부금으로 구분할 수 있다.

2 광역시장과 도지사는 시·군에서 징수하는 광역시세·도세(화력발전·원자력발전에 대한 지역자원시설세, 특정 부동산에 대한 지역자원시설세 및 지방교육세 제외)의 총액과 광역시와 도의 지방소비세액을 전년도 말의 해당 시·도의 인구로 나눈 금액에 전년도 말의 시·군의 인구를 곱한 금액의 27퍼센트(인구 50만 명 이상의 시와 자치구가 아닌 구가 설치되어 있는 시의 경우에는 47퍼센트)에 해당하는 금액을 관할 시·군 간의 재정력 격차를 조정하기 위한 조정교부금의 재원으로 확보하여야 한다(「지방재정법」 제29조 제1항).

표 9.3 광역지방정부의 기초지방정부에 대한 지방재정조정제도

	시 · 도비보조금	시 · 군조정교부금	자치구조정교부금
근거 법률	「지방재정법」 제23조 제2항	「지방재정법」 제29조 제1항	「지방재정법」 제29조의2
목적	특정 사업 지원	시 · 군 간의 재정력 격차 조정	자치구 간 재정력 격차 조정
종류	–	일반·특별조정교부금	일반·특별조정교부금
재원	일반회계와 특별회계	• 광역시세와 도세 중 일부 세목의 세수를 제외한 전체 세수의 일정 비율	• 특별시와 광역시의 시세 중 보통세
재원 성격	목적사업에 한정	• 일반조정교부금: 일반 재원 • 특별조정교부금: 용도 지정	• 일반조정교부금: 일반 재원 • 특별조정교부금: 용도 지정

4. 재정분권과 지방재정조정제도의 현황

재정분권의 수준을 측정하는 방법은 매우 다양하게 존재하는 데 비해 그것을 정확하게 측정하는 것은 거의 불가능할 정도로 어렵다(하능식, 2016). Oates(1985)는 재정분권의 수준을 측정하기 위하여 재정분권을 세입분권과 세출분권으로 구분하고 이를 총정부수입 대비 지방정부수입 비율과 총정부지출 대비 지방정부지출 비율로 측정하였다. 이와 같은 세입분권지수와 세출분권지수가 재정분권의 수준을 측정하는 데 가장 일반적으로 사용되고 있다.

OECD 국가의 재정분권 수준을 국제적으로 비교한 OECD & KIPF(2016)에 따르면 세입분권은 평균적으로 19% 수준이며, 세출분권은 33% 수준으로 나타났다. 국가별로 세입분권과 세출분권은 다양하게 나타나고 있는데 그리스의 경우 세입분권(2.8%)과 세출분권(6.69%) 모두 가장 낮은 것으로 나타났으며, 캐나다의 경우 세입분권(54.5%)과 세출분권(69.2%) 모두 가장 높은 것으로 나타났다.

OECD 재정분권 통계자료OECD Fiscal Decentralisation Database를 이용하여 재정

그림 9.2 OECD 국가의 세입분권과 세출분권 수준 (단위: %)

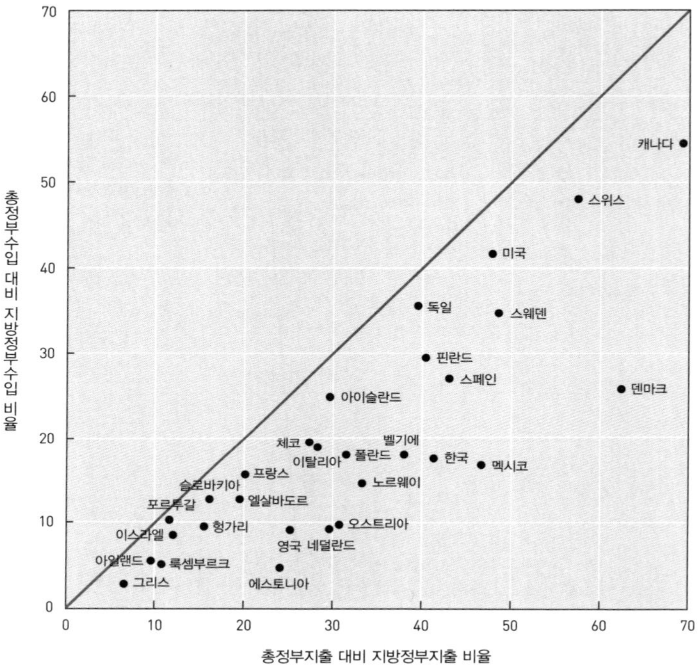

자료: OECD & KIPF(2016)

분권 수준을 측정한 하능식(2016)의 연구에 따르면 2014년도 OECD 국가의 평균 세입분권지수와 세출분권지수는 각각 0.193과 0.329로 나타났는데, 우리나라의 세입분권지수는 조사대상 OECD 국가의 평균보다 낮은 0.170으로, 세출분권지수는 OECD 국가의 평균보다 높은 0.429로 나타났다. 이를 통해 볼 때 우리나라는 OECD 국가 평균에 비해 세입분권은 상대적으로 낮은 반면에 세출분권은 상대적으로 높은 수준임을 알 수 있다.

이와 같이 우리나라는 2014년 현재 세출분권은 0.429 수준인 데 비하여 세입분권은 0.170으로 나타나 다른 OECD 국가들에 비해 상대적으로 재정갭fis-

그림 9.3 OECD 국가의 재정분권 수준(2014년 현재)

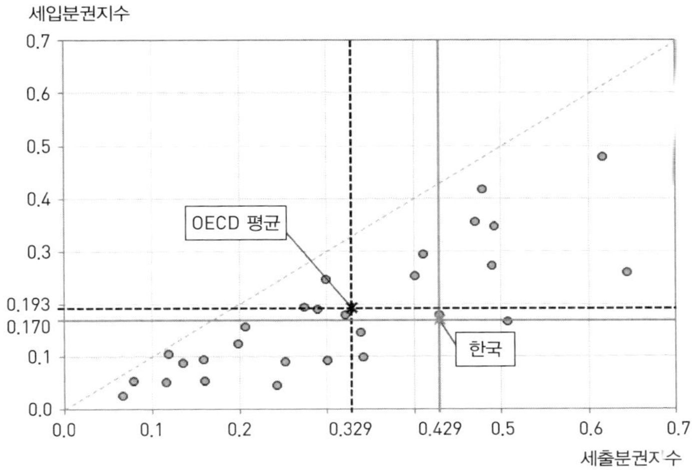

자료: 하능식(2016)

cal gap, 즉 수직적 재정불균형vertical fiscal imbalance이 매우 큰 것으로 나타나 이러한 재정갭을 국고보조금과 지방교부세 등의 지방재정조정제도로 메우고 있다(하능식, 2016).

우리나라에서 수직적 재정불균형 완화를 위하여 주로 사용되는 지방재정조정제도의 현황은 다음과 같다(국회예산정책처, 2017). 먼저 지방교부세는 2017년도의 경우 40.7조 원으로 전년 대비 12.7% 증가하였으며 정부총지출 대비 10.2%를 차지하고 있다.[3] 다음으로 지방교육재정교부금은 2017년도의 경우 42.9조 원으로 전년 대비 4.1% 증가하였으며 정부총지출 대비 10.7%를 차지

3 지방교부세는 2017년도의 경우 내국세 203조 8,500억 원(소방안전교부세 4,367억 원 제외)의 19.24%에 해당하는 39조 2,208억 원, 부동산교부세(종합부동산세) 1조 5,328억 원, 소방안전교부세 4,588억 원에 2015년 내국세 감소에 따른 정산분(-4,810억 원)을 반영하여 40조 7,314억 원에 이르고 있으며, 이 중 보통교부세는 37조 5,775억 원, 특별교부세는 1조 1,622억 원이다(행정자치부, 2017).

하고 있다. 한편 2017년에 한시적으로 처음 도입된 유아교육지원특별회계교부금은 3.9조 원으로 정부총지출 대비 0.9%를 차지하고 있다. 마지막으로 자치단체 국고보조금은 2017년도의 경우 46.4조 원으로 전년 대비 0.9% 증가하였으며 정부총지출 대비 11.6%를 차지하고 있다.

표 9.4 지방재정조정제도 현황(2017년도) (단위: 조 원, %)

구분	2016년	2017년	증감액	증감률
지방이전재원 (a)	123.3	134.0	10.7	8.7
지방교부세	36.1	40.7	4.7	12.7
지방교육재정교부금	41.2	42.9	1.7	4.1
유아교육지원특별회계교부금	-	3.9	3.9	순증
자치단체국고보조금	46.0	46.4	0.4	0.9
정부총지출 (b)	386.4	400.5	14.1	3.6
비중 (a/b)	31.9	33.5		

자료: 국회예산정책처(2017) 수정

표 9.5 2017년도 지방교부세 규모 (단위: 억 원, %)

구분	배분비율	2016년	2017년	증감액	증감률
총 계		361,324	407,314	45,990	12.7
정률분(소계)	내국세의 19.24%	342,720	387,398	44,678	13.0
보통교부세	정률분 중 97%	332,438	375,776	43,338	13.0
특별교부세	정률분 중 3%	10,282	11,622	1,340	13.0
부동산교부세	종합부동산세	14,457	15,328	871	6.0
소방안전교부세	담배개별소비세의 20%	4,147	4,588	441	10.6

자료: 행정자치부(2017)

Ⅲ. 정부간재정관계 재정립을 위한 정책제언

1. 세입분권을 위한 신규 지방세의 확충

앞서 살펴본 2014년도 OECD 재정분권 통계자료와 같이 우리나라는 다른 OECD 국가보다 세입분권 측면에서의 재정분권이 떨어진다고 볼 수 있다. 따라서 재정분권을 강화하고 정부간재정관계 재정립을 위하여 세입분권에 주력하여야 한다. 세입분권을 위해서는 기존 지방세 세목을 대상으로 2015년 현재 93.6%에 달하는 징수율을 제고하는 방안뿐만 아니라 지방세외수입의 확충 등 여러 가지의 방안이 있을 수 있으나 여기서는 신규 지방세를 확충하는 방안에 대하여 제언하고자 한다.

세입분권을 위한 신규 지방세의 확충 방안으로 우선 로봇세robot tax의 도입을 고려해볼 수 있다. 2016년 1월 스위스 다보스에서 열린 세계경제포럼World Economic Forum, WEF에서 Klaus Schwab 교수가 인간과 기계의 잠재력을 획기적으로 향상시키는 사이버-물리시스템을 기반으로 하는 기술혁명을 뜻하는 제4차 산업혁명을 주창하면서 제4차 산업혁명에 대한 논의가 뜨겁다. '극단적 자동화extreme automation'와 '극단적 연결화extreme connectivity'로 특징지어지는(손수정, 2016) 제4차 산업혁명은 20세기 인터넷이 이끈 정보화와 자동화시스템의 제3차 산업혁명을 지나 사물인터넷Internet of Things, IoT과 인공지능Artificial Intelligence, AI, 그리고 로봇기술과 생명공학이 주도하는 혁명이라 할 수 있다. 이와 같은 제4차 산업혁명으로 인하여 로봇이 일상생활에서뿐만 아니라 직장에서도 많이 활용됨으로써 사람들의 일자리를 위협하고 있는 상황에서 논의가 시작된 것이 로봇세이다.[4] 로봇세는 로봇의 사용으로 인한 근로자의 실직 속도

4 로봇세 논쟁은 2016년 유럽의회가 로봇세 도입을 위한 초안작업에 착수하면서 시작되었고, Microsoft 창업자인 Bill Gates가 2017년 2월 미국의 정보기술(IT) 전문지 *Quartz*와의 인터뷰에서 인간과 같은 일을 하는 로봇의 노동에도 세금을 매겨야 한다고 주장하면서 본격화되었다.

를 늦추고 실직자의 재교육 등을 위하여 재원으로 활용하기 위해 로봇을 소유한 사람이나 기업으로부터 걷는 세금이라 할 수 있다. 로봇이 사람의 일자리를 대체하여 생산활동을 하게 되면 이에 대한 이익은 모두 회사가 가지기 때문에 이에 대하여 소득세를 부과한다거나, 로봇을 보유세의 개념으로 파악한다면 재산세를 부과하는 방안을 고려해볼 수 있다.[5] 우리의 현행 지방세목과 관련해서는 지방소득세와 재산세의 형태로 로봇세 도입을 고려해볼 수 있을 것이다.

다음으로 세입분권을 위한 신규 지방세의 확충방안으로 사회복지세 신설을 고려해볼 수 있다. 우리나라 2017년 조세지출액 전망치는 37조 386억 원으로 2016년 잠정치 36조 5,077억 원에 비하여 1.45% 증가한 규모이며, 이를 세출예산 기능별로 살펴보면 산업·중소기업 및 에너지(28.8%), 사회복지(27.9%), 농림수산(13.4%), 보건(11.7%) 분야 순으로 비중이 큰 것으로 나타난다(국회예산정책처, 2017). 산업·중소기업 및 에너지 분야의 조세지출액 비중이 다소 감소 추세에 있는 것과 달리 사회복지 분야의 조세지출액 비중은 증가 추세에 있다. 2016년 국가재정운용계획에 따르면 2016~2020년 동안 총지출 증가율은 2.7%이며, 총지출보다 높은 증가율로 재정규모가 확대되는 분야로 문화·체육·관광 분야(5.7%), 일반·지방행정 분야(4.0%), 보건·복지·고용 분야(3.9%), 국방 분야(3.6%), 교육 분야(3.6%), 공공질서·안전 분야(3.5%) 등을 꼽고 있다. 이와 같이 사회복지에 대한 지출증가로 복지재정에 대한 재원 확보가 중요한 문제가 되고 있다. 지방정부의 복지재정 확충을 위해서 지방소비세율 인상, 최저국민수준national minimum과 관련된 사업의 국고보조율 인상, 차등보조율 상향 등의 방안이 논의되고 있다(김재일 외, 2011). 이와 달리 사회복지에 대한 비용을 충당하기 위하여 목적세로 사회복지세를 신설하는 방안도 최근에

5 로봇세에 대한 반대의 목소리도 많다. 권리와 의무를 가지는 인간과 달리 로봇은 권리와 의무가 없기 때문에 소득세를 부과할 수 없다는 의견도 있으며, 국제로봇연맹(International Federation of Robotics, IFR) 등에서는 로봇세가 경쟁과 고용에 부정적인 충격을 주고 혁신을 저해할 것이라는 이유로 반대하고 있다.

논의되고 있다. 2013년에 시민단체가 제안한 사회복지세는 소득세, 법인세, 상속·증여세, 종합부동산세 등 4개 세목에 20%의 세율을 곱한 세금을 추가로 걷는 것을 주요 골자로 하고 있다(『경향신문』, 2013. 8. 11.). 복지증세, 누진증세, 참여증세, 단일증세 등의 특징을 가지는 사회복지세의 도입으로 연 20조 원에 달하는 복지재정을 조성할 수 있다(오건호, 2014). 이와 같은 사회복지세의 신설을 통하여 법인세 과세표준액에 1～2.2%의 차등세율을 적용하는 지방소득세가 확충될 수 있다.

2. 세입분권을 위한 지방세 비과세 · 감면제도의 개편

다음으로 세입분권을 강화하기 위하여 지방세 비과세·감면제도의 개편이 필요하다. 지방세 비과세·감면제도는 과세권을 가진 국가 또는 지방자치단체가 특정한 정책목적의 달성을 위하여 그 과세권의 행사를 유보하여 납세의무를 완전히 배제하는 '지방세 비과세'와 세부담의 전부 또는 일부를 경감하는 '지방세 감면'을 말한다(문광민·윤성일, 2015). 이와 같은 지방세 비과세와 감면은 지방세지출이라고 하며 국가적 차원에서 정책목표 달성을 위한 조세지출과 동일한 개념이라고 할 수 있다. 우리나라 조세지출tax-expenditure의 유형에는 비과세, 세액감면, 세액공제, 소득공제, 저율과세 등이 있는데, 지방세지출은 비과세와 감면을 주로 활용하고 있어서 지방세지출은 조세지출에 비하여 비교적 단순한 형태를 가지고 있다고 볼 수 있다(엄태호·윤성일, 2014).

2014년 지방세 비과세·감면액은 13조 원으로 2004년의 3조 2,000억 원에 비해 10년 사이 4배 이상 늘었으며, 2014년의 지방세 비과세·감면율은 국세 감면율 14.3%보다 높은 17.4%에 달하고 있다. 이러한 지방정부의 재정상황을 개선하기 위해 정부에서는 2017년까지 지방세 비과세·감면율을 국세 수준인 15%로 축소하는 방안을 내놓았다. 하지만 우리나라의 지방세 비과세·감면제도는 지방정부 스스로가 조례에 따라 실시하는 경우보다는 중앙정부의 정책적 판단에 따라 법률에 의해 이루어지는 경우가 훨씬 많다. 제도분석틀Institutional Analysis and Development Framework, IAD Framework[6]을 사용하여 우리나라의 지방세 비과세·감면제도를 살펴보면 다음과 같다(엄태호·윤성일, 2014). 헌법 수준에서의 제도적 제약으로 인해 중앙정부와 국회는 지방세 비과세와 감면에 있어서 법령 수준에서 지방세 비과세·감면제도, 지방세지출예산제도[7], 감면조례총량제한제도[8], 비과세·감면율제한제도[9] 등을 법령에 규정하였다. 그리고 지방정부는 지방세 비과세와 감면 제도의 시행으로 인하여 직접적으로 영향을 받지만 헌법규정과 법령규정에 따른 제도적 제약으로 인하여 감면조례를 제외한 비과세와 감면에 대하여 설정권한 없이 의무만을 이행해야 하는 상황에 처해 있다. 그리고 「지방세특례제한법」, 「지방세법」, 「조세특례제한법」 등의 법률의 규정에 따라 실시되는 지방세 비과세·감면은 2012 회계연도 기준으로 지방세 비과세·감면액 전체의 98.8%를 차지하고 있는 반면, 지방정부가 자율적으로 정할 수 있는 감면조례에 의한 지방세 비과세·감면액은 2012 회계연도 기준으로 지방세 비과세·감면액 전체의 0.5%밖에 차지하지 않는다.

현재 우리나라의 지방세 비과세·감면제도에서 중앙정부에 의해 법률의 규

6 제도분석틀(IAD Framework)은 사회현상에 관련되어 있는 물리적 조건, 공동체 속성, 규칙 등의 3가지 외생변수가 행위의 장에 유인구조(incentive structure)로서 영향을 미치고, 행위의 장에 있는 행위자들의 끊임없는 상호작용을 통해 결과가 도출되는 것을 보여주는 틀(framework)이다.

7 지방세지출예산제도는 「지방세특례제한법」에 근거하여 지방정부의 장이 지방세 감면 등 지방세 특례에 따른 재정 지원의 직전 회계연도의 실적과 해당 회계연도의 추정 금액에 대한 지방세지출보고서를 작성하여 지방의회에 제출하도록 하는 제도이다.

8 감면조례총량제한제도는 「지방세특례제한법」 제4조 제6항에 근거하여 지방정부가 지방세 감면을 하는 경우에 전전년도 지방세징수결산액에 대통령령으로 정하는 일정 비율을 곱한 규모 이내에서 조례로 정하도록 하는 제도이다. 「지방세특례제한법 시행령」에서는 지방자치단체의 재정 상황 및 지방세 수입 규모 등을 고려하여 100분의 5의 범위에서 행정안전부장관이 정하여 고시하는 비율로 정하도록 하고 있다.

9 비과세·감면율제한제도는 「지방재정법」 제28조의2에 근거하여 행정안전부장관이 해당 연도의 지방세 징수결산액과 지방세 비과세·감면액을 합한 금액에서 지방세 비과세·감면액이 차지하는 비율이 대통령령으로 정하는 비율 이하가 되도록 노력해야 하는 제도를 말한다.

정으로 실시되는 비과세와 감면이 전체의 98.8%를 차지하고, 지방정부의 자체 조례제정으로 실시되는 지방세 감면은 전체의 0.5%밖에 되지 않은 상황에서 지방정부는 지방세 비과세와 감면으로 인한 효과를 직접 받지만 감면을 제외하고 비과세에 있어서는 설정에 대한 권한 없이 지방세지출예산서 작성 등의 의무 이행만을 강요받고 있다고 볼 수 있다. 따라서 재정의 자율성과 독립성을 위한 진정한 재정분권이 이루어지기 위해서는 지방세 비과세·감면의 설정에 있어서 지방정부가 목소리를 낼 수 있도록 제도의 개편이 필요하다. 그리고 중앙정부가 정책적 판단에 따라 지방세 비과세·감면제도를 실시하고 있지만 그 효과가 없다고 판단되는 부분이 있으면 중앙정부에 의한 비과세와 감면을 없애는 것이 필요하다.

그림 9.4 제도분석틀을 이용한 지방세 비과세 · 감면제도의 설명

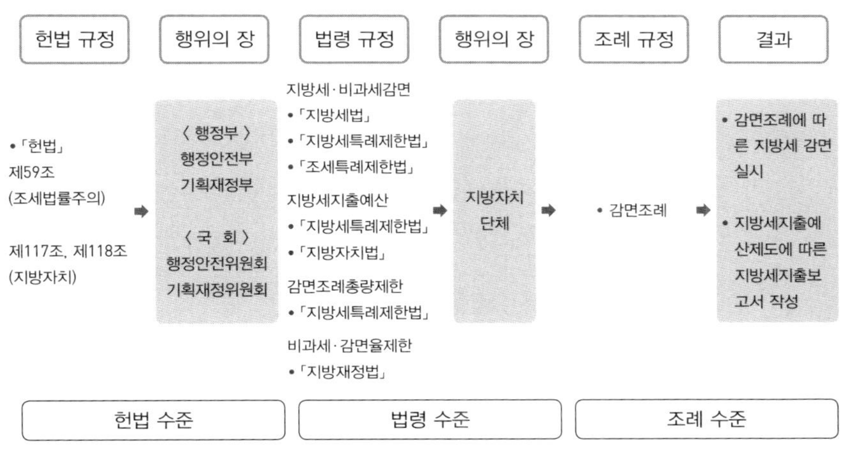

자료: 엄태호·윤성일(2014) 수정

3. 세출분권을 위한 지방재정조정제도의 개선

2014년도 OECD 재정분권 결과와 같이 우리나라는 다른 OECD 국가보다 세출 측면에서의 재정분권 수준은 높다고 볼 수 있다. 하지만 완전한 재정분권이 되기 위해서는 세입분권뿐만 아니라 세출분권에서도 중앙정부와 지방정부 간의 재정관계가 개선되어야 할 것이다. 세출분권의 강화를 위해서 여러 가지 방안이 있겠지만 여기서는 정부간재정관계의 핵심이 되는 지방재정조정제도의 개선 방안에 집중하고자 한다.

세출분권을 위한 지방재정조정제도의 개선 방안으로 다음과 같이 중앙정부의 지방정부에 대한 지방재정조정제도 중에서 국고보조금과 지방교부세 관련 개선 방안을 살펴본 다음, 광역지방자치단체의 기초지방자치단체에 대한 지방재정조정제도 중에서 조정교부금제도 관련 개선 방안을 살펴보기로 한다.

첫째, 세출분권을 위한 국고보조금제도의 개선 방안으로 다음을 들 수 있다(한국지역언론인클럽·한국지방재정학회·한국지방세학회, 2017; 유태현 외, 2017). 먼저 생계급여, 의료급여, 기초연금, 보육료 지원 등과 같이 국민기초생활보장을 위한 4대 기초복지사업은 전액 국비사업(국비보조율 100%)으로 실시하는 것을 고려해 볼 수 있다. 국가 전체적으로 동일한 수준의 복지서비스가 지원되어야 하는 사회안전망 프로그램이 기준보조율과 지방비 부담의 체계로 운영될 경우에는 지방재정의 여건에 따라 정당하게 생활보장 혜택을 받아야 하는 복지서비스 수급권자들의 수급자 지정 여부가 불안정해지는 문제가 발생할 수 있다. 또한 기초복지서비스에 지방비 부담 조건이 부여된 것은 지방정부가 복지 부정수급과 같이 재정관리의 낭비를 방지하려는 행정관리 노력을 유도하기 위한 목적이 있었으나 사회복지서비스와 정보통신기술ICT이 결합되는 현 상황에서는 기초생활보장서비스의 최종 전달을 지방정부가 담당하지 않고 중앙정부가 담당하는 것이 더 효과적일 수 있다.[10] 다음으로 「지방재정법」 제27조의2에 따른

10 예를 들어 보건복지부 산하 사회보장정보원에서 운영하는 '행복e음' 시스템에 복지수급자들의 정보가 집적되어 있고, 수급권자들이 대부분 은행계좌를 이용하기 때문에 각각

지방재정부담심의위원회[11] 운영에 있어서 지방정부의 권한 강화가 필요하다. 지방재정심의위원회는 2011년에 신설될 때에 행정자치부장관을 지방재정심의위원회의 위원장으로 하였으나, 역할이 미흡하다는 지적에 따라 2013년에 국무총리를 위원장으로 하여 그 위상을 격상하였다. 하지만 지방재정부담심의위원회는 지방재정부담 전반에 대하여 심의하는 것이 아니라 소규모 사업의 국고보조율 조정을 하고 있기 때문에 그 기능을 지방재정에 실질적으로 도움이 되는 분권형으로 재설계할 필요가 있다. 지방재정부담심의위원회의 도입 초기에는 지방정부의 재정부담 완화를 위한 논의와 보육료 지원에 있어서 보조율을 인상하는 성과가 있었지만, 최근에는 중앙정부의 국고보조율 인상안 유지를 위한 방편으로 운영되는 경향이 있다. 따라서 지방재정부담심의위원회의 기능을 제대로 발휘하기 위해서는 위원회를 구성할 때 지방정부의 대표성을 강화하며, 지방비 분담 조건을 신설하거나 변경할 때에는 지방정부의 사전동의를 의무화하는 규정을 마련하는 등 지방재정부담심의위원회 운영에 있어서 지방정부의 권한 강화가 필요하다.

둘째, 세출분권을 위한 지방교부세제도의 개선 방안으로 다음을 들 수 있다(한국지역언론인클럽·한국지방재정학회·한국지방세학회, 2017; 유태현 외, 2017). 먼저 무상보육과 기초연금 및 누리사업 등의 대형 국책사업으로 인한 지방정부의 사회복지 관련 재정부담을 완화하기 위하여 현재의 지방교부세 법정률 19.24%를 인상할 필요가 있다. 현행 법정률 19.24%는 2006년에 결정된 이후 그 사이에

의 지방정부에서 복지뱅킹을 수행하는 것보다 중앙정부 차원에서 일괄적으로 수행하는 것이 비용 측면에서 더 효과적일 수 있다.

11 지방재정부담심의위원회는 국무총리 소속으로 두고, 지방정부의 부담을 수반하는 주요 경비에 관한 사항, 국가와 지방정부 간 세목 조정 중 지방재정상 부담이 되는 중요 사항, 국고보조사업의 국가와 지방정부 간, 시·도와 시·군·자치구 간 재원분담비율 조정에 관한 사항, 지방정부 재원분담에 관련된 법령 또는 정책입안 사항 중 행정안전부장관의 요청에 따라 국무총리가 부의하는 사항, 지방세 특례 및 세율조정 등 지방세 수입에 중대한 영향을 미치는 지방세 관계 법령의 제정·개정에 관한 사항 중 행정안전부장관의 요청에 따라 국무총리가 부의하는 사항 등의 지방재정부담에 관한 사항 중 주요 안건을 심의한다.

한 번도 변하지 않아서 중앙정부의 대형 국책사업의 시행으로 인한 지방정부의 재정수요 증가를 반영하지 못하고 있는 실정이다. 따라서 지방교부세율을 인상하여 사회복지와 지역개발 등 지방정부 역할 강화에 따른 재원보전이 필요하다. 다음으로 안정적인 재원보전을 위해 보통교부세 최소수준보장제의 도입이 필요하다. 보통교부세 산정에 있어서 보통교부세 총액이 재정부족액을 완전히 충족하지 못하므로 이를 조정하는 조정률[12]을 적용하고 있다. 2016년 현재 조정률은 89.7%로 재원부족액 전액을 보전하는 것이 아니라 89.7%만을 보전하고 있어서 지방정부의 안정적인 재원보전을 위협하고 있다. 따라서 보통교부세 최소수준 보장을 위하여 확정률 방식의 조정률제도를 도입하여, 예를 들어 85%와 같은 일정 수준의 조정률을 최저 기준으로 설정한 다음, 보통교부세의 배분 규모가 이보다 작을 경우 국가예비비로 보전하는 방식을 채택할 필요가 있다. 또한 지방교부세 배분의 예측가능성을 제고하기 위해서 호주에서 사용하고 있는 방식과 같이 3개년 평균 통계를 사용하여 재원을 배분하거나, 특정 연도에 산정한 해당 지방정부의 지방교부세 점유 비율을 일정 3년에서 5년간 동일하게 적용하여 지방교부세 배분에 있어서 예측가능성을 강화하는 방안을 고려할 필요가 있다. 그리고 지방정부의 지방세 징수율 제고, 지방세 체납액 축소, 세외수입 체납액 축소 등 세입 확충 자체 노력을 강화하기 위하여 지방교부세 배분 과정에서 활용되고 있는 인센티브 재원을 별도로 분리하여 성과 인센티브로 지급하는 방안을 고려할 필요가 있다.

셋째, 세출분권을 위한 조정교부금제도의 개선 방안이다. 조정교부금제도가 시·군 간의 수평적 형평성 달성을 위한 제도 본래의 취지를 달성하기 위하여, 제도 개편에 따라 지방정부에 미치는 영향을 다각도로 분석하고, 제도의 실제 당사자가 되는 지방정부의 의견을 반영하는 점진적인 제도 개선이 필요하다. 2016년 4월 '2016년 국가재정전략회의'에서 행정자치부가 자치단체 간 재정 형평성 및 건전성 강화를 목적으로 한 지방재정개혁의 일환으로 조정교부금 배분방식을 인구수 50%, 징수실적 30%, 재정력지수 20%에서 인구수

12 조정률은 보통교부세 총액을 재정부족액 총액으로 나누어 구한다.

50%, 징수실적 20%, 재정력 지수 30%로 바꾸고, 보통교부세 불교부단체에 대한 우선배분 규정을 폐지하여 시·군간 재정격차를 완화하는 것을 주요 골자로 하는 제도 개편안을 발표하면서 지방정부와 심한 갈등을 빚었다(황소하, 2016).[13] 특히 그간 지방교부세 불교부단체였던 수원시, 고양시, 성남시, 용인시, 과천시, 화성시 등 경기도 내 6개 기초지방자치단체의 반발이 심하였다. 그 이유는 지방교부세 불교부단체에 대하여 재원조성에 기여한 금액의 90%를 우선 배분하도록 하는 경기도의 조례에 따라 그동안 받아오던 조정교부금이 제도가 개편됨으로 인해 감소될 상황에 처했기 때문이다. 지방정부의 입장에서 보면 중앙정부의 정책[14]에 따라 특별재정보전금제도가 폐지되면서 조례에 따라 자율적으로 지방교부세 불교부단체에 우선 배분하고 있었는데 상위 법령의 개편으로 조정교부금이 감소되기 때문에 극심한 반발은 당연한 것이다. 광역지방자치단체가 기초지방자치단체로 배분하는 조정교부금이 달라지면, 중앙정부가 지방정부로 배분하는 지방교부세도 달라져서 지방교부세 불교부단체가 교부단체로 바뀌기도 한다.[15] 그렇기 때문에 조정교부금제도의 개편에 있어서는 지방자치의 본질과 독립성을 보장하고 지방재정 확충과 격차 해소에 도움이 되는 방안들에 대하여 다양한 측면에서 분석하고, 이에 영향을 받는 지방정부의 의견을 충분히 반영하는 것이 필요하다.

---

13 행정자치부는 2016년 8월 「지방재정법 시행령」 개정에서 지방교부세 불교부단체의 재정충격을 감안하여 우선배분비율을 2017년에는 재원조성 기여금액의 80%, 2018년에는 70%로 단계적으로 감소시키고, 2019년에는 완전 폐지하도록 하였다.

14 2013년 개정 「지방재정법 시행령」 에 따라 보통교부세 불교부단체의 재정결함을 보전하는 특별재정보전금제도를 폐지하는 대신에 불교부단체 중 일반조정교부금 배분 규모가 조정교부금 재원 조성에 기여한 금액보다 작은 경우 시·도 조례가 정하는 금액을 해당 단체에 우선하여 배분할 수 있도록 제도를 변경하였고, 이에 따라 경기도는 재원 조성에 기여한 금액의 90%를 불교부단체에 우선 배분하도록 조례를 제정하였다(황소하, 2016).

15 2017년 보통교부세 교부결정 내역에 따르면 지방교부세 교부단체였던 경기도가 불교부단체로 바뀌었으며, 불교부단체였던 고양시와 과천시는 교부단체로 바뀌어 각각 1,152억 원과 353억 원을 지원받게 되었다. 수원시는 2017년 조정교부금이 2016 회계연도 결산기준으로 253억 원이 줄어들었으며, 용인시와 성남시도 각각 198억 원, 260억 원이 줄어들어 지방재정 개편에 따른 영향을 많이 받고 있다.

4. 세출의 효율성을 위한 주민참여예산제도의 강화

마지막으로 세출의 효율성을 위한 방안으로 주민참여예산제도의 강화를 들 수 있다. 근대 예산제도는 의회의 과세동의권의 확립으로부터 시작하여 시빌리스트civil list 제도와 통합기금법Consolidated Fund Act 등에 의한 세출에 대한 통제권, 그리고 행정부제출예산제도executive budget system와 회계검사제도로 성립되었다. 이 중 주민참여예산제도participatory budgeting는 기존의 행정부제출예산제도하에서 폐쇄적이며 관료적으로 운영되던 예산편성 과정에서 주민들이 직접 참여하여 주민들이 원하는 지방공공재local public goods의 배분을 결정하는 것이라 할 수 있다(윤성일·성시경·임동완, 2014).

주민참여예산제도는 지방정부에 대하여 사후에 실시하는 예산감시가 아니라 예산편성 과정에서부터 지역주민의 직접적인 참여를 통해 주민이 원하는 지역사회의 사업을 제안하여 민주성을 증대하고, 그 집행 과정의 투명성을 보장하기 위한 제도라 할 수 있다(윤성일·임동완, 2016). 이와 같은 주민참여예산제도를 통해 지역주민들은 자신들이 원하는 지방공공재에 대한 수요를 표출할 수 있고, 이에 대한 공적인 토론을 거쳐 지방정부의 예산으로 편성하기 때문에 세출의 효율성efficiency을 제고하고, 궁극적으로 재정민주주의fiscal democracy를 구현할 수 있다.

주민참여예산제도의 핵심 개념을 다음과 같이 '주민', '참여', 그리고 '예산'으로 구분하여 살펴보자. 먼저 '주민'과 관련해서 주민참여예산제도에서 말하는 주민은 일반적으로 「지방자치법」에서 규정하는 주민보다 넓은 개념이라고 할 수 있다. 「지방자치법」 제12조에서는 주민의 자격을 "지방자치단체의 구역 안에 주소를 가진 자"로 규정하고 있는 반면에 주민참여예산제도의 근거 규정인 「지방재정법」 제39조에서는 주민에 대하여 규정을 내리고 있지 않지만 지방자치단체의 「주민참여예산제도 운영조례」를 살펴보면 대개의 경우 해당 지방자치단체에 거주하는 사람뿐만 아니라 근무하는 사람도 포함하고 있다. 한편 서울특별시 서대문구의 경우 이에 더하여 공부하고 있거나 활동하는 사람까지도 주민에 포함하여 주민을 넓게 정의하고 있다.[16] 하지만 공무원과 산하 출연기관이나 투자기관 종사자의 경우 주민참여예산제도에 동원될 우려가 있기 때문에 서울특별시에서는 이들을 주민에서 제외하고 있다.[17]

다음으로 '참여'와 관련해서 주민참여예산제도는 참여의 수준과 참여의 시점으로 유형화하면 사전적이고 적극적(직접) 참여에 해당한다(곽채기, 2005). 따라서 주민참여예산제도는 주민소송제도, 주민감사청구제도, 정보공개청구, 주민참여예산제도가 실시되기 이전에 주로 실시한 예산감시운동[18]과 같이 사후적이고 적극적(직접) 참여와 다르며, 결산정보공개와 같이 사후적이고 소극적(간접) 참여와도 다르고 예산편성안 공개와 같이 사전적이고 소극적(간접) 참여와도 다르다.

마지막으로 '예산'과 관련해서 주민참여예산제도를 통하여 주민들이 참여할 수 있는 예산의 범위는 지방정부의 실정에 맞게 다양하게 규정하고 있다. 「지방재정법」 제39조에서는 지방예산 편성 과정에 주민이 참여할 수 절차를 대통령령으로 정하게 하고 있으며,[19] 「지방재정법 시행령」 제46조 제3항에서는 주민참여예산의 범위와 주민의견 수렴에 관한 절차와 운영방법 등 구체적인 사항은 지방자치단체의 조례로 정하도록 하고 있다. 지방자치단체의 「주

16 서울특별시 서대문구 주민참여예산제도에서 주민이란 서대문구에 거주하거나, 일하거나, 배우거나, 활동하는 모든 사람을 말한다(「서울특별시 서대문구 주민참여예산제 운영 조례」 제2조).

17 서울특별시 주민참여예산제도에서 주민이란 서울특별시에 주소를 두고 있는 자, 시 관할지역에 소재한 기관에 근무하는 자, 시에 영업소의 본점 또는 지점을 둔 사업체의 대표자 또는 임·직원, 시 소재 「초등교육법」과 「고등교육법」상의 학교 재학생과 이에 동등한 자격을 갖춘 자를 말하나, 서울특별시와 자치구의 공무원 및 산하 출연기관이나 투자기관에 종사하는 자는 주민에서 제외한다(「서울특별시 주민참여예산제 운영 조례」 제2조).

18 시민사회의 예산감시운동은 복지단체의 복지예산, 환경단체의 환경 관련 예산, 문화단체의 문화 관련 예산 등과 같이 여러 분야로 특화되었지만 사후에 문제를 제기하는 사후적 예산참여운동으로 운영되었다(나중식, 2005).

19 지방예산 편성 과정에 주민이 참여할 수 있는 방법은 주요 사업에 대한 공청회 또는 간담회, 주요 사업에 대한 서면 또는 인터넷 설문조사, 사업공모, 그 밖에 주민의견 수렴에 적합하다고 인정하여 조례로 정하는 방법 등이다(「지방재정법 시행령」 제46조 제1항).

민참여예산제도 운영조례」를 살펴보면 주민참여예산의 적용 범위는 자체사업 본예산(인건비·법적경비·경상경비)을 대상으로 하는 지방자치단체(시흥시, 임실군 등), 당초 예산의 일반회계(법정경비 등은 제외)를 대상으로 하고 있는 지방자치단체(대구광역시 북구 등), 일반 및 특별회계 예산으로 익년도 본예산과 당해 연도 추가경정예산을 대상으로 하고 있는 지방자치단체(함평군 등), 해당 연도의 전체 예산(인건비 및 법정경비)을 대상으로 하는 지방자치단체(인천광역시, 경기도, 전라북도, 인천광역시 연수구, 부산광역시 동구·서구·북구·영도구·부산진구 등), 해당 연도 전체 예산과 기금을 대상으로 하는 지방자치단체(서울특별시와 서울특별시 강남구, 대구광역시 등), 주민 다수의 복리증진 및 지역발전을 위한 사업(인건비와 법정경비는 제외), 예산절감방안 및 세입증대에 관한 사항, 그 밖에 주민참여예산의 발전방향에 대한 사항을 대상으로 하는 지방자치단체(장성군, 영암군 등), 그리고 중기지방재정계획, 투·융자심사사업 등 주요 사업에 대한 의견 제출을 할 수 있는 지방자치단체(인천광역시 서구·부평구, 안산시 등) 등과 같이 지방자치단체마다 자기의 상황에 맞게 다르게 규정하고 있다.

이와 같이 주민참여예산제도는 2003년 광주광역시 북구에서 처음 도입된 이후 다른 지방정부로 확산되면서 그 운영 형태도 다양하게 나타나고 있다.[20] 하지만 형식적 운영이 아닌 주민참여예산제도의 취지를 살려서 운영하고 있는 지방정부는 그리 많지 않다. 우리나라 지방정부에서 운영하고 있는 주민참여예산제도의 유형화를 시도한 최근의 연구에 따르면 참여의 수준이 가장 높은 형태라 할 수 있는 권한위임형delegated power type 주민참여예산제도를 도입하고 있는 지방정부는 전체 243개 지방정부의 약 2.9%에 해당하는 7개로 나타났다(윤성일·임동완, 2016).[21] 사업박람회project expo와 모바일 투표mobile voting 등

---

20 주민참여예산제도는 1989년에 브라질의 포르투 알레그레(Porto Alegre) 시에서 처음으로 실시된 이후 브라질을 비롯한 남미 지역을 중심으로 활성화되다가 1990년대 중반 이후 전 세계로 확산되고 있다(엄태호·윤성일, 2013).

21 윤성일·임동완(2016)은 우리나라 지방정부에서 현재 운영되고 있는 주민참여예산제도를 참여 기구와 참여 수준에 따라 의견제시형 주민참여예산제도, 위원회형 주민참여예산제도, 지역회의형 주민참여예산제도, 민관협의형 주민참여예산제도, 권한위임형 주

을 통한 주민투표로 지방공공재에 대한 선호를 결정하는 권한위임형 주민참여예산제도를 도입하고 있는 지방정부가 많지 않은 것은 우리나라에서 주민참여예산제도가 그 취지를 살려서 제대로 운영되지 않고 있다는 것을 말해준다. 따라서 세출의 효율성을 제고하고 재정민주주의를 구현하기 위하여 주민참여예산제도의 운영에 있어서 모바일 투표를 더욱 확대할 필요가 있다. 최근의 정보통신기술Information and Communication Technology의 발달과 제4차 산업혁명으로 인하여 모바일 투표를 활용할 수 있는 환경이 확대되고 있다. 스마트폰 애플리케이션의 개발로 인하여 주민참여예산제도를 통하여 제안된 사업의 결정에 있어서 주민참여예산위원뿐만 아니라 지역의 일반 주민들도 현장 투표소에 가지 않고도 스마트폰으로 투표에 참여할 수 있다. 이와 같은 모바일 투표를 활용하여 지역주민들이 선호하는 지방공공재가 결정되어 세출의 효율성을 제고할 수 있도록 주민참여예산제도가 운영되어야 할 것이다.

Ⅳ. 결론

본 장은 바람직한 미래 정부의 모습 중에서 중앙정부와 지방정부와의 관계에 집중하여 지방정부가 중앙정부와의 재정관계에 있어서 자율성과 독립성을 제고하는 재정분권과 지역주민의 참여 강화를 위한 정책제언을 목적으로 하고 있다. 이를 위하여 재정분권과 정부간재정관계, 그리고 정부지원금제도와 지방재정조정제도에 대하여 알아보고, 정부간재정관계 재정립을 위한 정책제언을 세입 측면과 세출 측면으로 나누어 살펴보았다.

본 장의 주요 내용은 다음과 같다. 재정분권은 중앙정부의 권한뿐만 아니

민참여예산제도로 유형화하였다.

라 재정권한까지 지방으로 이양하는 것으로 지방자치를 위한 핵심 요소라 할 수 있다. 재정분권의 진행에 따라 정부간재정관계가 더욱 중요해지고 있는데 정부간재정관계의 형태는 정부지원금의 형태로 나타난다. 현재 우리나라의 지방재정조정제도는 중앙정부가 지방정부에 대해 실시하는 국고보조금, 지방교부세, 지방교육재정교부금, 유아교육지원특별회계교부금 등이 있고, 광역지방자치단체가 기초지방자치단체에 대해 실시하는 시·도비보조금, 시·군조정교부금, 자치구조정교부금 등이 있다. 한편 우리나라 재정분권의 현황을 살펴보면, 2014년도 OECD 재정분권 통계자료 기준으로 우리나라는 다른 OECD 국가보다 세출분권 측면보다는 세입분권 측면에서의 재정분권이 떨어진다고 볼 수 있으므로 세입분권에 더욱 주력해야 할 것이다. 정부간재정관계 재정립을 위한 정책제언 가운데 먼저 세입분권을 위한 신규 지방세의 확충으로, 제4차 산업혁명에 따른 로봇세와 복지수요 증대에 따른 사회복지세 신설을 제안하였다. 다음으로 세입분권을 위한 지방세 비과세·감면의 개편으로, 지방세 비과세·감면의 설정에 있어서 지방정부의 제도적 참여와 정책적 효과가 미미한 비과세·감면의 축소를 제안하였다. 다음으로 세출분권을 위한 지방재정조정제도의 개선 중 국고보조금제도의 개선 방안으로, 국민기초생활보장을 위한 4대 기초복지사업의 전액 국비사업 실시와 지방재정부담심의위원회 운영에서 지방정부의 권한 강화를 제안하였다. 그리고 지방교부세제도의 개선 방안으로 현행 지방교부세율의 인상과 보통교부세 최소수준보장제의 도입 등을 제안하였다. 또한 조정교부금제도의 개선 방안으로, 지방자치의 본질과 독립성을 보장하고 지방재정 확충과 격차 해소에 도움이 되는 방안들에 대하여 다양한 측면에서 분석하고, 영향을 받는 지방정부의 제도적 참여 보장을 제안하였다. 마지막으로 세출의 효율성을 위한 주민참여예산제도의 강화 방안으로, 주민의 직접참여를 강화하고 재정민주주의를 구현하기 위하여 주민참여예산제도의 운영에 있어서 모바일 투표의 확대를 제안하였다.

바람직한 미래 정부의 모습은 지방정부가 재정권한 행사에 있어서 자율성과 독립성을 가지고 지역주민들이 선호하는 지방공공재를 스스로 공급할 수 있어야 할 것이다. OECD 국가들에 비해 우리나라는 세입 측면의 재정분권이 상대적으로 약하기 때문에 현재의 국세와 지방세의 7.5대 2.5의 비중을 고쳐서 지방세의 확대를 주장할 수 있다. 본 장에서도 로봇세와 사회복지세 신설을 세입 측면의 분권화를 위한 방안으로 제시하였다. 하지만 문제는 그렇게 간단하지가 않다. 세입분권을 위하여 국세를 줄이고 지방세를 확대하면 오히려 지방정부들 간에 빈익빈 부익부 현상이 더 심화될 수 있어서 이에 따른 수직적 재정불균형과 수평적 재정불균형을 완화시킬 수 있는 지방재정조정제도의 개선이 뒤따라야 하기 때문이다. 따라서 정부간재정관계에 대하여 개선 방안을 모색할 때에는 세입과 세출 측면에서 정부간재정관계를 구성하고 있는 다양한 제도들을 통합적으로 분석하여야 할 것이다.

제10장

국제관계와 한국 행정의 과거, 현재 및 미래

* 구민교(서울대학교 행정대학원 교수)

본 장은 저자의 「국제환경과 한국행정」(서울대학교 행정대학원 편. 『한국행정의 역사적 분석: 1948-2012』. 파주: 박영사. (근간))을 바탕으로 수정 및 보완한 것이다.

Shaping Government in the Future Society

Ⅰ. 서론

한국의 행정은 변화하는 국제사회의 패러다임에 대하여 수용 및 변용의 태도를 번갈아 취해가며 발전의 동력을 마련해왔다. 1948년 대한민국 정부수립 이후 냉전이라는 국제정치적인 틀 속에서 한국의 행정은 그 어떤 국제정치적 요인보다도 미국의 동아시아 안보 패러다임의 지대한 영향을 받아왔다. 미국은 지정학적 요충지인 동아시아, 특히 한반도에 대하여 전략적으로 경제 및 안보 정책을 펼쳐왔다. 이러한 미국의 정책은 역사적으로 안보와 무역이라는 두 가지 큰 축을 형성하였는데, 때로는 양자를 결합시키거나 분리시키는 정책을 취함으로써 동아시아의 정치경제 및 행정 전반에 영향을 미쳤다. 한국의 행정도 이와 동일한 맥락에서 제도, 조직 및 정책적 측면의 성숙과 발전을 꾀하였다.

한국전쟁 이후 한국의 행정은 미국을 중심으로 한 선진국들로부터 차관을 도입함으로써 성장의 발판을 마련하였다. 전쟁 후 재건사업의 일환으로 시작된 한국의 경제발전은 초기에는 미국의 원조가 주를 이루었다. 그러나 1960년대 들어 미국의 대對한국 원조정책이 변화되고 궁극적으로 중단되자 당시 박정희 정부는 국내의 많은 반대에도 불구하고 한일관계를 개선시켜 이를 경제발전의 지렛대로 삼고자 하였다. 비록 순탄한 과정은 아니었으나 일제강점기에 한국이 입은 피해에 대한 배상 차원에서 협의된 대일청구권 자금의 도입은 경공업 중심 초기 산업화의 초석을 다지는 데 기여하였다.

또한 1960년대 중반 월남전의 확산에 따라 미국은 한국에 파병을 요청하였고, 그에 대한 대가로 한국 정부에 막대한 원조를 제공하였다. 이러한 외자유치를 통해 한국은 국가 주도의 경제개발5개년계획을 수립하여 추진하였고 사회간접자본을 마련함으로써 산업발전의 근간을 공고히 하였다. 이후 한국은 수출주도형 경제개발정책을 추진하는 한편 국내의 유치산업을 보호하는 중상주의 국가mercantilist state 또는 발전국가developmental state의 전형으로 평가되었다(Johnson, 1982; Woo-Cumings, 1999).

그러나 1990년대 후반 아시아 외환 및 금융 위기를 거치면서 한국은 전방위적인 신자유주의 압력에 직면하게 되었다. 특히 금융시장 자유화와 동시다발적으로 진행된 무역자유화를 계기로 한국은 국제사회의 패러다임에서 경제문제가 안보 상황에 언제나 종속되지 않는다는 점을 분명히 인식하게 되었다. 외환위기는 국내의 경제주체들에게 많은 고통을 안겨주었음에도 불구하고 사회 전반적으로 냉혹한 국제경제의 현실에 눈을 뜨게 하는 계기가 되었다. 국내의 행정 분야도 마찬가지였다. 정치적 구호로서의 '세계화'는 1990년대 초부터 시작되었지만, 실질적인 의미에서 국내 행정의 세계화 계기가 마련된 것은 1990년대 후반이었다고 해도 과언이 아니다.

한국 행정의 발전을 분석한 기존 연구들은 주로 국내 정치경제적 또는 사회역사적 시각에서 행정의 발전을 인식해왔다. 물론 서구 근대화론에 이론적 토대를 둔 발전행정적 차원에서의 일부 노력이 없었던 것은 아니다. 이는 일종의 모방전략으로서, 선진국의 경제발전 경험이 개발도상국들에게 그대로 투영될 수 있다고 보았다. 그럼에도 불구하고 국제정치라는 체제적 맥락에서 한국 행정의 동태적 적응과정을 분석한 연구는 상대적으로 제한적으로 진행되어 왔다. 이러한 문제의식에 비추어볼 때 본 장은 한국 행정의 발전양태를 국제 안보 패러다임의 시각에서 분석한다는 점에서 의의를 찾을 수 있다.

본 장은 미국을 중심으로 한 국제사회의 안보 패러다임의 변화가 한국의 산업화 및 행정의 제도적 발전에 미친 영향을 시기별로 분석한다. 특히 한국 정부가 성장의 동학으로서 안보 및 무역 체제를 형성하는 과정에서 미국의 대동아시아 안보 및 무역 정책의 결합이 어떤 역할을 수행했는지에 초점을 맞춘다. 나아가 2000년대 이후 안보 개념의 재편이 향후 한국 행정의 발전에 주는 함의에 관해서 고찰한다. 이를 위해 미국의 대동아시아 안보정책에 따라 냉전 시기의 안보화securitization, 탈냉전기의 탈안보화desecuritization, 2001년 9·11 테러 사건 이후의 재안보화resecuritization 시기를 구분한다. 이하에서는 각 시기별 안보의 개념에 비추어 한국 행정 발전의 추이를 조직, 제도 및 산업화의 측면에서 살펴본 후 미래 정부의 역할에 대해 고찰한다.

Ⅱ. 냉전 시기의 안보화securitization: 1953~1991년

1. '안보화'의 의의

한국전쟁 이후 1989년 베를린 장벽이 무너지고 1991년 구소련 체제가 와해될 때까지 지속된 냉전 당시 가장 중요한 문제는 안보였다. 특히, 미국과 소련의 직접적인 충돌은 없었으나 한국전쟁이나 월남전 등과 같이 미소의 대리전 양상을 띤 국지전들이 발발하는 등 동아시아 지역에서는 국제적 및 지역적으로 불확실성과 경쟁이 만날 때 안보문제가 발생하였다.

1951년 연합국과 일본 사이의 샌프란시스코강화조약으로 성문화된 샌프란시스코 체제는 동아시아 국가들에게 양자주의와 다자주의의 독특한 제도적 혼합을 제공했다. 안보가 포함된 경제적 안정성을 추구하는 과정에서 동 체제는 미국의 동아시아 동맹국들에게 미국과의 양자간 안보 동맹의 대가로 미국 시장에의 자유로운 접근을 허용하였다. 일본, 한국, 필리핀, 월남, 괌에 주둔해 있는 거대한 미군 병력과 함께 이와 같은 양자간 안보조약들은 미국이 동아시아에서 공산주의의 확산을 막기 위해 취한 '바퀴통-바퀴살hub-and-spokes' 전략의 근간이 되었다. 미국은 또한 동아시아 국가들에게 좀 더 넓은 범위에서의 다자간 경제와 안보의 장에 참여할 것을 장려했다. 무역의 예로는 관세

및무역에관한일반협정GATT이, 화폐·금융의 예로는 국제통화기금IMF이, 안보의 예로는 국제연합UN이 있는데, 이들 모두 미국의 패권에 의해 유지되었다(Koo, 2011: 43).

미국은 이러한 경제 및 안보 기구의 제도화가 결국 미국의 전략적 이익에 도움이 된다고 여겼기 때문에 기꺼이 국제사회에 공공재를 제공하려 했다. 그러나 동시에 미국은 자국의 이익을 넓게, 그리고 충분히 포괄적인 방식으로 정의하여 다른 국가들이 정당한 절차와 법규의 중요성을 강조하는 시각에 동의하도록 유도하였다. 대부분의 동아시아 국가들에게 비교적 유익한 것으로 드러난 이 샌프란시스코 체제로 인해 동아시아 국가들은 냉전이 끝날 때까지 다자적 역내 경제 및 안보 협정을 맺을 특별한 이유를 찾지 못했다(Koo, 2011: 44).

이와 같은 미국의 안보화 정책기조, 특히 케네디 행정부의 유연한 안보화 전략 개념은 민주주의적 가치 차원에서의 결함에도 불구하고 1961년 5·16 군사쿠데타로 정권을 잡은 박정희 행정부에 대한 관대한 태도로 나타났다. 미국이 이렇게 결정한 배경에는 바로 케네디 행정부의 대미 우호적 국가발전전략, 즉 제3세계의 근대화 전략이라는 목표가 있었다. 근대화 이론에 의하여 케네디 행정부는 한국에서 궁극적으로 민주주의가 실현되어야 하지만 당장 공산주의 세력의 위협에 대처하기 위해서는 경제발전을 통한 근대화가 선행되어야 하며, 그러기 위해서는 덜 민주적이더라도 좀 더 효율적인 정부가 이러한 목표에 적합하다고 본 것이었다. 케네디 행정부는 한국에서 이러한 목표를 달성하기 위하여 박정희 정권을 상대로 각종 군사·경제적 원조를 제공하였다. 이 과정에서 미국은 남한의 정치·군사·경제·사회 등 각 부문에 걸쳐 때로는 압력을 가하기도 하고 때로는 설득을 하기도 하면서 긴밀한 협력관계를 유지하였다(장준갑, 2007: 133-134).

2. 미국의 원조가 한국의 산업화 및 행정에 미친 영향

원조는 해방 이후부터 1970년 미국의 원조지원 대상국에서 한국이 제외되기 전까지 물자와 외화부족 문제를 완화시켜 줌으로써 한국의 경제성장에서 매우 중요한 역할을 했다. 특히 1950년대 말까지는 유일한 외자도입 창구로 경제부흥에 기여하였다. 한국에 대한 원조는 도입의 시기적 특성과 대내외 여건으로 보아 해방 직후부터 1960년까지와 능동적인 외자유치를 도모하기 시작한 1960년대 이후의 경제개발계획 기간의 둘로 나눌 수 있다. 해방 직후부터 1960년까지의 원조는 다시 1945년~6·25 전쟁, 6·25 전쟁 기간, 전후 복구 기간의 세 단계로 나누어 볼 수 있다(이연호, 2007). 정부수립 직후인 1948년 12월 체결된 「대한민국과 미합중국간의 원조협정」에는 원조제공을 전제로 한국 정부가 미국의 의도대로 경제정책을 수행해야 한다는 점이 분명히 규정되어 있었다. 균형예산의 실시, 경제적 안정 달성을 위한 통화 및 신용의 통제, 외국환거래의 관리 및 외국무역통제제도의 실시, 환율의 설정, 배급제도의 실시, 외국인 투자 및 영업활동의 허용 등 대한민국 정부가 경제를 급속히 강화 및 안정시키기 위한 구체적인 방안들이 열거되어 있었다. 이런 개별 정책들은 결국 통화긴축에 의한 재정안정과 경제안정 정책이며 전후 미국이 서구와 일본에 대해서 요구하였던 것과 같은 것이었다. 당시 미국의 원조는 막대한 양의 원조가 지니는 직접적인 영향만이 아니라 원조의 운용을 둘러싼 제반 정책이 경제구조에 영향을 미쳤다(한공택, 1997: 221-224).

1960년대에 접어들면서 한국의 대외경제협력은 일대 전환점을 맞게 되었다. 그것은 수동적인 원조에서 능동적인 외자유치활동으로 접어들었기 때문이다. 1950년대 전쟁과 전후 복구사업을 비롯해 마셜 플랜 등 각종 원조를 전담한 미국은 1960년대에 들어서면서 자본주의 진영의 리더로서 원조의 한계성을 인식하였다. 서독, 일본 등 피원조국의 자립경제 확립, 그리고 여타 선진국들의 대외경제협력을 위한 여력이 축적되자 미국은 경제협력의 기본 정책을 전환하였다. 무엇보다 경제원조와 군사원조를 명확하게 분리하였다. 특히 증여 형식의 원조를 지양하고 개발차관으로 전환토록 하는 기본방침을 세웠다. 이에 따라 미국의 대한국 원조는 1962년부터 국제개발처Agency for International Development, AID 원조가 주축을 이루게 되었다. 그러나 1970년 5월 국제개발처 비계획원조 1,000만 달러를 마지막으로 한국은 이스라엘과 대만에 이어 미국의 24번째 원조지원 종료국이 되었다. 다음 해인 1971년 미공법 제480호에 의한 잉여농산물 2,500만 달러의 추가원조를 마지막으로 한국의 원조시대는 막을 내리게 되었다(이연호, 2007).

박정희 정권이 대외지향적 산업화 전략을 선택하게 된 배경에는 무엇보다 미국의 안보화 전략이 있다. 1960년대 동아시아에서 미국의 안보화 전략은 첫째, 상시적인 불안정과 평화 위협에 대한 지속적 대응 노력, 둘째, 아시아의 생존력과 힘을 건설하는 것으로 요약된다. 전자는 기본적으로 군사적인 문제로서 미국의 동맹국들과 양자간 혹은 다자간 안보협정의 강화와 군사원조 실시이고, 후자는 좀 더 장기적인 정치경제적 문제로서 경제성장과 정치안정을 추구하는 국가의 민족건설 지원 등이다. 이와 같은 정책은 원조정책에 그대로 반영되었다(류상영, 1996: 160-162).

원조량 및 원조 제공 시기에 대한 미국의 의사는 수혜 당사자인 박정희 정권에게 매우 결정적인 정치경제적 압력 효과를 가져왔다. 미국은 대한경제원조에 뚜렷한 두 가지의 정책방향을 갖고 있었다. 하나는, 한국의 경제발전은 그 자체가 목적이면서 궁극적으로는 한국의 군사안보에도 도움이 되며, 나아가 동북아시아에 있어서 미국의 국가적 위신 유지라는 정책목표 실현으로 연결되어야 한다는 점이다. 다른 하나는, 경제원조 제공의 전제조건으로 경제원조의 효과를 극대화하는 데 필요한 한국의 정치적 경제적 개혁조치를 요구하고, 궁극적으로 미국의 비용을 최소화하는 방법을 모색한다는 점이었다. 그럼에도 불구하고 박정희 정권은 미국과의 관계에 있어서 강한 협상력을 가질 수 있었다. 그 이유 중의 하나는 냉전구조 속에 위치한 한반도의 지정학적 현실이었다. 미국은 한국을 동아시아의 반공보루로 강화하고자 했고, 한국은 스스로 군사적 안보를 중시하면서도 이러한 자국의 전략적 성격을 활용하여 미국으로부터 많은 군사적 및 경제적 원조를 얻어낼 수 있었던 것이다(류상영, 1996: 163-164).

3. 한일수교가 한국의 산업화와 행정에 미친 영향

1960년대 들어 미국의 대한국 원조정책이 변화되고 궁극적으로 중단될 기미를 보이자 산업화를 위한 자금 확보에 고심하던 박정희 정부는 격렬한 국내적 반대에도 불구하고 한일 정상화를 추진하였다. 비록 순탄한 과정은 아니었으나 1965년 한일 국교정상화의 결과로 도입된 대일청구권 자금은 초기 산업화의 초석을 다지는 데 기여하였다.

1965년 5월에 체결된 「한일기본조약」에서 가장 핵심적인 것은 무상원조 3억 달러, 정부차관 2억 달러, 상업차관 3억 달러로 타결된 대일청구권의 문제였다. 당시 한국정부의 총외환보유고가 2~3억 달러에 불과했다는 점을 고려하면 이 같은 차관도입액은 엄청난 규모였다. 이와 함께 한일각료회담, 한일경제협의회, 한일협동위원회 등 정부와 민간 차원의 경제협력기구들이 마련되었다. 국제통화기금IMF이나 국제경제자문회의IECOK 등과 협력이 본격화된 것도 이 시기였다. 청구권 자금의 도입이 박정희 시대의 경제개발계획의 주요 재원이 되었다. 그러나 한일회담 타결 이후로도 한국과 일본 간의 청구권 자금 사용과 관련한 경제협력 논의는 순탄하게 이루어지지 않았다. 자금의 범위와 사용의 원칙 등에 대한 양국 간의 의견 차이가 개발계획의 순조로운 진전을 방해했던 것이다(이현진, 2010: 282-283).

한일 양국의 청구권 문제의 접근방식이 경제협력의 방식으로 변화하게 된 계기는 미국의 대외 원조정책의 변화와도 밀접한 관련을 가지고 있었다. 일본과의 협력 체제를 통해 대아시아 원조의 부담을 덜고자 했던 미국은 1960년대부터 한일관계 개선에 적극적인 중재자로서 역할을 수행했다. 미국은 청구권 문제의 처리에 정치적 타협을 권유하며 일본의 대한 경제원조를 한국의 대일청구권 해결과 연결 짓는 경제협력방식을 제기했다(이현진, 2008: 87-94). 박정희 정권 또한 미국과 일본의 냉전 인식에 타협하고 내포적 공업화전략보다 국제분업체제에 적응하여 경제발전을 지향하는 수출지향형 공업화 전략을 선택하였는데, 그 과정에서 청구권 문제를 한일 간의 경제협력 방식으로 해소하고자 하였다(오오타, 2000: 182).

청구권 자금이 한국 경제에 미친 긍정적인 측면은 다음과 같다. 첫째, 외자의 효율적 관리를 위한 터전을 마련함으로써 그 후 외자도입에 의한 경제개발을 성공적으로 수행될 수 있게 하였다. 둘째, 청구권자금을 제2차 경제개발5개년계획을 추진함에 있어서 필수 외자로 충당함으로써 공업화와 수출입국을 가능케 하였다. 셋째, 청구권자금이 외자도입에 있어 기폭제로 작용하여 도입외자금액뿐만 아니라 차관 제공국을 넓혔다. 넷째, 청구권자금이 대외지향적 경제개발정책 수행에 필요한 국민여론을 결집시킴에 있어 중요한 계기를 마련하였다는 점을 들 수 있다(조수종, 1996: 84-86).

특히 한일협정 체결은 한국 경제에 대한 국제적 신인도를 제고하였는데, 이는 국제금융기구로부터의 재정차관 도입을 활발히 하였다. 예컨대 1962~1965년간 국제금융기구로부터의 재정차관은 국제개발협회IDA에서 들어온 1,400만 달러가 전부였으나, 한일협정을 체결한 뒤 1968~1972년 사이에는 세계은행 9,200만 달러, 아시아개발은행 3,200만 달러 등 국제금융기구로부터 들어온 재정차관이 무려 1억 5,200만 달러에 이를 정도로 크게 늘어났다(재무부·한국산업은행, 1993: 110; 구현우, 2010: 66에서 재인용). 청구권자금은 한국 산업의 고정자본형성, 국민총생산, 부가가치생산 등 전방위에 걸쳐 중요한 기폭제 역할을 하였다. 즉, 경제성장의 원동력은 산업화에 대한 박정희 정부의 의지와 한국 국민들의 근면성, 교육열 등에 기인한 바 크지만, 그러한 성장 잠재력을 이끌어내는 데 청구권자금이 초기 동력을 제공한 것은 부인할 수 없는 사실이다.

그러나 청구권자금이 한국 경제에 미친 부정적인 측면도 간과할 수 없다. 첫째, 청구권자금으로 인해 일본식 개발 과정의 부정적 측면까지 그대로 답습하게 되었다. 둘째, 청구권자금으로 인해 우리 경제가 일본 경제에 예속화되었다. 셋째, 청구권자금으로 인해 우리 경제는 심한 이중구조의 몸살을 앓게 되었다. 넷째, 청구권 자금의 효율적 관리와 정치자금화를 방지하기 위한 제도적 장치 마련은 역설적으로 기업에 대한 정부 규제와 간섭의 강화로 나타나 정경유착 또는 부정부패 현상이 발생하였다(조수종, 1996: 86-88).

4. 월남전이 한국의 산업화와 행정에 미친 영향

월남전의 발발과 한국군의 월남파병이 이루어지면서 박정희 정권의 대미 협상력은 훨씬 강화되었다. 경제원조와 군사원조를 확대시키는 하나의 계기로 인식했던 한국의 월남파병은, 한국에게는 미국에 대하여 적극적으로 요구할 수 있는 명분을 제공하였고, 미국에게는 그간의 전반적인 대한원조 및 차관삭감 방향을 일시적으로 유보시키는 효과를 가져왔다. 존슨Lyndor. B. Johnson과의 정상회담에서 박정희는, 한국군 증강과 근대화에 미국이 더 많은 원조를 제공해줄 것, 그리고 미국이 한국의 계속적인 무역시장으로 역할해줄 것 등을 요구하였다. 한편 존슨은 박정희에게, 미국은 한국에 대하여 가능한 모든 원조를 확대할 것이고 한국에 계속해서 미군을 주둔시킬 것이며 어떠한 군대의 감축도 고려하고 있지 않다고 약속한 바 있다(류상영, 1996: 163-164).

1965년 5월 18일 존슨-박정희 제2차 정상회담에서 미국은 한국에 대해 개발차관 1억 5,000만 달러를 제공함과 동시에 응용과학연구소 설립 원조 검토를 제의했다는 내용이 공동성명으로 발표되었다. 미국의 대외원조에서 과학기술이 적극적으로 고려되기 시작한 것은 트루먼이 세운 '원조계획 제4항Point Four Program'부터였다. 이 계획은 과학기술에 관련된 어떤 지식과 기법, 설비 등이 저개발국의 경제개발에 필요하다면 그것들이 더 이상의 연구나 개량 없이도 그대로 이전될 수 있을 것이라는 생각에 근거하고 있었다. 그렇기 때문에 이 대외기술원조계획은 결국 실패로 끝나고 말았고, 이 같은 소박한 낙관론의 실패는 오히려 대외원조에서 과학기술을 배제하는 결과를 가져왔다. 이 때부터 과학기술은 그것이 지닌 성공의 불확실성으로 인해 다른 원조 형태에 비해서 경시받게 되었다. 그러다가 과학기술이 대외원조에서 다시금 체계적으로 제기된 것은 그동안 난립되어 있던 대외원조기구들이 국제개발처AID로 통합되고 증여 중심의 원조에서 차관 중심의 원조로 전환된 1961년부터였다(김근배, 1989: 5-14).

먼저, 미국이 한국에 대해 기술원조를 하려고 한 직접적인 동기는 당시 본격화되고 있던 베트남전쟁에 한국군 전투부대를 끌어들이기 위한 것에서 찾을 수 있다. 1964년 5월 존슨은 미국의 대대적인 개입이 아니고서는 베트남의 공산화를 저지할 수 없다고 판단하고 서방 25개 국가에 베트남 원조를 공식적으로 요청했다. 처음에는 한국군 전투부대의 참전이 거론조차 되지 않았고 베트남 정부도 미국에 의해 계획된 한국군의 베트남 파병을 망설였다. 즉, 한국은 동남아조약기구SEATO 가맹국이 아니었고 베트남과의 방위조약도 체결한 바 없었으므로 베트남전에 한국군을 파견해야 할 법적인 근거가 전혀 존재하지 않았던 것이다. 그러나 1965년 들어 존슨은 미국 내의 반전운동을 진정시키고 미국의 개입을 국제적으로 지지받으며 더 많은 서방국가들의 참여를 가져올 방안을 모색하기 시작했다. 이때부터 한국군의 베트남 참전이 계획되었고 존슨은 박정희의 미국 방문을 통해 이것에 대한 확약을 받아내려 했던 것이다. 결국 존슨이 호닉에게 지시하여 준비하고 있던 선물은 박정희로부터 한국군 전투부대의 베트남 파병을 약속받은 다음 그에 보답할 대가 중의 하나라는 성격을 지녔다(김근배, 1989: 5-14).

한국은 월남전 파병 첫해(1965) 약 4만 8,000명을 시작으로 하여 월남전에 총 30만 명 이상의 장병을 파견하였다. 한국군의 월남파병으로 한미 양국 간에 「브라운각서Brown Memorandum」가 작성되었다. 이에 의해 한국은 월남전 파병을 대가로 상당한 경제적 실익을 얻게 되었다. 국군 파월에 따른 국군 현대화를 위한 직접적인 군사원조 외에도 수출진흥을 위한 기술지원, 이미 지원하기로 되어 있던 1억 5,000만 달러의 AID 차관 외의 추가적인 경제지원, 그리고 무엇보다 월남전과 관련한 미 정부, 혹은 미정부 예산에 의한 아시아 지역에서의 물자 및 서비스 조달에 있어서 한국 기업에 대한 우선권 부여, 나아가 한국 민간 기술자들의 월남 취업 확대 등 브라운각서에 의한 미국의 한국에 대한 경제지원은 10억 달러 이상 되는 것으로 추정된다(조윤제, 2011).

한국의 대월남 상품수출은 크지 않았으나 당시 월남전과 관련한 미국으로부터의 직접적인 경제, 군사지원을 포함할 경우 한국이 얻은 외화는 연간 총수출의 약 50%에 달하는 상당한 수준에 이르렀다. 또한 한국의 건설업과 수

송산업이 해외 진출의 기회를 열었다. 현대건설이 최초로 수주한 해외 건설사업인 태국의 고속도로 건설도 미국 정부예산에 의해 수주한 것으로 파병과 관련한 「브라운각서」에 의해 가능했던 것이다. 한진그룹도 월남전과 관련한 물자의 육운, 해운 수송으로 크게 성장하였다. 아울러 월남전은 철강, 기계, 비철금속 제품 등 당시 막 태동되던 중화학공업의 주요 시판장이 되었다. 당시 산업 전반에서 국제경쟁력을 갖추지 못했던 산업이었지만 월남시장이 이들 제품 수출의 시험장이 되어주었던 것은 역시 한국군의 월남전 참전과 무관하다고 볼 수 없다(조윤제, 2011).

Ⅲ. 탈냉전기의 탈안보화desecuritization: 1990년대

1. 탈안보화의 의의

양자간, 그리고 다자간 제도의 혼합과 샌프란시스코 체제하에서 경제문제가 안보에 종속되던 현상은 냉전의 종식으로 시작하여 아시아 금융위기로 막을 내린 1990년대에 급격히 바뀌기 시작했다. 냉전의 종식은 이 지역에서의 미국과 소련의 영향력을 확연히 감소시키는 한편 중국의 전략적 위치를 강화시켰다. 게다가 펨펠T. J. Pempel이 지적하였듯이 "미국의 전략적 목표는 전략지정학적 측면에서 지리경제학적 측면으로 미묘하게 재정의되었다. 이것은 클린턴 정부의 관심이 세계화와 무역자유화에 집중되고 클린턴 정부에서 경제성장과 긴밀한 경제적 상호의존성이 세계 도처에 군사적 갈등의 가능성을 줄일 것이라는 강한 신념을 가지면서 일어난 일이었다."(Koo, 2011: 46).

클린턴 대통령이 "우리의 안보를 보장하고 지속적인 평화를 이룩하기 위한 최선의 방법은 궁극적으로 다른 곳에서의 민주주의가 진보하도록 돕는 것이다. 민주주의국가들은 서로 공격하지 않는다. 민주주의국가들은 더 좋은 무역 파트너 및 외교 파트너를 만들 뿐이다."라고 말한 것은 우연의 일치가 아니었다. 이와 같은 경제 관계에서 미국의 전략적 계산에 따른 갑작스러운 전환으로 동아시아 동맹국들은 더 크고 예리한 시장개방의 압박을 받게 되었다. 동아시아 동맹국들은 그동안 미국이라는 핵우산 아래에서 보호무역과 산업정책, 수출 장려 등을 골격으로 하는 경제적 번영에 기반을 둔 급격한 성장에 초점을 맞춰왔었다. 그러나 공정무역의 촉진을 위하여 클린턴 행정부는 전통적으로 보호되어 왔던 동아시아의 시장을 비집어 열기 위한 공격적인 접근을 취했다. 비록 미국의 동맹관계는 근본적으로 변함없이 유지되었지만, 경제와 안보 정책의 구분은 미국과 동아시아 동맹들 간 일련의 무역 분쟁에서 분명하게 나타났다(Koo, 2011: 46).

1980년대에서 1990년대 사이에 마치 끝없이 이어질 것만 같던 수출 붐으로 이득을 얻은 중국을 제외한 나머지 동아시아 국가들은 1990년대 중반에 들면서 문제들에 직면하기 시작했다. 1995년 말, 일본(과 해외의 중국)의 자본과 발전 중인 동아시아의 제조업, 그리고 미국의 시장을 연결했던 무역 삼각형은 위기에 처한 듯했다. 그중에서도 인도네시아와 태국, 그리고 한국이 심각한 타격을 입었다. 가치가 급락하는 자국의 화폐를 보호하는 데에 실패하자, 각국의 외화보유고는 급격히 메말랐고, 결국 재정을 복구하기 위해 IMF에서 1,000억 달러의 구제 융자를 대출받을 수밖에 없었다. 그러나 IMF의 융자 패키지는 워싱턴 소재 국제금융기구에 대한 아시아 국가들의 분노로 발전했다. 뚜렷한 해결책을 제시하지 않는 전통적 다자간 무역체제에서 세계 금융구조의 부정의와 불공정은, 위기에 처한 국가의 리더들로 하여금 정치적으로 지역적 해결책을 찾는 것을 더 용이하게 했다(Koo, 2011: 47).

1990년대 말에 미국의 동아시아에 대한 탈안보화 정책은 배타적인 무역 블럭을 만들려는 아시아 역내 국가들의 노력을 가속화시켰다. 1990년대 초에 말레이시아 전 수상 마하티르Mohamad Mahathir에 의해 제안된 동아시아경제그룹EAEG은 배타적 지역 블럭regional bloc이 미국의 리더십 역할을 약화시키고 동아시아와 북미 간에 균열을 야기할 수 있다는 미국의 강한 반대로 인해 무산된 바 있다. 그러나 미국은 아시아 금융위기의 여파로 아시아 국가들이 뛰어든 자유무역협정FTA 협상에 즉각적인 거부반응을 보이지 않았다(Koo, 2011: 47).

냉전 기간 동안 미국과의 안보협력은 동아시아 국가들에게 있어 가장 중요하며 동시에 유일한 시장이었던 미국 시장과의 강한 경제적 연계를 수반했다. 그러나 이와 같은 구조는 1990년대에 들어 심각한 압력에 직면했다. 많은 동아시아 국가들은 그들이 어느 순간부터 갑자기 미국으로부터의 상당한 경제적 지원을 더 이상 받지 못하고 있으며, 오히려 미국의 301조 무역정책에 의해 자국의 시장을 개방하도록 압박받고 있음을 깨달았다. 미국 무역정책의 탈안보화는 미국이 아시아 금융위기를, 오랫동안 무역 파트너였던 국가들에게 신자유주의적 정책개혁을 밀어붙일 기회로 삼았다는 점에서 훨씬 더 분명하게 드러난다.

2. 탈안보화가 한국의 세계화 및 행정에 미친 영향

1990년대 미국의 탈안보화 정책은 한국의 경제정책, 특히 통상정책에 많은 영향을 미쳤다. 앞서 언급한 바와 같이 냉전시기에 안보전략적 이유로 자국 시장에서 한국의 중상주의정책의 무임승차를 용인했던 미국은 1990년대 들어 '슈퍼301조'로 상징되는 일방주의적 통상개방 압력을 가해왔다.

이러한 맥락에서 탄생한 것이 통상교섭본부였다.[1] 통상교섭본부는 「정부조직법」(법률 제8867호-2008. 2. 29. 일부 개정)에 따라 기획재정부, 농림수산식품부, 지식경제부 등 국내 통상 관련 부처의 의견을 총괄·조정하고, 이를 바탕으로 한국을 대표하여 외국과의 통상교섭을 수행하기 위해 설립된 통상협상 전담조직이었다. 통상교섭본부 설립 이전인 1990년대 초까지 통상교섭 업무는 경제기획원, 재무부, 상공부, 외무부 등 부처별로 분산돼 있었으며, 부총리 기관

1 통상교섭본부는 2013년 정부조직 개편으로 폐지되었다.

인 경제기획원의 대외경제조정실에서 이를 총괄 조정하는 방식이었다. 일개 부처의 곁가지 조직에 맡겨진 총괄 조정 기능은 약할 수밖에 없었으며, 국내 쌀시장 개방 문제가 불거졌던 우루과이라운드UR 협상(1993년 말 타결) 당시 대외 협상능력 부족 문제가 부각되었다. 1994년 12월 김영삼 대통령의 세계화 선언을 계기로 추진된 3차 조직 개편에서 기존의 상공자원부가 통상 기능이 강화된 통상산업부로 개편되었고 이것이 한국의 중앙정부 조직에서 통상이라는 단어가 처음으로 등장하게 된 배경이다.

그 후 김대중 정부가 출범한 1998년 3월 대외통상업무가 외교부로 흡수돼 외교통상부가 만들어지면서 그 하부조직으로 당시의 통상교섭본부가 생겨났다. 통상교섭본부는 1998년 김대중 정부가 출범하면서 여러 부처로 흩어져 있던 통상업무를 외교통상부로 일원화해 발족한 조직이다. 김대중 정부 출범 직전 정부조직개편위원회(위원장 박권상)에서 마련한 통상조직 개편안은 미국무역대표부 USTR와 같은 대통령 직속의 무역대표부KTR의 설치, 새로운 부처의 설치, 외무부 안에 두는 방안 등 세 가지였다. 대통령 직속에 두는 방안은 정치적 부담이 크다는 이유로, 부처 신설안은 작은 정부를 지향하는 정신에 어긋난다는 이유로 제외되었고, 결국 통상 기능을 외무부로 통합시키는 방안이 채택되었다.

통상교섭본부 발족 초기에는 외무부, 재정경제원, 통상산업부, 농림부 등에 뿌리를 둔 직원들이 복잡한 인적 구성을 취하고 있어 내부 갈등의 소지가 컸다. 또한 통상교섭본부 공무원들의 두 축인 외무고시 출신 외교관과 행정고시 출신 경제관료 사이에 눈에 드러나지 않는 갈등이 심했고, 외교부 내에서도 통상 분야는 정무 분야에 밀려 비주류로 전락하여 전문 관료의 육성이 어려웠다. 그러나 2001년 11월 세계무역기구WTO의 다자간무역협상인 도하개발어젠다DDA가 시작되면서 통상 전문 관료들의 중요성이 서서히 부각되기 시작했고, 때마침 동아시아 지역에 불어온 FTA 협상 붐으로 인해 통상교섭본부가 본격적으로 주목받기 시작했다(구민교, 2009).[2]

2 그러나 통상교섭본부의 성공은 결과적으로 그 폐지로 귀결되었다. 무역자유화에 대한 불만이 높은 여러 집단과 단체들의 십자포화 앞에서 2013년 들어선 박근혜 정부는 통상교

Ⅳ. 재안보화resecuritization: 2001년 이후

1. 재안보화의 의의

샌프란시스코 체제에 생긴 깊은 균열은 9·11 테러 이후 전면적으로 바뀐 미국의 동맹정책의 변화로 인해 더 분명해졌다. 부시 행정부는 테러에 대한 다자간 협력을 요청하고 군사력의 전진 배치forward deployment는 축소하는 한편, 전략적이고 병참적인 이유들로 인하여 대테러 작전을 통해 동아시아에서의 미국의 전통적인 안보정책을 재구성했다. 작은 물리적 규모로 전략적 힘을 그대로 유지하기 위해 미국은 수많은 지역적 협력체계를 이끌면서 동아시아 동맹들에게 그들의 지역적 안보 미션을 확장할 것을 촉구했다(Koo, 2009: 48).

2000년대 들어서도 미국은 여전히 다른 어느 국가보다도 경제력에서나 군사력에서 세계 권력의 상당한 부분을 통제하고 있다. 히곳Richard Higgot에 따르면 미국의 전례 없는 우세한 군사력은 특이하고 역설적인 자유주의와 이상적 근본주의의 조합combination of liberal and idealist fundamentalism으로 여겨지는데, 이는 다시 '조화된 일방주의concerted unilateralism'로 정의될 수 있다. 그러므로 히곳에게 있어 이러한 미국의 아이디어와 파워의 조합이 '세계화의 안보화securitization of globalization'를 이끌고 있는 것이었다. 즉, 부시 행정부가 세계적 이슈들과 관련하여 주권과 안보에 대한 미국의 관점이 변화함에 따라 신자유주의 경제 의제와 대외 경제정책을 안보화했다는 것이다.

섭본부를 전격적으로 해체하고 통상교섭 등의 권한을 새롭게 개편된 산업통상자원부로 이관하였다. 현행 경제·통상 기능은 대외적인 협상 기능(통상교섭 제외, 외교부)과 대내적인 조정 기능(기재부), 통상진흥(산업부)을 분리·운영하는 체제이다. 외교부는 대외경제에 관한 외교정책 수립·시행 및 총괄·조정기능을 맡게 되었다. 기재부는 경제·재정정책 수립 및 총괄, 협상에 따른 국내 대책 총괄 등을 담당하고 있다. 산업통상자원부는 무역 및 무역진흥, 통상진흥, 외국인투자 등을 담당한다. 그러나 통상 분야의 경우 각 부처의 기능과 연계 및 융합되어 있는 기능 특성상 부처 간 긴밀한 협조가 필수적인 분야인데 현 체제는 업무 중복 및 갈등 소지가 크다는 평가이다.

실제로 부시 행정부하에서 미국의 무역정책은 9·11 사건 이후 극적으로 변화했고, 이것은 다시 '경쟁적 자유화competitive liberalization' 지침하에 세계 무역역학의 변화의 동력이 되었다. 부시 대통령의 첫 번째 무역정책 입안 대사였던 미국통상대표부의 졸릭Robert Zoellick은 세계적, 지역적, 그리고 양자간의 무역협정이 서로를 보완하고 강화시킬 수 있도록 경쟁적 자유화에 입각한 새로운 통상정책 체계를 수립하였다(Koo, 2011: 48-49).

특히, 국회에서 제정된 2002년의 「무역촉진법Trade Promotion Authority」은 부시 행정부에게 좀 더 간소화된 비준 절차로 무역협정을 마무리할 수 있는 신속처리권한을 부여하였다. 이와 같은 입법 절차에서는 국회가 먼저 주요한 무역협정에 대해 협상의 공식 목표를 세웠다. 국회는 첫 번째로 협상의 결과와 법의 실행에 대한 상정안에 대해 투표하고, 다음으로 개정 없이without amendments 일정한 기간 내에 오직 협상 전반에 대해서만 투표하는 데에 동의했다. 부시 행정부는 신자유주의적 경제 의제와 대외 경제정책 목표를 간접적으로 안보화하는 한편, 특혜 무역 협정과 다자간 무역 협정을 병렬적으로 추구하는 데에 이 권한을 사용했다. 부시 행정부는 미국과 FTA를 고려했던 국가들에게 안보와 경제적 협력의 연결 관계를 명백히 하였다(Koo, 2011: 49).

2007년 6월에 타결되고 2012년 3월 발효된 한미 FTA는 국가간 무역협상에서 어떻게 경제적 이익과 전략적 이익을 추구하는지를 잘 보여준다. 무역협상에서의 기본적인 목표인 무역과 투자로부터의 이득을 최대화시키는 것 외에도 한국은 동북아시아에서 커져가는 전략적 불확실성에 대비하고자 했고, 미국은 한국과의 FTA를 통해 이 지역에서의 강한 전략적, 경제적 위치를 확보할 수 있음을 깨달았다. 그러나 협정에 서명한 이후로 두 정부는 힘든 비준 과정으로 인해 어려운 과정을 거쳤다. 그중에서도 소고기와 자동차 분야는 논쟁의 핵심이었다. 비준 단계에서의 이러한 지체는 미국이 여전히 1990년대의 공정무역체제의 영향에서 벗어나지 못했음을 보여준다. 이는 또한 무역정책의 재안보화를 위한 행정적 노력이 입법 영역에서의 완전히 지원을 받고 있지 못함을 보여준다(Koo, 2011: 51; Sohn & Koo, 2011).

안보에 대한 고려는 최근 몇 년간 동아시아 국가들에게 영향을 미쳤을 뿐 아니라 미국의 무역정책에서도 중대한 요소로 작용해왔다. 미국의 입장에서 보았을 때, 이러한 연계는 무역정책의 재안보화의 명백한 사례들에서 명확히 정의된다. 그러나 미국이 공공재를 제공하고자 하는지, 만약 제공할 의사가 있다면 어느 정도까지 기꺼이 제공할 것인지가 확실하지 않기 때문이다. 무역과 안보의 결합이 냉전 기간 동안만큼이나 탄탄하다고 단정 짓기는 이르다. 역설적으로 FTA의 확산은 미국과 샌프란시스코 체제의 영향력의 '강화'가 아닌 '침식'을 의미한다. 가장 최근에 있었던 세계 경제의 침체와 이에 따라 동아시아 지역에서 늘어나는 무역적자를 부담할 미국의 능력과 의지가 줄어들면서, 동아시아에서 무역과 안보를 다시 결합시키고자 하는 미국의 느력은 더 약화될 가능성이 크다.

2. 탈안보화가 한국의 행정에 주는 함의

냉전 이후 세계화 시대에 전 세계 국가들 간의 장벽이 허물어지고 '국경 없는 세계borderless world'의 도래에 대한 기대감이 높아지고 있지만 유독 동아시아 지역에서는 군비경쟁이 가속화되는 등 '신냉전체제'가 구축되고 있다. 그 중심에는 부상하는, 그리고 더욱 독단적인 중국이 있다. 중국의 더욱 공격적인 대외정책과 해·공군력 증강은 동아시아 지역을 그 어느 때보다도 더 불안하게 만들고 있다. 특히 중국은 지역질서의 새로운 균형을 찾고 있지만 자신이 설계하지 않은 제도나 규범에 얽매이는 것에 두려워하기 때문에 주변국들에게 새로운 불확실성을 확대 재생산하고 있다. 냉전 종식 이후에도 얼마 동안은 미국의 막강한 해양 투사력이 동아시아 질서의 안정성을 제공해왔지만 이제는 중국의 심각한 도전을 받고 있다는 징후들이 곳곳에서 발견되고 있는 것이다. 중국과 주변국들의 관계 악화는 미국이 동아시아 지역에 재등장하는 기회를 주고 있다.

이와 같은 재안보화가 한국의 행정에 주는 함의는 경제, 안보, 그리고 외교 정책 분야에서 지대하다고 할 것이다. 2014년 11월 한국이 중국과 FTA 협정을 체결함에 따라 무역정책 차원에서 본다면 한국이 싱가포르를 제외하면 미국 및 중국과 FTA를 동시에 체결한 유일한 국가라는 점에서 세계 양대 경제 대국 간의 경제적 중재자 및 지렛대 역할을 할 수 있는 기회의 창이 열린 것으로 판단된다. 그러나 여전히 중국과 미국 간의 역내 경제적 주도권 경쟁이 벌어지는 상황에서 한국 정부는 중국이 주도하는 역내포괄적경제동반자협정Regional Comprehensive Economic Partnership, RCEP과 미국이 주도한 환태평양경제동반자협정Trans-Pacific Partnership, TPP 간에 선택의 기로에 서있기도 하다. 안보 및 외교 정책 분야에서도 한국 정부는 북핵문제의 해결, 일본과의 역사문제 등 산적한 현안들을 해결하기 위해서는 미국은 물론 중국의 협력을 필요로 한다. 그러나 안보 분야에서 갈수록 첨예해지는 미중 간의 경쟁 구도 속에서 미국이 추진하는 고고도미사일방어체계인 사드THAAD의 배치를 두고 한국 정부는 미국과 중국 사이에서 여전히 어려운 선택의 문제에 직면해있다. 재안보화의 추세 속에서 당분간 한국 행정의 딜레마는 지속될 전망이다.

V. 결론

국제환경의 변화가 어떻게 한국 행정에 영향을 미쳤는가를 알아보기 위해 본 장은 1950년대부터 2000년대까지를 크게 안보화, 탈안보화, 재안보화의 세 가지 시기로 구분해 분석했다.

최근 들어 국가가 무역의 규칙뿐만 아니라 결과에도 개입하려는 유혹은 선진국과 후진국을 막론하고 형태를 달리하여 계속되고 있다. 2016년 6월 영국의 유럽연합 탈퇴 결정, 즉 '브렉시트Brexit'나 동년 가을 미국 대선 과정에서 공화당 후보인 도널드 트럼프Donald Trump와 민주당 후보인 힐러리 클린턴Hillary Clinton이 경쟁적으로 약속한 보호무역 공약 등은 여전히 중상주의 논리가 막강한 국내정치적 호소력을 갖는다는 것을 잘 보여준다.

특히 미국 내에서는 2007년 세계금융위기 및 중국의 경제적 부상으로 세계경제의 주도권이 미국에서 중국으로 넘어가고 있다는 인식과 이런 추세를 보다 공세적이고 민족주의적인 경제정책으로 극복하지 않으면 미국이 앞으로 더 큰 비용과 희생을 지불해야 한다는 인식이 확산되고 있다. 여러 전문가들이 서슴지 않고 무역, 투자, 경제원조, 금융통화 등을 아우르는 경제적 수단들을 동원해서 보다 적극적으로 미국의 국가 이익을 추구하고 보호하여 우호적인 지정학적 결과를 만들어낼 수 있는 지경학적 접근과 정책을 주문하고 있다.

2017년 1월 20일 도널드 트럼프 행정부가 출범함에 따라 한국이 격랑에 휩쓸릴 우려가 커지고 있다. 그 중심에는 '미국우선주의America First'에 입각한 트럼프 외교정책이 자리하고 있다. 트럼프발 외교정책과 국제관계가 한국 행정에 지금까지와는 다른 방식으로 영향을 미칠 것임을 시사한다. 국제 환경의 변화는 한국이 얻는 이득과 압력에 변화가 나타난다는 것이다. 특히 우리와 같은 중견국은 국제환경과 질서의 변화를 면밀히 파악하고 대응에 나서지 않으면 쉽게 강대국들의 자국중심주의적 논리에 휘말리게 된다.

본 장에서는 국제적 환경의 변화가 어떻게 한국의 행정과 경제에 영향을 주었는가를 살펴보았다. 1950년대 안보화 체제부터 시작해서 1990년대 탈안보화와 2000년대 재안보화로 변화되는 국제환경은 한국의 산업화뿐만 아니라 행정시스템의 변화에도 여러 영향을 주었다. 이에 대한 역사적인 변화의 흐름을 알고 현재의 국제 환경을 잘 파악하는 것은 앞으로 한국이 현명하게 대응하여 이득을 취할 수 있는 방안을 마련하게 해줄 것이다. 1948년 대한민국 정부 수립 이후 지금까지 70여 년간 한국 행정은 그 어떤 국제정치적 요인보다도 미국의 동아시아 안보 패러다임의 지대한 영향을 받아왔다. 그러나 앞으로의 70년은 중국의 영향을 무시할 수 없을 것이다. 미중 간의 새로운 패권경쟁은 한국 행정에 새로운 도전이자 기회가 될 것이다.

제11장

지구적 개발 · 발전의 문제와 한국의 역할

* 정헌주(연세대학교 행정학과 교수)

* 김은미(연세대학교 행정학과 박사과정)

본 장의 제2절과 제3절은 정헌주(2014)를 기반으로 하여 재구성하였다.

Shaping Government in the Future Society

Ⅰ. 서론

세계화와 함께 진행된 금융자본, 무역, 서비스 시장의 확대와 첨단 과학기술, 정보통신기술의 발달은 유례없는 인류의 번영을 가져왔다. 하지만 그 이면에는 지구적 차원의 양극화현상이 심화되고 있다. 소수의 선진국들이 부를 축적하고 자유무역과 금융자본시장의 혜택을 누리는 반면, 다수의 개발도상국과 최빈국들은 여전히 저발전의 상태에서 벗어나지 못하고 있다. 2012년 기준 전 세계 인구의 약 12.8%에 해당하는 9억 200만 명이 빈곤 문제로 인해 생존을 위협받고 있다(Cruz et al., 2015). 지구적 차원에서의 양극화뿐만 아니라, 개발도상국 내의 양극화현상은 빈곤과 저발전의 문제를 악화시키고 있다.

국제사회는 이러한 지구적 빈곤 문제를 해결하기 위해 70여 년 이상 노력해왔다. 제2차 세계대전 종식 후 본격적으로 시작된 공적개발원조Official Development Assistance, ODA를 통해 선진국에서 개발도상국으로 약 2조 달러 이상의 재원이 제공되었다.[1] 이러한 막대한 자금이 개발도상국으로 흘러갔음에도 불구하고 전 세계의 빈곤 문제는 쉽게 사라지지 않고 있다. 특히, 21세기 들어 국제사회가 목격한 테러리즘, 내전, 질병의 전 세계적 확산 등은 이러한 빈곤 문제가 인간안보human security와 국가안보national security를 크게 위협하고 있음을 보여준다(정헌주, 2015).

이러한 가운데 한국은 제2차 세계대전과 한국전쟁을 겪은 후 1950년대 최빈국 위치에서 2010년 선진 공여국 모임인 경제협력개발기구Organization for Eco-

1 1961년부터 2011년까지 그 규모는 2조 2,000억 달러에 달한다(한국국제협력단, 2013: 330).

nomic Cooperation and Development, OECD 산하 개발원조위원회Development Assistance Committee, DAC에 가입하는 위치로 그 위상이 변화하여 국제사회의 주목을 받고 있다. 과거 미국을 비롯한 선진국의 원조를 통해 경제발전 및 사회발전을 이룬 경험과 현재의 경제적 위상을 고려한다면, 원조를 통한 한국의 발전 경험 공유와 확산은 개발도상국과 최빈국의 발전에 기여하는 바가 클 것이다. 이러한 맥락에서 한국은 국제사회의 빈곤퇴치 노력에 적극적으로 동참하고 있으며, OECD/DAC 회원국으로서 위상에 상응하는 원조를 개발도상국에 공여하기 위해 노력하고 있다. 특히, 선진 공여국들이 원조 피로aid fatigue 현상을 겪음과 동시에 2008년 글로벌 금융위기 여파로 원조 규모를 축소하는 추세에 반해 한국의 원조 규모는 지속적으로 증가하고 있다.

그러나 이러한 과정에서 한국의 공적개발원조를 둘러싸고 다양한 논쟁들이 제기되고 있다. 한국 정부는 국제적 원조 규범에 조응하기 위해 노력을 전개하고 있지만, 국내외의 다양한 원조행위자들은 한국의 원조 패턴과 규범에 대해 문제를 제기하고 있다. 본 장은 한국의 공적개발원조를 둘러싼 여러 가지 쟁점을 소개하고 이에 대한 정책적 대안을 제시하고자 한다. 이를 통해 미래 사회에서 한국의 역할, 특히 지구적 발전의 문제에 대해 기여할 수 있는 방안을 모색하고자 한다.

Ⅱ. 현안과 쟁점 정리

1. 한국 공적개발원조의 현안

한국은 1987년 한국수출입은행 산하 대외경제협력기금Economic Development Cooperation Fund, EDCF을 조성하여 유상협력사업을 시작함으로써 개발원조 공여의 장을 열었다.[2] 이어서 1991년 무상원조집행 전담 기관인 한국국제협력단 Korea International Cooperation Agency, KOICA을 설립한 이후 한국의 공적개발원조는 본격화되었다. 과거 선진국의 원조를 통해 경제발전에 성공하고, 이러한 경험을 개발도상국들과 공유하며 남남협력의 형태로서 원조공여를 수행하던 한국은 2000년 1월 1일 공식적으로 OECD/DAC의 수원국 리스트에서 '선발개발도상국군More Advanced Developing Countries and Territories, MADCTs'으로 전환되며 원조공여국으로서의 활동을 활발히 전개하였다(한국국제협력단, 2013: 369). 특히, 2010년 OECD/DAC 가입은 한국이 국제사회에서 선진 공여국으로 인정받는 계기가 되었으며, 이에 따라 한국은 단순히 원조공여의 여부가 아닌 그 규모의 확대와 질적 향상이라는 국제규범으로부터 자유로울 수 없게 되었다.

연간 원조 총액을 기준으로 봤을 때, 2002년도까지만 해도 약 2억 7,880만 달러에 지나지 않았던 원조 규모는 2010년 11억 7,380만 달러, 2014년 18억 5,670만 달러로 빠르게 확대되었다. 즉, 2002년에서 2014년까지 불과 10여 년 사이에 한국이 매년 개발도상국에 공여한 원조 총액은 6.6배 이상 증가한 것이다. 특히 2008~2009년 글로벌 금융위기와 경기불황의 여파로 많은 공여국들이 원조 규모의 확대를 보류하거나 오히려 축소하는 데 반해 한국은 국제사회에 대한 원조확대공약 이행을 위해 노력하였다.

그러나 한 국가의 원조 규모는 연간 원조 총액뿐만 아니라 해당 국가의 국민총소득Gross National Income, GNI 대비 원조 총액의 비율로도 측정되고 있다. GNI 대비 원조 비율을 기준으로 했을 때, 한국은 여전히 국가의 경제적 규모나 위상에 미치지 못하는 원조공여 수준에 머무르고 있다는 비판이 존재한다. 국제사회는 선진국들에게 자국 GNI 대비 0.7% 이상을 ODA로 제공할 것을 권고하고 있다. 이에 따라 ODA 규모를 확대한 공여국들 중에는 스웨덴, 노르웨이, 핀란드, 영국 등 소위 '노르딕 플러스'라 하는 GNI 대비 1% 이상을 공여

2 한국 최초의 원조사업은 1963년으로 거슬러 올라갈 수 있는데, 이는 개발도상국의 연수생을 초청하여 훈련을 제공한 사업으로서 미국국제개발청(U.S. Agency for International Development, USAID) 자금으로 수행되었다(한국국제협력단, 2013).

그림 11.1 한국의 ODA 규모 (단위: 백만 달러, 도착액 기준, %)

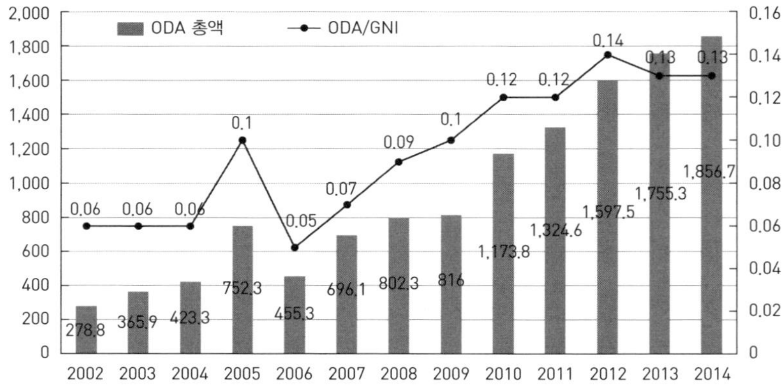

자료: 한국수출입은행 ODA 통계를 토대로 저자 재구성

하는 국가들이 등장하였고, 2015년 현재 OECD/DAC 회원국들은 평균 0.3%를 ODA로 제공하고 있다. 이에 비해 한국은 2014년 기준 GNI 대비 0.14% 정도를 공여하고 있다. 한국 정부는 DAC 가입을 목전에 두고 2015년까지 원조 규모를 GNI 대비 0.25%로 확대할 방침을 밝혔으나 2015년 수립된 「제2차 국제개발협력 기본계획」에서는 2020년까지 이를 0.2%로 하향 조정했다(국제개발협력위원회, 2015).[3]

다음으로 원조의 양적 측면 이외에 질적인 측면에서도 한국의 ODA 현황을 살펴볼 수 있다. ODA는 공여하는 채널에 따라 양자원조와 다자원조로 분류할 수 있고,[4] 원조의 상환 여부에 따라 유상원조와 무상원조로 나눌 수 있다.[5]

3 한국은 2010년 제정된 「국제개발협력기본법」에 따라 국제개발협력에 대한 국가정책의 기본 방향을 담은 「국제개발협력 기본계획」을 5년 단위로 수립하고 있다. 2011~2015년까지 시행된 「제1차 국제개발협력 기본계획」에 이어 2017년 현재 「제2차 국제개발협력 기본계획」이 시행되고 있다.

4 양자원조는 원조 공여국에서 수원국으로 직접 원조자금 및 물자를 지원하는 것을 의미하며 다자원조는 UN, 세계은행 등 국제기구를 통해 출연금과 출자금의 형태로 지원하는 것을 의미한다.

5 유상원조는 공여된 원조자금에 대해 수원국의 상환의무가 있는 원조를 의미하며 무상원

또한 세부 프로젝트에 대한 조달 조건에 따라 구속성 원조와 비구속성 원조로도 나눌 수 있다.[6] 이러한 원조의 성격과 더불어 어떤 부문에 원조를 할지, 어떤 나라에 제공을 할지 등은 공여국의 특성과 정치적·경제적 판단에 따라 좌우된다. 따라서 5가지 기준—양자·다자원조 비율, 유상·무상원조 비율, 구속성원조 비율, 주요 원조부문, 주요 수원국—을 통해 한국의 ODA 현황과 성격을 살펴본다.

첫째, 한국의 전체 ODA에서 양자원조와 다자원조가 차지하는 비율은 2015년 기준으로 각각 약 76.2%와 23.7%로 나타났으며, 지난 10년간 동 비율은 평균적으로 73.13% 대 26.87%였다(한국수출입은행, 2015). 다수의 원조효과성 평가에서 양자원조보다는 다자원조가 효과성이 높은 것으로 드러남에 따라 선진 공여국들의 평균 양자원조와 다자원조 비율인 70:30에 한국 역시 근접하려고 노력하고 있다(Hashmi et al., 2014).

둘째, 양자원조는 다시 자금의 상환 여부에 따라 유상원조loan와 무상원조grant로 나눌 수 있다. 한국의 양자원조 총액 중 유상원조와 무상원조가 차지하는 비율은 2013년 기준 각각 약 38%와 62%이다(한국수출입은행, 2015). 과거에 비해 한국의 무상원조 비율은 빠르게 증가하였으나, OECD/DAC 가입국가들이 평균 90% 이상을 무상원조로 제공하는 데에 비해 한국은 여전히 유상원조 비율이 매우 높은 국가에 속한다.

셋째, 지난 10여 년간 한국 ODA의 특징 중 가장 크게 변화한 부문은 구속성 원조의 비율이라고 볼 수 있다. 2003년 약 97.5%에 달했던 구속성 원조의 비율은 원조의 질적 수준을 제고하여 원조효과성 향상에 기여하고자 하는 노력에 힘입어 2013년 기준 약 40%로 감소하였다(한국수출입은행, 2015).[7] 특히 무상원조 중에서 비구속성 비율은 2013년 약 89%에 달하고 있다. 국제사회에서

조는 법적 채무를 동반하지 않는 자금 이전을 의미한다.

6 구속성 원조는 수원국이 조달하는 수입물자 혹은 용역의 조달처를 공여국 또는 일부 소수국가로 한정하는 것을 의미한다.

7 구속성 원조와 부분 구속성 원조를 합한 수치이다.

한국의 원조 구속성은 많은 비판의 대상이 되어 왔으며 여전히 개선의 여지가 남아 있지만, 가장 빠르게 변화하고 있는 부문 중 하나로 볼 수 있다.

넷째, 원조의 분야에는 크게 사회 인프라 및 서비스, 경제 인프라 및 서비스, 생산(산업)부문, 다부문multisector, 식량 및 물자 지원, 부채 탕감, 인도적 지원, 행정비용, 기타(미배분 포함) 등이 있다. 한국은 이 중에서 교육, 보건, 위생, 공공행정과 시민사회 등이 포함된 사회 인프라 및 서비스 부문에 가장 많은 원조를 제공하고 있다. 1987년에서 2013년 기간 동안 총원조에서 사회 인프라 및 서비스 분야에 제공한 원조의 비율은 약 46%이고 경제 인프라 및 서비스 분야가 약 36%로 두 분야는 전체 원조의 80% 이상을 차지하고 있다(한국수출입은행, 2015). 사회 인프라 및 서비스 분야 중에서도 한국은 특히 교육과 보건 분야에 집중하는 경향을 보인다.

다섯째, 한국은 연간 약 130개 이상의 국가들에 ODA를 제공하고 있으나, 주요 수원국은 대체로 아시아 국가들이다.[8] 구체적으로 2003년에서 2013년 기간 동안 전체 양자원조의 62%가 아시아 지역, 17%가 아프리카 지역, 7%가 아메리카 지역, 3%가 유럽 지역, 1%가 오세아니아 지역으로 배분되었다. 이를 수원국의 소득수준별로 봤을 때, 2006년에서 2013년까지 하위중소득국Low-Middle Income Countries, LMICs에 전체 원조의 약 50%가 지원되었고, 최빈국Least Developed Countries, LDCs에 약 35%, 상위중소득국Upper-Middle Income Countries, UMICs으로 약 8.6%, 그리고 기타 저소득국Other Low Income Countries, OLICs에 약 0.6%의 원조가 제공되었다.[9] 마지막으로, 동 기간 한국의 주요 수원국을 구

8 원조효과성 제고를 위해 한국 정부는 130개 이상의 수원국 중에서 중점협력국을 지정하여 전체 원조의 70% 이상을 집중적으로 지원하는 원조정책을 수립하였다. 2015년 제21차 국제개발협력위원회에서 기존 26개이던 1기 중점협력국을 24개로 재조정하였으며, 이 중 아시아 지역 11개국, 아프리카 지역 7개국, 중동·CIS 지역 2개국, 중남미 지역 4개국이 포함되어 있다.

9 OECD/DAC는 해마다 수원국의 소득수준에 따라 리스트를 작성하여 그것을 ODA 제공에 참고할 것을 권고하고, 통계자료로서 활용하고 있다. OECD/DAC가 분류한 소득수준에 따른 그룹을 살펴보면, 1인당 GNP 기준으로 크게 LDCs, GNP 765달러 미만인 OLICs, GNP 766~3,035달러인 LMICs, GNP 3,036~9,385달러인 UMICs, 그리고 마지막으로 GNP 9,386달러 이상인 HICs의 5가지 그룹으로 나뉜다.

표 11.1 한국의 ODA의 주요 수원국(도착액 기준, 2006~2013년)

순위	수원국	총액(백만 달러)
1	베트남	860.65
2	아프가니스탄	355.43
3	캄보디아	322.34
4	스리랑카	317.42
5	방글라데시	293.25
6	인도네시아	250.80
7	필리핀	234
8	몽골	205.34
9	라오스	180.05
10	탄자니아	179.52

자료: OECD 통계자료를 토대로 저자 재구성(stats.oecd.org)

체적으로 살펴보면 **표 11.1**과 같다. 베트남, 아프가니스탄, 캄보디아, 스리랑카, 방글라데시, 인도네시아, 필리핀, 몽골, 라오스 등 주요 10개 수원국 중 9개가 아시아 지역 국가들임을 알 수 있다.

이상으로 한국 원조의 특성을 다섯 가지 기준으로 살펴보았다. 이러한 원조 패턴뿐만 아니라 원조 추진체계 역시 국가마다 상이한 형태를 띠고 있다. 한국은 유·무상 원조로 분절화된fragmented 원조집행체계를 가지고 있다. 한국의 유상원조는 기획재정부가 총괄하고 있으며 그 산하의 한국수출입은행/EDCF에서 집행을 담당하고 있다. 무상원조의 경우 외교부에서 담당하고 있고, KOICA를 통해 사업을 수행하고 있다. 이 밖에도 약 30여 개의 중앙정부 부처 및 광역 지방자치단체에서 독자적으로 무상원조 사업을 실시하고 있다(조현주 외, 2015; 박건우 외, 2017).

이와 같이 분절된 원조 추진체계는 사업의 중복과 불필요한 행정비용을 발생시키고, 공여국 내의 조화·조정을 어렵게 하여 결국 원조효과성을 저해한다는 지적과 비판이 있어 왔다(김은미·김지현, 2009). 한국은 이러한 추진체계의 문제점을 인식하고 통합체계 구축 및 조정 노력의 일환으로 2006년 국제개발

그림 11.2 한국의 ODA

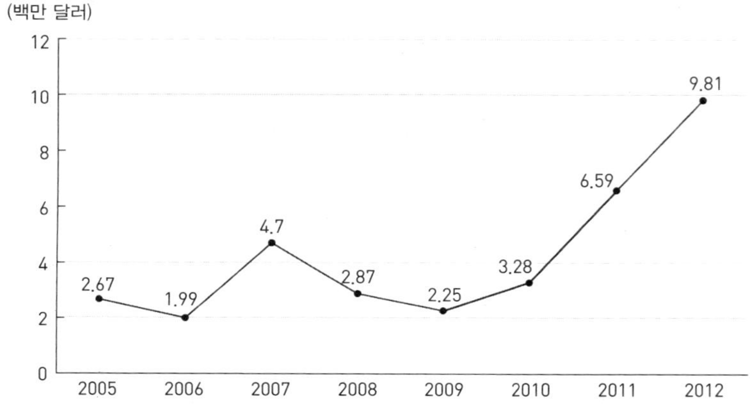

자료: 한국수출입은행 ODA 통계를 토대로 저자 재구성

협력위원회를 설립했다. 국제개발협력위원회는 국무총리를 위원장으로 하며, 유·무상 원조 주무부처인 기획재정부와 외교부를 중심으로 유관 중앙정부부처 장관과 민간위원 등으로 구성되어 있다. 국제개발협력위원회는 ODA 관련 정책을 심의·조정하고 한국 ODA 정책의 기본적인 방향을 결정하는 총괄 기구이다. 2010년 제정된 「국제개발협력기본법」에서도 유·무상원조 통합 구축에 초점을 두며 이를 위한 국제개발협력위원회의 역할을 강조하였다.

2. 한국 공적개발원조를 둘러싼 쟁점

국제사회에 기여하기 위한 한국의 공적개발원조와 관련된 주요 쟁점은 크게 3가지이다. 첫 번째 쟁점은 한국이 국제사회에 기여하는 공적개발원조의 규모에 관련된 것이고, 두 번째 쟁점은 원조의 질quality에 관한 것이다. 세 번째 쟁점은 원조의 분절화fragmentation에 관한 것으로서 다양한 원조 행위자 사이의 조정과 조화를 어떻게 제고할 것인가이다. 이러한 세 가지 쟁점은 한국 공적개발원조의 효과성을 어떻게 높일 것인가라는 질문과 맞닿아 있다.

첫째, 원조의 규모에 관한 쟁점이다. 한국의 공적개발원조는 양적으로 지난 20여 년간 빠르게 성장하였다. 그럼에도 불구하고, 앞서 살펴보았듯 GNI 대비 원조 규모는 다른 선진 공여국에 비해 여전히 부족한 상황이다.[10] OECD/DAC 평균인 0.3%나 「제2차 국제개발협력 기본계획」에서 제시된 0.2%로 원조 규모를 확대하기 위해서는 4년 이내에 현재의 원조 규모를 1.5배에서 2배 이상 늘려야 한다.

문제는 이러한 원조 규모의 확대라는 국제사회의 요구가 국내적 갈등을 야기할 수 있다는 점이다. 2013년에 실시된 한 설문조사에 따르면, 응답자의 43.1% 정도가 정부의 ODA 재원이 세금이라는 사실을 모르고 있다(기획재정부, 2013).[11] 또한 2014년도에 국민을 대상으로 실시된 ODA에 관한 설문조사에 따르면, GNI 대비 ODA 비중 확대에 대해 긍정적 의견이 부정적 의견에 비해 다소 많지만, 전년 대비 부정적 견해가 점차 증가하고 있다(박복영 외, 2014). 향후 원조 규모를 확대하겠다는 정부의 국제적 약속과 국내적 상황—저성장, 높은 실업률과 취업난, 저출산·고령화, 그리고 복지 확대 요구—을 고려한다면, 원조 규모를 둘러싼 논란이 증폭되고 갈등이 심화될 가능성이 있다(정헌주, 2014: 163). 만약 국내적 이유로 인해 국제사회에 대하여 선언한 원조 규모 확대라는 언약commitment을 지키지 못한다면 정부의 신뢰성credibility이 하락할 것이고 이는 장기적 관점에서 한국 공적개발원조뿐만 아니라 외교정책에 부정적 영향을 미칠 수 있다.

둘째, 원조의 질을 둘러싼 쟁점이다. 과거 많은 공여국들은 자국의 외교적, 정치적, 경제적 목적을 달성하기 위한 외교정책의 일환으로 원조를 수행하였

---

10 이는 전체 29개 DAC 회원국 중 16위에 해당한다.

11 당시 시민사회단체는 기획재정부의 여론조사가 객관성과 공정성을 담보하지 못한 편파적인 여론조사라는 점을 비판하였다. 국제개발협력시민사회포럼, "[성명서] 기획재정부의 편파적 ODA 여론조사에 대한 시민사회단체의 입장", 2013년 3월 31일 (http://kofid.org/ko/bbs_view.php?no=1804&code=kofid) (검색일: 2017년 1월 20일).

지만, 2000년 이후에는 전략적 차원의 원조보다는 수원국의 필요와 조건에 맞는 원조 수행을 강조하고 있다(엄영호 외, 2014: 124). 한국 ODA의 질적 향상을 위한 다양한 제언들 중에서 주목할 것은 전체 원조에서 다자원조와 무상원조의 비율을 높이고 원조를 비구속화하는 것이다.

그러나 국제적 규범에 따르는 이러한 노력들 역시 국내적 저항에 부딪힐 수 있다. 양자원조를 통해 원조에 대한 통제력을 유지하고 정치적, 외교적, 경제적 목적을 달성하고자 하는 정책결정자들은 이러한 원조의 다자화로 인해 외교정책으로서 원조의 역할이 감소되는 것을 꺼려할 수 있다. 또한 무상원조의 비율을 높이는 것은 국내의 경제적 상황에 따라 부정적 여론이 형성될 가능성이 있다.

무엇보다 원조의 비구속화는 한국 기업들, 특히 구속성 원조를 통해 해외 진출을 도모하는 중견기업 또는 중소기업들의 반대에 직면할 수 있다. 한 연구에 따르면, 구속성 원조는 조달 국가와 기업을 한정시킴으로써 상품과 서비스의 조달비용을 약 15%에서 30%가량 상승시키는 것으로 나타났으며, 원조가 필요한 곳에 도달하는 시간을 늦춤으로써 원조효과성을 저해하는 것으로 나타났다(Jepma, 1991). 이러한 맥락에서 2005년 파리선언Paris Declaration 및 2010년 DAC 가입 이후 이루어진 동료검토의 권고사항에 따르면 원조효과성을 높이기 위한 중요한 요소로 원조의 비구속화가 제시되었다. 하지만, 한국 정부는 중견 및 중소 기업이 원조를 활용하여 해외에 원활히 진출할 수 있도록 지원하고 있다(윤수재 외, 2013). 국내 경기가 침체되는 상황에서 중소기업은 해외 진출을 보다 적극적으로 도모할 수 있으며, 이때 발생하는 위험을 감소하기 위해서 한국의 원조조달시장 참여가 중요한 역할을 수행할 수 있다. 이러한 점에서 원조의 비구속화를 둘러싸고 갈등이 발생할 수 있다.

세 번째 쟁점은 원조 분절화fragmentation와 원조 조화의 문제이다(김은미·김지현, 2009). 원조 분절화는 많은 원조 제공자로부터의 원조가 매우 작은 단위로 나뉘어 제공됨으로써 불필요하고 소모적인 행정비용이 발생하고 원조가 가장 필요한 부문과 장소로 집중하기 어렵게 만든다(DAC Peer Review, 2012: 121). 주지하다시피 한국의 원조 담당기관은 총괄·조정기구, 주관기관, 시행기관 등 3단계로 구분되어 있다. 게다가 약 30여 개의 정부부처와 대부분의 광역자치단체가 독자적으로 원조를 수행하고 있다. 이들에 의한 원조는 최근 빠르게 늘어나고 있으며, 종종 한국국제협력단과 대외경제협력기금의 사업과 중복되는 경향을 보인다. 예를 들어, 2012년 DAC 동료검토에 따르면(DAC Peer Review, 2012: 115), "캄보디아에 대한 한국의 원조는 분절화의 문제를 보여주고 있는데, 한국개발연구원Korea Development Institute, KDI, 한국국제보건의료재단, 농림축산식품부 등의 원조 집행기관이 주캄보디아 한국대사관이나 한국국제협력단 혹은 캄보디아 중앙정부의 조정기관과 연계되지 않고 캄보디아 파트너와 직접적으로 연계하여 상이한 과정과 프로젝트를 수행하였다."고 한다.[12]

원조 행위자가 증가하면서 발생하는 이러한 원조의 중복과 비효율성은 한국의 공적개발원조가 해결해야 할 중요한 과제이다. 특히 공적 기관과 다양한 사적 원조행위자—기업, 대학, 개발 관련 시민사회단체—와의 협력적이고 조화로운 관계를 구축하기 위해서는 이러한 원조의 분절화 문제 해결은 매우 중요하다.

공적개발원조의 가장 근본적인 목표는 수원국의 경제발전과 수원국민의 삶의 질을 높이는 것이다. 물론 공적개발원조의 목적에는 정치적, 외교적, 경제적 목적 역시 포함된다. 그럼에도 불구하고 수원국의 경제, 사회 발전에 원조가 얼마나 도움을 주고 있는가는 매우 중요한 이슈이다.

---

12 캄보디아에 대한 원조와 관련하여 한 정부 관계자는 "복수의 기관이 서로 알리지도 않은 채 같은 지역에서 비슷한 보건의료 원조사업을 하는 것이 실사 과정에서 확인돼 무척 곤혹스러웠다."고 말한 것으로 보도되었다. 『경향신문』. 「[함께 잘사는 대외 원조](4) 분절화 극복이 과제」. 2013년 5월 8일 (검색일: 2016년 10월 20일).

Ⅲ. 미래 정부의 모습과 역할제언

원조의 규모와 질을 높이고 분절화 문제를 해결하기 위해서는 다각적이고 통합된 노력이 필요하다. 먼저 원조의 규모를 확대하고 지원 방식을 전환하기 위해서는 국민적 공감대를 확보해야 한다. 2014년도에 수행된 한 설문조사에 따르면, 응답자 중 약 95%가 국제사회의 개발도상국에 대한 지원이 중요하다고 생각하고 있으며, 약 87%의 응답자는 한국의 원조 제공에 대해서 찬성하고 있다(권율 외, 2014: 26-53). 하지만 앞서 살펴보았듯이 원조 규모의 확대에 대한 부정적 의견은 향후 경기 침체와 불확실성 속에서 더욱 강화될 가능성이 높다. 반면 공공외교의 관점에서 공적개발원조는 한국의 이미지를 향상시키고 장기적으로 국익을 증진시킬 수 있다. 따라서 단기적 비용과 장기적 이익을 조화시키기 위한 미래 사회의 정부 역할을 제안한다.

1. 원조투명성 강화

국민적 공감대를 확보하기 위한 가장 중요한 정책적 과제는 원조투명성 강화이다. 원조투명성이란 "원조 정보가 시의적절하고, 체계적이며, 비교 가능한 방식으로 통합적으로 이용 가능하며 접근 가능한 것"을 의미한다(박수영·박예린, 2014: 2). 원조투명성의 강화는 「효과적 개발협력을 위한 부산 파트너십」에서 합의된 내용임과 동시에 선진 공여국으로 거듭나기 위한 선결과제로 볼 수 있다. 따라서 정부는 2014년에 제정된 「국제개발협력 평가윤리지침」을 실질적으로 반영할 필요가 있다. 한국 정부는 원조투명성을 제고하기 위하여 2015년 12월 국제원조투명성기구International Aid Transparency Initiative, IATI에 가입하여 2016년부터 회원국으로 활동하고 있다.[13] 원조투명성을 제고하기 위한 이러한

13 ODA Korea 홈페이지(http://odakorea.go.kr/ODAPage_2012/T02/L04_S01.jsp) (검색

노력에도 불구하고, 국제적 비교에 따르면 한국의 원조투명성은 여전히 낮은 수준이다.[14]

OECD/DAC 공여국들의 사례를 통해서 원조투명성 제고와 더불어 다양한 사회적 행위자들과의 소통과 협력이 매우 중요함을 알 수 있다. 예를 들어, 미국, 캐나다, 영국, 독일, 일본 등은 원조투명성을 강화하기 위하여 법 제정, 국제기구 가입, 정보공개 등 다양한 노력을 수행하였으며,[15] 시민사회와의 협력을 통해 투명성 제고를 도모하고 있다(KoFID, 2013). 일본의 경우 2000년대 초반 원조에 대한 국민들의 부정적 의견이 증가하였는데, 이는 국내 경제상황 악화와 더불어 불투명한 원조정책과 집행이 중요한 원인이었다(강우철, 2012). 이후 일본은 일본국제협력기구Japan International Cooperation Agency, JICA Global Plaza 설치(2006), "ODA가 보이시나요?" 웹사이트(http://www.jica.go.jp/oda/) 운영(2011) 등 다양한 방식을 통해 원조투명성을 제고하고 소통을 강화하기 위해 노력하였으며, 최근 원조에 대한 국민적 인식과 지지가 점차 상승하는 추세이다(OECD, 2010; 2014).

원조투명성 제고 및 국민과의 소통 강화를 통해 원조에 대한 국민적 인식과 지지를 확대할 수 있으며, 이는 정부와 국민 간의 갈등, 시민사회 내부의 갈등을 완화시킬 수 있다. 또한 원조투명성 강화는 예산 낭비와 부패를 줄이고 원조의 예측가능성을 향상시키며, 원조배분에 있어서 형평성과 정당성을 높일 수 있고, 행정비용을 절감할 수 있다는 점에서 원조를 둘러싼 갈등을 완화시키는 데 매우 중요하다. 이러한 투명성의 강화를 통해 일반 국민들과 시

일: 2016년 11월 24일).

14 원조투명성 증진을 위한 국제 캠페인 조직인 PWYF(Publish What You Fund)가 보고한 자료에 따르면, 한국의 한국국제협력단(KOICA)의 경우 2014년 평가 대상 67개의 기관 중 30위인 것으로 보고되었으나, 2016년 평가대상 46개 기관 중 41위로 보고되었다(검색일: 2016년 11월 25일). 한국 정부는 2016년 IATI에 ODA 정보를 공개하여 이는 '아시아 최초'임을 강조하였으나, 실제 IATI 회원국이 아닌 옵저버 자격의 일본에 비해서도 기초적인 수준의 정보만을 공개한 것으로 나타났다(KoFID, 2016).

15 영국의 경우, 원조에 대한 다양한 정보들을 온라인에서 쉽게 찾을 수 있도록 Development Tracker(http://devtracker.dfid.gov.uk/)를 운영하고 있다.

민사회단체들이 원조정책 결정, 배분과 집행, 성과 등 다양한 정보에 쉽게 접근할 수 있으며, 원조에 대한 공감대를 확산하는 데 기여할 것이다. 결국 한국 정부의 원조투명성의 확보와 효과적인 소통 강화는 국민들의 지지를 확보하는 전략으로 활용될 수 있으며, 원조 규모의 확대와 수행에 관한 범국민적 인식 향상과 사회적 합의에 긍정적으로 영향을 줄 수 있다.

2. 원조책무성 증진

정부의 다른 정책활동과 마찬가지로, 공적개발원조에 대해서도 책무성을 증진하기 위한 노력이 필요하다. 먼저 정부의 원조는 국민의 세금으로 추진되므로, 국민들에 대한 대내적 책무성internal accountability이 요구된다(홍재환 외, 2012). 공적개발원조의 재원은 전액을 국민의 세금으로 마련하며 이는 국민 1인당 약 3만 5,000원 수준이다(오기출, 2014). 따라서 증가하는 원조 규모에 따른 예산의 집행에 대해 국회의 감시와 관리가 필요하다(장혜영, 2014). 국회는 국민을 대표하여 정부의 활동을 감독하는 기관이다. 국회가 공적개발원조에 대한 전문성을 향상시키고 적극적·비판적으로 원조 집행을 감독할 때, 세금을 재원으로 하는 원조에 대한 책무성이 증진될 뿐만 아니라, 낭비 없는 예산 집행을 통해 효과성 제고에도 기여할 수 있다. 대외적으로 국제규범에 대한 준수와 의무를 이행함과 동시에 대내적으로 「국제개발협력기본법」의 내용의 제도적 기반을 강화할 수 있는 방향으로 책무성을 개선해나가야 할 것이다.

또한 대외적 책무성external accountability의 강화를 도모해야 한다. 캐나다의 경우, 원조와 관련된 모든 정부부처가 원조정책을 수립할 때 적어도 2년에 한 번은 반드시 다른 정부부처들, 국제기구들 및 시민사회단체들과 협의할 것을 2008년 제정된 「ODA책무법Official Development Assistance Accountability Act」에 명시함으로써, 원조책무성과 민주성을 제고하였다(Ministry of Justice of Canada, 2014). 이러한 대외적 책무성의 제고는 국내의 다양한 원조행위자들의 책임을 증대시켜 사업의 효율적인 사후관리와 성과 측정 및 평가에 기여할 것이며, 원조에 대한 사회적 합의 구축에 긍정적 영향을 미칠 것이다.

한국 정부는 공여국의 일원으로서 개발도상국의 발전에 대해 책임과 의무를 공유하기 때문에, 수원국의 지속 가능하고 실질적인 발전을 위한 책무성의 강화는 사업평가체계의 제고와 관련 기관 및 부처들의 법적·제도적 책임을 증대시킬 것으로 기대된다(홍재환 외, 2012). 또한 향상된 대외적 책무성은 대내적 책무성과 선순환구조를 확립하여 원조에 대한 긍정적 인식을 확산시켜 사회적 합의를 구축하는 데에도 긍정적으로 기여할 것이다.

3. 원조효과성 제고

높은 원조효과성은 수원국의 실질적 발전과 복지에 긍정적 영향을 미쳐 원조에 대한 국민적 지지를 가져올 수 있다는 점에서 원조에 대한 사회적 합의 형성에 매우 중요하다. 즉, 원조효과성을 제고함으로써 원조를 둘러싼 다양한 갈등을 완화시킬 수 있는 것이다. 이를 위해서는 2005년 「원조효과성 제고를 위한 파리선언」을 통해서 합의된 국제적 규범을 준수할 필요가 있다.

먼저 원조 분절화의 문제를 해결하기 위한 방안 마련을 통해 원조의 효과성을 제고할 수 있다. 주요 선진 공여국의 경우 원조 분절화 문제를 해소하고 효과성을 제고하기 위하여 원조기관들을 통합하여 정책의 일관성을 확보하고 통합적 관리 체계를 마련하여 원조사업을 진행하고 있다(전용일 외, 2011). 일본의 경우, 한국과 유사한 원조 분절화 문제를 갖고 있었지만, 2008년 체제 개편을 통해 외무성은 원조정책 수립과 총괄 기능을 수행하고, JICA는 원조집행 기능을 담당하는 통합된 체계로 전환하였다. 이러한 제도적 개선은 행정 절차 및 비용 감소, 창구단일화를 통해 수원국의 혼란 감소, 신속하고 일관된 원조 집행에 긍정적 영향을 미친 것으로 분석되고 있다(김은미·김지현, 2009).

한국의 원조 분절화를 해소하기 위해서는 국무총리실 산하 국제개발협력위원회의 책임과 권한을 실질적으로 강화하거나, 통합 및 일원화된 원조기구를 새롭게 설립하는 방식 등이 고려될 수 있다(국회예산정책처, 2010). 강화된 국제개발협력위원회 혹은 일원화된 독립적 원조기구는 일관되고 장기적인 관점에서 원조정책을 수립하고 집행하여, 원조효과성을 높이고 이를 통해 원조에 대한 사회적 합의를 구축하는 데 기여할 것으로 기대된다.

원조효과성을 증진시키기 위한 이러한 노력들은 원조를 둘러싼 갈등을 완화시키는 데 도움을 줄 것이다. 원조효과성을 높이기 위한 원조의 비구속화는 한국 정부가 국제사회에 이미 공헌한 바가 있으며, 이를 위한 노력은 정부와 개발 NGO들 사이의 갈등을 완화시켜 줄 것이다. 한국의 원조사업 추진과 집행에 있어 개발협력 분야의 전문성을 지닌 민간의 전문기관들의 참여와 주도가 필요함에도 불구하고, 여전히 한국의 원조는 정부 중심의 사업이 진행되고 있다(참여연대, 2012). 따라서 다양한 민관협력Private-Public Partnership, PPP이나 시민사회단체를 통해 적은 비용으로 보다 큰 효과를 거두는 방식을 적극적으로 도모할 필요가 있다.

이러한 공식적인 제도 변화보다 중요한 것이 있다. 보다 중요한 것은 중장기적 관점에서 원조정책에 대한 범국민적 합의와 국회의 동의, 다양한 정치 행위자의 합의와 협력이다. 즉, 정권교체에 따라 새로운 형태의 원조가 생겨나고 사라지는 원조 행태는 원조 분절화의 문제를 더욱 악화시킬 뿐만 아니라 수원국과 국제사회에 대한 한국의 이미지 저하, 즉 공공외교 차원에서도 부정적 영향을 미칠 수 있다.[16] 또한 제도적 개선이 이뤄졌다고 해서 자연스럽게 원조효과성이 제고될 것이라고 기대하는 것은 천진난만하고naive 희망에 찬wishful 사고이다. 원조효과성을 제고하기 위해서는 수원국과의 협력뿐만 아니

16 2016년 5월 박근혜 정부는 아프리카 순방을 계기로, 찾아가는 보건, 한국 음식, 한국 문화 홍보 차량을 골자로 하는 '코리아 에이드(Korea Aid)'를 대대적으로 홍보하였다. 그러나 코리아 에이드는 "그동안 한국 정부가 국제규범에 맞춰 쌓아온 체계적인 원조 정책 수립 및 시행의 퇴보"라며 시민단체를 비롯한 여론의 거센 비판을 받았다. 『한겨레신문』, 「박 대통령표 원조모델 '코리아 에이드'에 '급조 이벤트' 비판」, 2016년 6월 4일 (검색일: 2016년 10월 20일).

라 다른 공여국과의 협력 역시도 필수적이다.

원조투명성 강화, 책무성 증진과 효과성 제고를 위한 한국 정부와 다양한 국내외 원조행위자의 조화로운 노력concerted efforts은 지구적 차원의 개발과 발전의 문제를 해결하는 데 기여할 것이다. 원조는 남반구와 북반구 사이, 남반구 국가들 사이, 선진국과 개발도상국 내부 등 다양한 층위에서 발견되는 양극화의 문제를 해결하고 이러한 양극화의 문제가 국가 간, 집단 간 갈등과 충돌로 악화되는 것을 완화하거나 해결함으로써 중요한 역할을 수행하고 있으며 미래에도 역시 그러할 것이다. 최빈국에서 공여국으로 전환한 과거의 경험으로부터 원조를 둘러싼 다양한 쟁점들을 해결하려는 현재의 노력은 한국이 지구적 차원에서의 발전에 어떻게 기여할 것인가에 대한 나침반이 되어줄 것이다.

제12장

성공적인 미래 정부

* 김공록(연세대학교 SSK 전임연구원)
* 문명재(연세대학교 행정학과 교수)

본 장은 각 장에서 제시한 주요 내용을 바탕으로 재구성 및 보완하여 작성되었다.

Shaping Government in the Future Society

우리는 개인으로서, 그리고 조직으로서 미래에 대한 꿈을 꾸고 이를 이루기 위해서 세부적인 설계를 한다. 지금까지 각 부분별로 제시한 세부적 논의는 다음과 같이 분류될 수 있다. 『대학大學』에서는, "만물에는 근본과 말본이 있듯이 모든 일에는 시작과 끝이 있기 때문에 선후를 알아 행하여야 한다."고 이르고 있다. 그중 가장 유명한 구절이 바로 "수신제가치국평천하修身齊家治國平天下"이다. 먼저 마음과 태도를 수양하고, 이를 바탕으로 가정을 바르게 다스리게 되고, 가정을 잘 다스리듯 나라도 잘 다스리게 되고, 마지막으로 나라를 잘 다스리듯 천하를 평정하게 된다는 말이다. 정부도 하나의 조직체로서 가치와 태도를 수양하고修身 이를 바탕으로 공공부문을 관리하고齊家, 민간과 시민단체를 포함한 국가 내 다양한 부문 간 관계를 잘 수행治國하며 궁극적으로 국제사회에서 책임 있는 일원으로 자리매김平天下해야 한다.

1. 수신修身으로서의 정부

정부가 갖추어야 할 마음가짐은 무엇인가. 이는 정부가 추구해야 하는 행정가치가 과연 무엇인가에 대한 질문이다. 행정가치로는 공공성, 효율성, 효과성, 대응성, 민주성 등의 다양한 가치들이 강조되어 왔다. 미래 정부에서는 책임성과 투명성이 보다 강조되어야 한다. 투명성은 정부활동에 대한 투명성transparency과 공무원의 투명성integrity으로 구분되어야 한다. 정약용은 『목민심서』「율기律己」편 '청심淸心' 조에서 공직자의 맑은 마음가짐, 즉 투명성을 강조하고 있다. 다산이 제시하는 청렴은 세 등급으로 구분되는데 최하의 청렴은 명분이 올바르지 않더라도 관례에 나와 있으면 받는 것이다. 중급의 청렴은 월급 외에 명분이 올바른 것이면 받고 올바르지 않으면 받지 않는다는 것이다. 최상의 청렴은 주어진 월급 외에는 아무 것도 먹지도 않고 먹고 남은 것도 집으로 가지고 가지 않아야 한다고 하였다. 또한 정부의 업무를 수행함에 있어서도 투명성transparency을 높여야 한다.

2010년 한국개발연구원KDI은 2010년 민간전문가 및 공무원 각 250명씩 총 500명을 대상으로 설문조사를 실시하였다.[1] 공무원과 민간전문가의 세대별 역량 인식을 살펴본 결과, 30대 중앙부처 사무관과 같은 연령대 대기업 신입 사원의 역량 인식은 거의 비슷한 비율로 나타났지만 40대 중앙부처 과장과 대기업 차장, 50대 중앙부처 실장과 대기업 임원의 역량을 비교하면, 연령이 높을수록 민간전문가가 공무원보다 우수한 것으로 인식되었다. 이는 정부의 인적관리 및 공무원 개인의 역량개발에 대해서 정부가 무관심했던 결과라고 생각된다. 정부와 공무원은 언제나 바른 마음을 가지고 스스로 배워나가 역량을 쌓아가는 자세가 필요하며 이를 위한 제도적 뒷받침이 필요하다.

2. 제가濟家로서의 정부

정부가 공공부문을 잘 운영하기 위해서는 먼저 미래 사회의 중요한 행정환경 변화가 무엇인지 알아야 한다. 이러한 환경변화를 예측하고 도래할 정책문제에 대응하며 정부의 성과관리, 인사관리, 중앙-지방자치단체 간의 역할을 재설정하여 미래 정부를 준비해야 한다.

미래 사회에서 가장 주목되는 행정환경 변화 요인은 다음과 같다. 먼저 경제적 측면으로 뉴노멀 시대에 대한 대응이다. 뉴노멀 시대는 경제 저성장시대라고 할 수 있는데 저성장, 저금리, 그리고 부채증가 등의 성장정체시대를 일컫는다. 두 번째는 미래 사회에 발생할 수 있는 다양한 문제를 일으키는 핵심문제에 대한 대비가 필요하다. 예를 들어, 저출산과 고령화 문제는 예측할 수 있는 사회적 문제이며 동시에 경제인구비율, 고령실업 및 고령빈곤자 문제, 1인가구의 증가와 같은 가계구성원의 변화, 학생 수 및 교육체계, 연령별 인구변화에 따른 정치적 역학관계 등의 중대한 사회적 변화를 파생시킨다. 세 번

---

1 『문화일보』. 「공무원, 나이들수록 민간전문가보다 역량 떨어져」. 2016. 5. 19.

째로 계몽된 국민을 넘어 역능화된 국민의 요구에 대응할 수 있어야 한다. 공공서비스의 질적 수준에 대한 국민의 기대를 충족시키지 못해 정부신뢰와 재정이 점차 악화되고 있다. 마지막으로 세계화가 심화되어 국가 및 지역 간의 경계가 사라지는 무경계사회에 대한 국제무역, 국제보건, 그리고 국제안보 등의 다양한 이슈에 대한 준비를 해야 한다. 특히 2015년도의 메르스 사태는 국제보건에 대한 정부의 준비가 얼마나 보여주기식이었는지 말해준다.

정부는 이러한 문제를 해결하기 위해서 일을 담당하는 인사관리, 공공서비스에 대한 성과관리, 그리고 정부 재정건전성 확보를 위한 지방재정분권에 대한 변화를 시도해야 한다. 옛말에 "구슬이 서 말이라도 꿰어야 보배"라는 말이 있다. 아무리 훌륭하고 좋은 정책이라도 의도한 바를 달성하기 위해서는 이들을 운영하고 집행하는 인적 역량의 강화가 전제되어야 한다. 정부는 각 영역별 합리성 제고에 초점을 두었던 전통적인 관리방식을 조직의 목표와 조직 내 개인의 비전 및 목표를 정합시키고자 하는 전략적 인적자원관리방식으로 변화시켜야 한다. 다시 말해서 조직 구성원의 능력이나 태도 등을 비롯한 조직 내부의 상황과 구조를 고려하는 가운데 전략적으로 조직을 외부환경의 변화에 부합fit시켜야 한다. 기존에는 조직 구성원의 직무만족 및 동기부여와 같은 심리적 측면이 강조되었다면 미래에는 조직과 개인이 일치성을 가지고 조직의 전략적 목표를 수행하도록 하는 방식이 더욱 효과적일 것이다.

정부의 인사관리에서 가장 손쉽게 활용되는 방법이 규모, 즉 수치를 바탕으로 한 변화이다. 공무원의 규모는 늘리기는 쉽지만 줄이기는 어렵다. 다시 말해서 사회적 요구에 따라서 정부기능을 확대하고 공무원의 수를 증가시키는 것은 쉽지만, 정부기능을 축소한 후 공무원의 수를 감축하긴 어렵다.[2] 또한 최근 우리나라 공무원의 역량이 다른 OECD 국가 공무원보다 낮다는 연구 결과는 충격적이다. 특히, 고위직으로 올라갈수록 역량이 떨어지고 역량과 임금이 반비례한다는 결과에 주목해야 한다. 이는 기존의 정원관리 중심의 인사제

---

2 문명재. 「추락하는 정책은 날개가 있다」. 『서울신문』. 2011. 2. 7.

도가 변화되어야 함을 보여준다.

정부는 공공서비스의 질적 수준을 높이기 위해서 공공서비스의 성과관리 체계를 구축하여 왔다. 공공서비스의 효과성 및 책임성을 제고하기 위해서는 투입을 중심으로 하는 전통적인 통제방식과 절차·규칙에 치중하는 업무행태에서 결과를 중심으로 하는 통합적 성과관리체계를 구축해야 한다. 현재 성과관리제도는 「정부업무평가기본법」과 「국가재정법」으로 양분화되어 분절적으로 운영되거나, 중복된 계획 수립 및 평가, 성과지표 설정의 어려움 등이 문제로 제기되고 있다. 또한 평가결과에 대한 공개도 매우 소극적이다. 따라서 정부성과관리제도를 일원화할 수 있는 법적 제도가 정비되어야 하며 성과정보 인증제와 같이 성과에 대한 신뢰성을 높이고 적극 활용할 수 있도록 하여야 한다.

정부의 공공서비스, 즉 정부 정책의 성과를 관리하기 위해서는 '성과의 역설performance paradox'을 유념해야 한다.[3] 정책의 성과가 미흡하거나 실패할 가능성이 높은 정책들이 지속적으로 추진되는 것을 성과의 역설이라고 부른다. 시간이 지나면 실패라고 판정된 정책이 황금알을 낳는 거위가 될 수도 있다. 정부 정책을 평가할 때는 이러한 점이 고려되어야 하지만 불행히도 수많은 정책실패를 경험하고도 이를 가슴에 새긴 정책결정자는 많지 않다.

3. 치국治國으로서의 정부

현 정부의 시스템에 가장 큰 영향을 준 것은 거버넌스governance 패러다임이다. 거버넌스 패러다임은 정부가 국가를 운영하는 데 더 이상 유일한 존재가 아니며, 민간부문, 비영리조직, 시민사회, 그리고 개인으로서의 국민을 함께 국가를 운영하는 주체 중의 일원으로 변화시켰다. 다양한 행위자가 협력하여

3 문명재, 「추락하는 정책은 날개가 있다」, 『서울신문』, 2011. 2. 7.

국가를 운영하는 만큼 다양하고도 상충적인 가치가 공존한다. 특히 성장에 기반한 효율성과 정의에 기반한 책임성이라는 두 가지 가치가 동시에 수용되어야 한다. 거버넌스 패러다임은 제일 먼저 정부에게 다양한 행위자들과의 '협력'을 강조했지만 상충적 가치가 공존하면서 초기의 거버넌스 패러다임과는 조금은 다른 양상을 보인다. 기존에는 정부의 역할 중의 일부, 즉 재정지원을 하거나 서비스 전달을 민간기업이나 비영리단체에게 이전한 후 협력하는 것이라면 미래에는 서로의 가치가 공존한다는 점이다. 공공부문이나 비영리조직에는 효율성과 수익성이 강조되고 민간기업에는 책임성과 사회적 가치 실현이 요구되는 것이다.

가장 대표적인 협력관계는 삼자간 민관협력tripartite PPP이다. 삼자간 민관협력은 정부기관, 민간기업, 그리고 비영리조직NPO의 협력이다. 민간기업은 정부로부터 재정지원에 의해 유인되는 것이 아니라 기업의 사회적 책임CSR에 의해서 참여하게 된다. 기업의 사회적 책임에서 나아가 사회적 기업은 효율성과 책임성이 화학적 융합을 이룬 것이다. 사회적 기업은 '사회적 가치'와 '착한 이윤'을 동시에 추구하는 조직이다. 또한 정부 내에서도 책임성의 가치가 강화되고 있다. 예를 들어 일-가정 양립제도, 고용과 승진의 차별을 철폐하는 기회 확대 제도, 인종, 국적, 성별, 성적 기호sexual preference, 장애 여부 등에 의거하여 조직 구성원을 차별하지 않고 공정하게 대우하여 그들의 능력을 발휘할 수 있도록 해야 한다는 논리가 자리 잡게 되었다. 이처럼 미래 사회의 정부는 거버넌스 패러다임의 발전적 형태로서 융합 패러다임이 어떻게 작동하고 어떠한 가치를 향해 나아가고 있는지 이해해야 한다. 또한 다수의 이해관계자 간의 상호 연계를 통해서 국가를 운영해야 하며 이들 사이에서 비교 우위적 입장을 고수하기 위해서는 새로운 역량을 지속적으로 키워나가야 한다.

정부가 추진해야 하는 다양한 정책 분야가 있겠지만 미래 사회에서 주목되어야 할 분야는 복지 분야이다. 앞서 논의하였듯이 뉴노멀 시대라 일컬어지는 저성장시대와 실업, 저출산과 고령화에 의한 인구구조 변화 등의 환경변화에 큰 영향을 받는 분야이기 때문이다. 지금까지 우리나라의 복지정책은 어떤 복지국가레짐에도 속하지 않은 유형이지만 남부 유럽과 유사한 자유주의형이고 국가별로는 미국과 그리스의 모습과 유사하다고 평가되고 있다. 남부 유럽 복지국가의 복지 성과는 대체로 낮은 편이기 때문에 미래를 대비하는 정부에게는 시급한 문제이다. 복지정책을 운영하기 위해서는 정부의 의지도 중요하지만 무엇보다 복지정책을 추진할 수 있는 재원을 마련해야 한다. 재원을 확보하는 데 다양한 방법이 제시되지만 기존의 세율을 올릴 수 없다면 미래 정부는 누구나 일할 수 있는 여건을 만들어야만 하고, 이는 세원을 확보하고 사회보험제도를 운영하는 기반이 될 것이다. 복지국가를 반대할 사람은 없겠지만 복지의 대상과 범위는 언제나 논쟁을 야기한다. 누가, 어떤 복지 혜택을, 언제, 어떻게 받아야 하는가라는 기회비용과 재원문제에 대한 복지논쟁은 언제나 뜨겁다.[4] 논쟁을 통한 정책학습이 보다 현명한 정책결정으로 이루어져야 할 것이다.

최근 한국의 정치·사회적 큰 변화는 시민 또는 국민의 전면적 등장이다. 국민(시민)은 정책의 수요자 또는 고객으로 객체화되었지만 점차 정책결정과 사회변화의 무대 앞으로 나오고 있다. 오바마 전 미국 대통령은 '열린 정부open government'를 통해서 일반 국민들의 정책 아이디어를 적극적으로 활용하기 위해 정책실험을 시행하였다.[5] 우리나라도 일찍이 온라인 정책공모 프로그램을 개발하여 '국민신문고'라는 통합된 사이트에 '민원신청'과 '국민제안'을 통해 국민들로 하여금 정부에 민원을 제기하고 관련 기관에 정책제안을 할 수 있도록 했다. 또한 서울시의 '천만상상 오아시스'도 다른 나라가 벤치마킹하고자 하는 우수 사례로 손꼽힌다. 정책문제에 대한 해결책을 스스로 구하는 인소싱insourcing이나 특정 주체로부터 구하는 아웃소싱outsourcing이 아니라 널리 일반 국민으로부터 구하는 크라우드소싱crowdsourcing 방식을 적용했다는 점에서 신선한 발상이다. 미래에는 국민이 국가운영에 직접 참여할 수 있는 다양한 기술발전이 이루어질 것이다. 기술과 함께 성숙 단계의 거버넌스를 구현해야 한다.

---

4 문명재. 「추락하는 정책은 날개가 있다」. 『서울신문』. 2011. 2. 7.
5 문명재. 「전자정부 일등을 지키는 게 더 힘들다」. 『서울신문』. 2011. 5. 14.

4. 평천하平天下로서의 정부

미래에는 국가 간, 지역 간 그리고 권역 간 경계가 점차 흐려질 것이다. 국제사회의 규범이 국가와 국내사회의 정책에 미치는 영향력은 점차 커질 것이다. 미래 정부는 국제사회와 긴밀한 협력을 하며 국제사회의 일원으로서 자리매김해야 한다.

우리나라의 국제관계는 1948년 대한민국 정부 수립 이후에 시작되었다. 냉전이라는 국제정치적인 틀 속에서 미국의 동아시아 안보 패러다임의 지대한 영향을 받았다. 미국을 중심으로 한 국제사회 안보 패러다임은 우리나라의 산업화 및 경제발전은 물론 행정 제도적 발전에 큰 영향을 미쳤다. 1960년대 들어 미국의 대한국 원조정책이 변화되고 궁극적으로 중단될 기미를 보이자 산업화를 위한 자금 확보에 고심하던 박정희 정부는 격렬한 국내적 반대에도 불구하고 한일 국교 정상화를 추진하였다. 월남전의 발발과 한국군의 월남파병은 미국과의 관계를 재형성할 수 있는 기회가 되었으며, 1965년 5월 존슨-박정희 제2차 정상회담에서 개발차관과 함께 해외건설사업, 해외물류, 중화학공업의 발판을 마련하였다고 평가받고 있다. 이처럼 우리나라는 1950년대 최빈국 위치에서 2010년 선진공여국 모임인 경제협력개발기구Organization for Economic Cooperation and Development, OECD 산하 개발원조위원회Development Assistance Committee, DAC에 가입하여 국제사회의 주목을 받고 있다. 1945년부터 국제사회로부터 원조를 받던 수원국인 우리나라가 60여 년 만에 원조를 제공하는 공여국이 되었을 뿐만 아니라 개발원조를 선도하는 대열에 서게 되었다. 수원국에서 공여국으로 지위를 전환한 국가는 지구 상에 우리나라밖에 없다고 한다. 이러한 독특한 입장 때문에 우리나라의 개발 경험에 대한 개도국의 수용성은 매우 높다. 이것이 바로 우리나라가 소프트 공적개발원조사업의 선도자가 될 수 있는 중요한 발판이다.[6] 2009~2011년 동안 인도네시아 정부역량 강화사

6 문명재. 「소프트 공적개발원조(ODA) 사업」. 『서울신문』. 2011. 7. 25.

업은 물자나 인프라를 지원하는 사업이라기보다는 정부기관과 공무원의 역량을 강화하는 데 초점을 맞춘 소프트웨어적 사업으로 성공적인 평가를 받고 있다.[7] 이는 장기적으로는 원조국에 물고기를 주는 것보다는 물고기 잡는 법을 전수하는 소프트 공적개발원조사업이 매우 효과적이고 지속가능성도 높다는 것을 보여준다.

지금까지의 역사적 상황을 고려할 때, 미래 정부의 국제관계에서 국가안보national security와 인간안보human security가 주요 쟁점이다. 국가안보적 측면에서 세계적으로 탈안보화를 이루었지만 동아시아 지역에서 군비경쟁이 가속화되는 '신냉전체제'가 구축되고 있다. 동아시아 지역에서 미국과 중국의 주도권 경쟁이 벌어지고 있는 상황에서 한국 정부는 중국이 주도하는 역내포괄적경제동반자협정Regional Comprehensive Economic Partnership, RCEP과 미국이 주도하는 환태평양경제동반자협정Trans-Pacific Partnership, TPP 간에 선택의 기로에 서있기도 하다. 미래의 안보 상황을 예측하기는 어렵지만 당분간 국가안보의 딜레마적 상황이 지속될 것이다.

인간안보적 측면에서는 보다 적극적인 활동과 국제사회에 대한 기여가 기대된다. 공적개발원조는 한국의 이미지를 향상시키고 장기적으로 국익을 증진시킬 수 있다. 원조 규모에 대한 국내의 부정적 의견을 설득하고 국민적 공감대를 확보하기 위해서 원조의 투명성을 제고해야 한다. 정부의 원조는 국민의 세금으로 추진되기 때문에 국민들에 대한 대내적 책무성을 높여야 할 뿐만 아니라 원조사업의 지속적인 사후관리를 통해 대외적 책무성도 높여야 한다.

미래 정부는 국가 간·지역 간 경계가 흐릿해질수록 국내사회와 국제사회 사이에서의 영향력이 증대할 것이다. 국제사회의 지구적 고민은 결국 개별 국가의 고민으로 연계가 될 것이다. 1992년 리우회의에서 도출된 「의제 21」에서는 지구의 지속가능성을 위해 의사결정에 활용될 수 있도록 국가적 및 국제적 수준에서의 지속가능성지표가 개발될 것을 요구한 바 있다. 2015년 지속가

7 문명재, 「소프트 공적개발원조(ODA) 사업」, 『서울신문』, 2011. 7. 25.

능발전목표Sustainable Development Goals, SDGs는 2000년에 제시된 새천년개발목표Millenium Development Goals, MDGs를 확대 계승하여 설정하였다. 우리나라는 1996년 3월 범정부 차원에서 작성되고 2000년 6월 환경의 날 대통령 연설을 통해 '인간과 자연이 더불어 사는 생명공동체 구현'이라는 이른바 '새천년 국가 환경비전'이 선포되었고 두 가지 후속조치가 이루어졌다. 이후 대통령 소속 지속가능발전위원회(2000년)가 출범하고 환경부의 「새천년 국가 환경비젼 추진계획(2001년)」을 수립하면서 체계적 정책추진을 위한 제도화가 시작되었다. 2007년 「지속가능발전기본법」이 제정되면서 법적 기반까지 마련하였다. 2015년 UN 선언문 「우리 세계의 변혁」에 따르면 지속가능발전을 위한 정부의 핵심적 역할을 언급하고 있으며 지속 가능한 개발 목표와 과제 이행의 진전 상황은 국가적·지역적·국제적 수준에서 점검해야 한다. 지속가능발전이라는 경제, 사회, 환경 모두를 아우르는 폭넓은 개념이 정책과 정부의 행태에 내재되기 위해서는 국가정책 속에 지속가능발전 개념을 접목해야 한다. 또한 지속가능발전목표 및 이행과제는 전 세계를 대상으로 제시된 것이기 때문에 우리나라의 실정에 맞게 재해석되어야 한다. 우리나라가 처한 사회·경제·환경적 실정에 맞게 17개 목표를 재해석하고, 그 중요도를 판단하며, 선택과 집중의 영역을 선별해야 한다. 또한 국내외 정책의 정책정합성policy coherence이 강조된다. 지속가능발전정책은 복수주체multi-actor, 복수차원multi-level, 복수부문multi-sector 하에서 다양하게 이루어지기 때문이다.

미래 정부는 국제관계에서 국가안보, 인간안보, 그리고 지속 가능한 목표의 국제규범에 적극적으로 대응해야 한다. 이러한 과정에서 정책적 정합성을 효과적으로 제고하기 위하여 국내외적 외부환경의 변화에 유연하게 대응하는 유연성flexibility과 정책의 안정성stability을 동시에 도모해야 한다. 한편 국제적으로 요구되는 정책의 일반성과 개별 국가의 고유한 정치·경제·사회·문화적 특수성을 효과적으로 접목시켜 나가야 한다.

참고문헌

제1장 뉴노멀 시대의 미래 정부: 도전과 변화

김윤이 외. (2015).『빅 빅처 2016: 특이점과 마주한 사회』. 서울: 생각정원.

문명재. (2017).「제4차 산업혁명과 초연결 지능형 미래정부」.『행정포커스』127호, 한국행정연구원.

문명재.「소프트 공적개발원조(ODA) 사업」.『서울신문』. 2011. 7. 25., 30면.

문명재.「주행한담으로 세상읽기」.『서울신문』. 2011. 4. 9., 26면.

문명재.「추락하는 정책은 날개가 있다」.『서울신문』. 2011. 2. 7., 30면.

문명재·윤인진.「시민·이익단체 참여 10년 새 17%p 하락」.『중앙일보』, 2015. 9. 9.

유재훈. (2010).「대중의 지혜를 내 것으로: 크라우드 소싱에 성공하려면」.『LG Business Insight, Weekly 포커스』, 1089호.

정현수.「'2%' 계속?... 정부, 저성장 장기화에 '노심초사'」.『머니투데이』, 2015. 11. 11.

조재정.「조재정의 세상이야기 – 저출산·고령화 대책에 부쳐」.『경기신문』, 2015. 11. 4.

최현준.「금융 위기 뒤 저성장·고실업 상황이 '새로운 정상': 전망조차 어려운 불확실한 상황이 '새로운 비정상'」.『한겨레신문』, 2013. 6. 23.

하연희·문명재. (2007).「정책목표 변화에 따른 정책도구의 전략적 선택 효과」.『정부학연구』, 13(2), 75-107.

KCERN.「스마트 전자정부, 정부 3.0」.『정책포커스』, 2017. 4. 5.

Brnstein et al. (2016). Beyond the Holarchy Hype. *Harvard Business Review*(July-August 2016).

OECD. (2015). *Government at a Glance.*

PwC. (2015). *Future of Government*. Tomorrow s Leading Public Body.

Thaler, R. H. & Sunstein, C. R. (2009). *Nudge*. PenguinBooks.

WEF. (2015). *Global Risks Report 10th Edition.*

World Bank. (2015). *World Bank Governance Indicator.*

Accenture. (2017). Government as a Platform. accenture e-publishing, https://www.accenture.com/us-en/insight-government-platform
www,redtapechallenge.cabinetoffice.gov.uk
https://18f.gsa.gov/

제2장 공공 가치의 융합과 미래정부

권구혁 · 김범성 · 김영조 · 임성준. (1999). 「우리나라 기업의 경영환경, 경영전략 및 조직 구조와의 관계: 성과에 대한 함의 분석」. 『전략경영연구』, 2(2): 41-73.
기획예산처. (2007). 『공공기관 혁신의 새로운 장을 열다: 참여정부의 공공기관 혁신 성과』.
김경휘 · 반정호. (2006). 「한국 상황에서의 사회적 기업의 개념과 유형에 관한 소고」. 『노동정책연구』, 6(4): 31-54.
김문조. (2009). 「융합사회의 소통양식 변화와 사회진화 방향연구」. 『디지털 컨버전스 기반 미래연구(I) 시리즈』, 09-19.
나태준. (2010). 「정책수단으로서 시민참여의 역할과 한계: 서울시 사례를 중심으로」. 『현대사회와 행정』, 20(1): 95-116.
이항영 · 백경민 · 장용석. (2007). 「한국기업의 사외이사 선임: 조직이론적 접근」. 한국사회학, 41(2): 27-66.
장용석 · 김회성 · 황정윤 · 유미현. (2015). 『사회적 혁신 생태계 3.0』. CS컨설팅&미디어.
장용석 · 정장훈 · 조승희. (2013). 「인적자원관리제도 운영의 딜레마: 효율성과 책임성의 공존에 관한 공사 부문 비교 분석」. 『한국행정학보』, 48(2): 27-53.
장용석 · 조문석 · 정장훈 · 김용현 · 최정윤. (2011). 「융합사회와 거버넌스」. 『사회와 이론』, 18: 237-281.
장용석 · 조희진. (2013). 「공공-민간 경영 패러다임의 융합적 전환: 변화의 추세와 조직의 대응」. 『인사조직연구』, 21(3): 69-104.
전용식. (2015). 「주요국 사회적 기업의 실패사례와 시사점」. 『KERI 정책제언』: 15-28.
정장훈. (2012). 「국제환경협력 참여의 결정요인: 생태계 보호를 위한 람사협약을 중심으로」. 『한국정책학회보』, 21(1): 155-189.
정장훈 · 조문석 · 장용석. (2011). 「일-가정양립제도의 도입과 디커플링이 조직성과 향상에 미치는 영향」. 『노동정책연구』, 11(2): 179-215.
정재호. (2013). 「자본주의의 미래와 기업의 역할: 경제학적 관점에서의 기업」. 한국인사조직학회 동계심포지엄 발표 논문.

조영복 · 양용희 · 김혜원. (2008). 「사회적 기업 육성을 위한 중장기 정책방향」. 『사회적기업연구』, 1(2): 61-89.

조희진. (2014). 「공공가치의 융합적 전환－정부의 효율성과 시장의 책임성을 중심으로－」. 연세대학교 박사학위논문.

조희진 · 장용석. (2016). 「사회적 기업의 지속가능성과 사회적 기업가 정신」. 『한국정책학회보』, 25(4): 329-358.

한신대학교 산학협력단. (2012). 「2011 사회적기업 성과분석 보고서」. 한국사회적기업진흥원 & 고용노동부.

한국노동연구원. (2013). 「2012 사회적기업성과분석」. 한국사회적기업진흥원.

한국노동연구원. (2014). 「2013 사회적기업성과분석」. 한국사회적기업진흥원.

Bae, J. H. (2013). *Business and Market Distinctions: Companies in Terms of Corporate Theories*. Paper presented at the annual meeting of the Korean Academy of Management, Seoul.

Bailey, R. (1994). Annual Review Article 1993: British Public Sector Industrial Relations. *British Journal of Industrial Relations*, 32(1): 113-136.

Bingham, L. B., & O'Leary, R. (2008). *Big Ideas in Collaborative Public Management*, M.E. Sharpe INC.

Brown, T. L., & Potoski, M. (2003). Transaction Costs and Institutional Explanations for Government Service Production Decisions. *Journal of Public Administration Research and Theory*, 13(4): 441-468.

Brunsson, N., & Sahlin-Andersson, K. (2000). Constructing Organizations: The Case of Public Sector Reform. *Organizational Studies*, 21: 721-746.

Campbell, J. L. (2007). Why Would Corporations Behave in Socially Responsible Ways? An Institutional Theory of Corporate Social Responsibility. *Academy of Management Review*, 32(3): 946-967.

Dahlström, C., & Lapuente, V. (2010). Explaining Cross-Country Differences in Performance-Related Pay in the Public Sector. *Journal of Public Administration Research and Theory*, 20: 577-600.

Dart, R. (2004). The Legitimacy of Social Enterprise. *Nonprofit Management and Leadership*, 14(4): 411-424.

Davis, G. F., Whitman, M. V. N., & Zald, M. N. (2008). The Responsibility Paradox. *Stanford Social Innovation Review*, Winter: 31-37.

Frank, D. J., Meyer, J. W., & Miyahara, D. (1995). The Individualist Polity and the

Centrality of Professionalized Psychology. *American Sociological Review*, 60: 360-377.

Galbraith, J. K. (1996). *The Good Society: The Humane Agenda*. Boston: Houghton Mifflin.

Hwang, H., & Colyvas, J. A. (2011). Problematizing Actors and Institutions in Institutional Work. *Journal of Management Inquiry*, 20(1): 62-66.

Hwang, H., & Powell, W. W. (2009). The Rationalization of Charity: The Influences of Professionalism in the Nonprofit Sector. *Administrative Science Quarterly*, 54: 268-298.

Hwang, H. (2006). 'Planning Development: Globalization and the Shifting Locus of Planning', in Drori, G. S., Meyer, J. W., & Hwang, H. (eds.), *Globalization and Organization: World Society and Organizational Change*. New York: Oxford Press.

Jang, Y. S. (2006). 'Transparent Accounting as a World Societal Rule' in Drori, G. S., Meyer, J. W., & Hwang, H. (eds.), *Globalization and Organization: World Society and Organizational Change*. New York: Oxford Press.

Kaletsky, A. (2011). *Capitalism 4.0: The Birth of a New Economy in the Aftermath of Crisis*. NY: Public Affairs.

Lee, C. K., & Strang, D. (2006). The International Diffusion of Public-Sector Downsizing: Network Emulation and Theory-Driven Learning. *International Organization*, 60: 883-909.

Lim, A., & Tsutsui, K. (2012). Globalization and Commitment in Corporate Social Responsibility: Cross-National Analyses of Institutional and Political-Economy Effects. *American Sociological Review*, 77(1): 69-98.

Mendel, P. (2006). 'The Making and Expansion of International Management Standards: The Global Diffusion of ISO 9000 Quality Management Certificates', in Drori, G. S., Meyer, J. W., & Hwang, H. (eds.), *Globalization and Organization: World Society and Organizational Change*. New York: Oxford Press.

Meyer, J. W., & Bromley, P. (2012). *The Worldwide Expansion of "Organization"*. The 8th New Institutionalism Workshop.

Meyer, J. W., & Jepperson, R. (2000). The Actors of Modern Society: The Cultural Construction of Social Agency. *Sociological Theory*, 18(1): 100-120.

Meyer, J. W., & Rowan, B. (1977). Institutionalized Organizations: Formal Structure as Myth and Ceremony. *American Journal of Sociology*, 83: 340-363.

Meyer, J. W. (2000). Globalization: Sources and Effects on National States and Societies. *International Sociology*, 15(2): 233-248.

__________ (2002). 'Globalization and the Expansion and Standardization of Management', in Sahlin-Andersson, K., & Engwall, L. (eds.), *The Expansion of Management Knowledge: Carriers, Flows, and Sources*. California: Stanford University Press.

Meyer, J. W., Boli, J., Thomas, G. M., & Ramirez, F. O. (1997). World Society and the Nation-State. *The American Journal of Sociology*, 103(1): 144-181.

Meyer, J. W., Drori, G. S., & Hwang, H. (2006). World Society and the Proliferation of Formal Organization, in Drori, G. S., Meyer, J. W., & Hwang, H. (eds.), *Globalization and Organization: World Society and Organizational Change*. New York: Oxford Press.

Moon, H., & Wotipka, C. M. (2006). The Worldwide Diffusion of Business Education, 1881-1999: Historical Trajectory and Mechanisms of Expansion, in Drori, G. S., Meyer, J. W., & Hwang, H. (eds.), *Globalization and Organization: World Society and Organizational Change*. New York: Oxford Press.

Moynihan, D. P. (2006). Managing for Results in State Government: Evaluating a Decade of Reform. *Public Administration Review*, 66(1): 77-89.

Rifkin, J. (2010). *The Empathic Civilization: The Race to Global Consciousness in a World in Crisis*. Tarcher/Penguin.

Rittel, W. J., & Webber, M. M. (1973). Dilemmas in a General Theory of Planning. *Policy Sciences*, 4(2): 155-169.

『사회적 기업 성과보고서』. (2012-2014).

『조선일보』. 「혁신으로 일구는 '착한 이윤' 자본주의 진화 모델 만든다」. 2012. 11. 24.

한국사회적기업진흥원 홈페이지. http://www.socialenterprise.or.kr.

제3장 미래정부와 협력적 거버넌스

Acerete, B., Stafford, A., & Stapleton, P. (2012). New development: New global health care PPP developments a critique of the success story. *Public Money & Management*, 32(4): 311-314.

Ansell, C., & Gash, A. (2008). Collaborative governance in theory and practice.

Journal of Public Administration Research and Theory, 18: 543-571.

Austin, J. E. (2010). *The collaboration challenge: How nonprofits and businesses succeed through strategic alliances* (Vol. 109). John Wiley & Sons.

Austin, J. E., & Seitanidi, M. M. (2012). Collaborative value creation: A review of partnering between nonprofits and businesses: Part I. Value creation spectrum and collaboration stages. *Nonprofit and Voluntary Sector Quarterly*, 0899764012450777.

Bryson, J. M., Crosby, B. C., & Stone, M. M. (2006). The design and implementation of Cross-Sector collaborations: Propositions from the literature. *Public Administration Review*, 66(s1): 44-55.

Carroll, A. B. (1979). A three-dimensional conceptual model of corporate social performance. *Academy of Management Review*, 4(4): 497-505.

DiMaggio, P. J., & Powell, W. W.(Eds.). (1991). Introduction. *In The New Institutionalism in Organizational Analysis*: 1-38. Chicago: University of Chicago Press.

Donahue, J. (2004). *On collaborative governance*. Corporate Social Responsibility Initiative Working Paper No. 2, Cambridge, MA: John F. Kennedy School of Government, Harvard University.

Donahue, J. D., & Zeckhauser, R. J. (2006). Public-private collaboration. In Michael Moran, Martin Rein, and Robert E. Goodin (eds.), *The Oxford Handbook of Public Policy*, Oxford: Oxford University Press, 496-525.

____________________ (2011). *Collaborative Governance: Private Roles for Public Goals in Turbulent Times*. Princeton, NJ: Princeton University Press.

Drucker, P. F. (1984). Converting social problems into business opportunities: The new meaning of corporate social responsibility. *California Management Review*, 26(2): 53-63.

Fernandes, C., Ferreira, M., & Moura, F. (2016). PPPs-True Financial Costs and Hidden Returns. *Transport Reviews*, 36(2): 207-227.

Frey, B. S. (1993). Does monitoring increase work effort? The rivalry with trust and loyalty. *Economic Inquiry*, 31: 663-670.

Friedman, M. (1970). The social responsibility of business is to increase profit. In Rae, S. B., & Wong, K. L. (Eds.), Beyond Integrity: A Judeo-Christian Approach (pp. 241-245). Grand Rapids, MI: Zondervan Publishing House.

Globerman, S., & Vining, A. R. (1996). A framework for evaluating the government contracting-out decision with an application to information technology. *Public Administration Review*, 56(6): 577-586

Godfrey, P. C., & Hatch, N. W. (2007). Researching corporate social responsibility: An agenda for the 21st century. *Journal of Business Ethics*, 70(1): 87-98.

Hong, S. (2016a). When does a public–private partnership (PPP) lead to inefficient cost management? Evidence from South Korea's urban rail system. *Public Money & Management*, 36(6): 447-454.

______ (2016b). What are the areas of competence for central and local governments? Accountability mechanisms in multi-level governance. *Journal of Public Administration Research and Theory*, 27(1): 120-134.

Hood, C. (2011). *The Blame Game*. Princeton University Press.

Huxham, C., & Vangen, S. (2013). *Managing to collaborate: The theory and practice of collaborative advantage*. Routledge.

Irvin, R. A. (2005). State regulation of nonprofit organizations: Accountability regardless of outcome. *Nonprofit and Voluntary Sector Quarterly*, 34(2): 151-178.

Kelman, S., Hong, S., & Turbitt, I. (2013). Are there managerial practices associated with the outcomes of an interagency service delivery collaboration? Evidence from British crime and disorder reduction partnerships. *Journal of Public Administration Research and Theory*, 23(3): 609-630.

Kelman, S., & Hong, S. (2016). "Hard," "Soft," or "Tough Love" Management: What Promotes Successful Performance in a Cross-Organizational Collaboration?. *International Public Management Journal*, 19(2): 141-170.

Keim, G. D. (1978). Managerial behavior and the social responsibility debate: Goals versus restraints. *Academy of Management Journal*, 21(1): 57-68.

Lantos, G. P. (2001). The boundaries of strategic corporate social responsibility. *Journal of Consumer Marketing*, 18(7): 595-630.

Letts, C. W., Ryan, W., & Grossman, A. (1997). Virtuous Capital: What foundations can learn from venture capitalists. *Harvard Business Review*, 75(2): 36-44.

Letts, C. W., Brown, L. D., & Alvord, S. H. (2003). *Social entrepreneurship: Leadership that facilitates societal transformation, an exploratory study*. Center for Public Leadership Working Paper Series: 03-05.

Mackey, A., Mackey, T. B., & Barney, J. B. (2007). Corporate social responsibility and firm performance: Investor preferences and corporate strategies. *Academy of*

Management Review, 32(2): 817-835.
MacIndoe, H. (2013). Reinforcing the Safety Net Explaining the Propensity for and Intensity of Nonprofit-Local Government Collaboration. *State and Local Government Review*, 45(4): 283-295.
McWilliams, A., & Seigal, D. (2001). Corporate social responsibility: A theory of the firm perspective. *Academy of Management Review*, 21: 117-127.
Peloza, J., & Hassay, D. N. (2006). Intra-organizational volunteerism: Good soldiers, good deeds and good politics. *Journal of Business Ethics*, 64(4): 357-379.
Provan, K., & Milward, H. B. (1995). A preliminary theory of network effectiveness: a comparative study of four community mental health systems. *Administrative Science Quarterly*, 40: 1-33.
Rivenbark, W. C., & Paul, W. M. (2006). Building results-based management capacity in nonprofit organizations: The role of local government. *Public Performance and Management Review*, 29: 255-266.
Suchman, M. C. (1995). Managing legitimacy: Strategic and institutional approaches. *Academy of Management Review*, 20(3): 571-610.
Sundaramurthy, C., & Lewis, M. (2003). Control and collaboration: Paradoxes of governance. *Academy of management review*, 28(3): 397-415.
Young, S. L., & Makhija, M. V. (2014). Firms' corporate social responsibility behavior: An integration of institutional and profit maximization approaches. *Journal of International Business Studies*, 45: 670-698.

제4장 더 나은 미래를 위한 갈등 해결과 통합

강원택·한준·이명진·윤성이·가상준·최흥석·정정화·금재호·이주하. (2014). 『한국형 사회 갈등 실태 진단 연구』. 서울: 국민대통합위원회.
강원택. (2005). 「한국의 이념 갈등과 진보·보수의 경계」. 『한국정당학회보』, 4(2): 193-217.
고길곤. (2017). 「경제·산업·에너지 분야. 제19대 대통령선거 후보자 정책공약 평가 대토론회(I) 발표자료」.
국민대통합위원회. (2013). 『2013년도 국민통합에 관한 국민의식조사』.
국민대통합위원회. (2015). 『2015년도 국민통합에 관한 국민의식조사』.
국민대통합위원회. (2016). 『2016년도 국민통합에 관한 국민의식조사』.
김재한·한준·김지희. (2001). 『신뢰에 대한 국민의식조사』. 한림대학교 한림과학원.

김호기 외. (2015). 『한국사회 계층갈등과 해소방안 연구』. 서울: 국민대통합의원회.
김호기 · 고동현 · 김영범 · 최성수. (2015). 『한국사회 계층갈등과 해소방안 연구』. 서울: 대통령소속 국민대통합위원회.
나태준. (2010). 「정책수단으로서 시민참여의 역할과 한계: 서울시 사례를 중심으로」. 『현대사회와 행정』, 20(1): 95-116.
노현웅. 「한국 '평등한 나라' 순위 18위에서 27위로…새 지니계수 신뢰성 얻을까」. 『한겨레신문』, 2017. 3. 6.
박준. (2013). 「한국 사회 갈등 현 주소」. 『제2차 국민대통합 심포지엄 발표자료』.
박혜림. 「지하철 요금인상 '세대갈등' 비화조짐」. 『헤럴드경제』, 2015. 11. 24.
신미식. (2011). 「한국 민주시민교육 활성화를 위한 평생교육의 역할」. 『한국동북아논총』, 16(4): 219-242.
안재욱 · 나태준 · 김대호 · 남경화 · 박주병 · 신중섭 · 이정훈 · 조준모. (2016). 『세대 간 갈등 해소와 상생방안』. 서울: 국민대통합위원회.
이내영. (2011). 「한국사회 이념갈등의 원인: 국민들의 양극화인가, 정치엘리트들의 양극화인가?」. 『한국정당학회보』, 10(2): 251-287.
이주형 · 가상준 · 임재형 · 김강민 · 김재신. (2014). 『공공갈등관리 사례분석과 외국의 공공갈등관리제도 조사』. 서울: 국회예산정책처.
정용덕. (2010). 「공공갈등과 정책조정 연구」. 『행정논총』, 48(4): 1-30.
정진성 · 이재열 · 박경숙 · 정재기 · 남은영 · 장진호. (2007). 『외환위기 10년 국민의식조사』. 서울대학교 사회발전연구소.
최락선. 「김무성 등 바른정당 의원 6명, 총선공약 불이행 대국민사과…세비 반납은 안해」. 『조선일보』, 2017. 5. 31.
최장집. (2010). 『민주화 이후의 민주주의: 한국 민주주의의 보수적 기원과 위기』. 개정2판. 서울: 후마니타스.
통계청. 「2016년 소득분배지표」, 2017. 5. 25. 보도자료.
한국행정연구원. (2013). 『세대 간 갈등이 유발할 미래위험 관리』.
한준 · 설동훈. (2007). 『한국의 이념갈등 현황 및 해소방안』. 서울: 한국여성정책연구원.

『매경이코노미』. 「'빈틈없는 정부(seamless government)' 만드는데 전력 다해야」. 2017. 5. 21.

Christensen, T., & Laegreid, P. (2011). Democracy and Administrative Policy: Contrasting Elements of New Public Management (NPM) and Post-NPM. *European Political Science Review*, 3(1): 125-146.

Cooper, T. L., Bryer, T. A., & Meek, J. W. (2006). Citizen-Centered Collaborative Public Management. Public Administration Review, 66(s1): 76-88.

Hirsch, F. (1976). *Social Limits to Growth. London*, Routledge & Kegan Paul.

IMF. (2016). *Sharing the Growth Dividend: Analysis of Inequality in Asia*. Washington D.C.: IMF.

Nye, J. S. et al. (1997). *Why People Don't Trust Government*. Harvard University Press.

OECD. (2014). *All on Board: Making Inclusive Growth Happen*. Paris: OECD.

Schattschneider, E. (1975). *The Semi-Sovereign People: A Realist's View of Democracy in America*. NY: Harcourt Brace Jovanovich College Publishers.

World Wealth and Income Database. (2014). The World Top Incomes Database. http://wid.world/

제5장 지속가능발전을 위한 정부의 역할

강상인. (2015). 「UN 지속가능발전목표(SGDs)이행」. 『KEI포커스』, 3(1).

관계부처합동. (2016). 「제3차 지속가능발전기본계획(2016-2035)」.

박경애. (2016). 「지속가능발전목표 모니터링을 위한 글로벌 지표 마련」. 『국가통계연구소 소식지』, 9: 7-9.

박영실·이영미. (2016). 「SDGs 국가지표 개발 연구: 글로벌 지표 분석을 중심으로」. 『2016 국가통계방법론 심포지엄 자료』.

오정화·박영실. (2015). 『지속가능발전의제에 대한 국가통계 대응방안 수립』. 통계청 통계개발원.

윤경준. (2005). 「지속가능성지수에 대한 비판적 고찰: 지표체계와 가중치 설정문제를 중심으로」. 『한국정책과학학회보』. 9(1): 1-25.

윤경준. (2012). 「'저탄소 녹색성장'정책 다시 보기: 비판적 평가 및 전망」. 『한국정책학회보』, 21(2): 333-359.

이태주. (2015). 「SDG 이행수단과 책무성 메커니즘 및 글로벌 파트너십」. 『2030 개발의제 시대의 지속가능발전목표(SDGs)와 이행전략』: 19-30.

정혜주. (2015). 『국내이행과제. 2030 개발의제 시대의 지속가능발전목표(SDGs)와 이행전략』: 129-148.

코이카. (2016). 「알기 쉬운 지속가능발전 목표」.

한국법제연구원. (2014). 「지속가능발전과 녹색성장 등 관련 법체계 연구」.

한국정책학회. (2012). 「국정운영 및 정책조정 거버넌스에 관한 연구」.

환경부. (2013). 「Post Rio+20에 적합한 지속가능발전정책 추진방안 연구」.
환경부. (2014). 「지속가능발전목표(SDGs) 세부대응전략 수립을 위한 연구」.
환경부. (2016). 「국가지속가능성평가 등에 관한 연구」.

Dernbach, J. C., & Cheever, F. (2015). Sustainable Development and Its Discontents. *Journal of Transnational Environmental Law*, 4(2): 247-287.

Fishman, A. (2015). Jump-starting the SDGs: 4 Lessons from Early Adopters. www. https://www.irforum.org/

House of Commons International Development Committee. (2016). UK implementation of the Sustainable Development Goals. First Report of Session 2016-17.

IEAG. (2014). A World that Counts: Mobilizing the Data Revolution for Sustainable Development.

IGES(Institute for Global Environmental Strategies). (2014). Governance and National Sustainable Development Strategies: Implications for the SDGs.

Hardee, K., Irani, L. K., Maclnnis, R., & Hamilton, M. (2012). Linking Health Policy with Health Systems and Health Outcomes: A Conceptual Framework. Washington, DC: Futures Groupm Health Policy Project.

IUCN(International Union for Conservation of Nature and Natural Resources). (1980). World Conservation Strategy: Living Resource Conservation for Sustainable Development.

Kroll, C. (2015). Sustainable Development Goals: Are the rich countries ready? BertelsmannStiftung.

Leblanc, D. L. (2015). Towards Integration at last? The Sustainable Development Goals as a network of targets. DESA Working Paper No. 141.

Morales, E. S. (2015). Implementing Policy Coherence for Sustainable Development beyond 2015. In OECD. Better Policies for Development 2015: Policy Coherence and Green Growth. OECD: 35-58.

Niestroy, I. (2014). Governance for Sustainable Development: How to support the implementation of SDGs? ASEF Outlook Report 2014/2015: Facts and Perspectives: 151-165.

Nilsson, M., Griggs, D., & Visbeck, M. (2016). Policy: Map the interactions between Sustainable Development Goals. *Nature*, 534: 320-322.

O'Connor, D., Mackie, J., Van Esveld, D., Kim, H., Scholz, I., & Weitz, N. (2016). Universality, Integration, and Policy Coherence for Sustainable Development:

Early SDG Implementation in Selected OECD Countries. Working Paper, World Resources Institute.

OECD. (2008). Policy Coherence for Development: Lessons Learned. Policy Brief, December 2008.

OECD. (2011). Towards Green Growth: A Summary for Policy Makers.

OECD. (2016). Better Policies for Sustainable Development 2016: A New Framework for Policy Coherence, OECD Publishing, Paris.

Pisano, U., Lange, L., Berger, G., & Hametner, M. (2015). The Sustainable Development Goals(SDGs) and their impact on the Europena SD governance framework. ESDN Quarterly Report, No.35. European Sustainable Development Network.

Proposals for UN development goal face criticism (Financial Times 2014).

Sachs, J. D. (2012). From Millennium Development Goals to Sustainable Development Goals. Lancet, 379: 2206-2211.

SDSN(Sustainable Development Solution Network). (2015). Indicators and a Monitoring Framework for Sustainable Development Goals: Launching a Data Revolution for the SDGs.

UN. (2015a). Lessons on Monitoring and Implementation of the MDGs for the Post-2015 Development Agenda, based upon Five Illustrative Case Studies.

UN. (2015b) Transforming Our World: the 2030 Agenda for Susatainable Development. A/Res/70.1

WCED(World Commission on Environment and Development). (1987). Our Common Future.

Zeijl-Rozema, A., Cörvers, R., & Kemp, R. (2007). Governance for sustainable development: a framework. Paper for Amsterdam Conference on 'Earth System Governance: theories and strategies for sustainability.'

제6장 미래정부의 인적자원관리

강성철. (2014). 『새 인사행정론』. 서울: 대영문화사.

김호섭·김판석·유홍림·김대건. (2011). 『행정과 조직행태』. 서울: 대영문화사.

박성민. (2017). 『인사혁신론: 이론과 실제』. 서울: 박영사.

박성민·김선아. (2015). 『조직과 인간관계』. 서울: 박영사.

박성민·최성주·김선아. (2015). 『공직의 경쟁력 수준진단을 위한 정부 인사혁신지수

개발』. 성균관대학교 공공인재개발연구센터. 인사혁신처
박천오·권경득·권용수·조경호·조성한·최성주. (2016).『인사행정론』. 파주: 법문사
박천오·주재현. (2007).「정부관료제와 민주주의: 정부관료제의 책임과 통제 확보를 통한 조화의 모색」.『행정논총』, 45(1): 221-253.
배귀희·임승후. (2008).「전략적 인적자원관리(SHRM)의 공공부문 도입에 관한 탐색적 연구: 자원기반이론(RBV)의 관점에서」.『한국사회와 행정연구』, 18(4): 63-89.
안양호. (2009).「정부인력관리계획의 성공적 정착방안」.『한국인사행정학회보』, 8(1): 121-143.
유민봉·박성민. (2014).『한국인사행정론』. 서울: 박영사.
유민봉·임도빈. (2007).『인사행정론』. 서울: 박영사
최재용. (2016).「미래지향적 인사혁신: 전문직공무원 공직전문성 강화」. 한국행정연구원.『행정포커스』: 36-41.

Amstrong, S., & Sotala, K. (2012). How we're predicting AI – or failing to. Tech. Rep. Oxford: Future of Humanity Institute, Oxford University.
Burack, E. H., Burack, M. D., Miller, D. M., & Morgan, K. (1994). New Paradigm Approaches in Strategic Human Resource Management. *Group & Organization Management*, 19(2):141-159.
KPMG. (2014). *Future State 2030: The Global Megatrends Shaping Governments*. (assets.kpmg.com)
PWC. (2013). *Future of Government*. (www.psrc.pwc.com)
US. Government Acoountability Office. (2013). *Serving the Congress and the Nation: Strategic Plan 2014-2019*, GAO-14-1SP.
US. Office of Personnel Management. (2005). *HCAAF Practitioner's Guide*, Section I-3~I~5.
US. Office of Personnel Management. (2013). *2014-2018 Strategic plan*.
UNDP. (2006). *Public Administration Country Profile-USA*.
World Economic Forum. (2011). *The future of government: Lessons learned from around the world*.
Wright, P. M., & McMhan, G. C. (1992). Theoretical Perspectives for Strategic Human Resource Management. *Journal of Management*, 18(2): 295-320.

강은숙 · 공병천. (2007). 「공공부문의 평가제도와 성과관리제도 간 연계화 방안」. 『국제해양문제연구』, 19: 121-152.

강정석. (2011). 『정부업무평가의 수용성 강화방안』. 한국행정연구원 보고서.

공동성 · 박중훈 · 이정욱(2011). 『정부업무 성과관리제도 발전방안 연구』. 국무총리실 보고서.

공병천. (2008). 「통합성과관리체계 하에서의 성과관리와 평가에 관한 소고: 중앙행정기관을 중심으로」. 『한국정책학회보』, 17(1): 55-79.

국무총리실. (2009). 『성과관리제도 운영방안』. 국무총리실 보고서.

국회예산정책처. (2009). 『2008년도 결산 성과정보 분석: 정부사업 성과정보의 신뢰성 부족 유형 분석』. 국회예산정책처 보고서.

국회예산정책처. (2010). 『성과관리 시행계획(성과계획) 수립 및 평가방법』. 국회예산정책처 보고서.

국회예산정책처. (2012). 『2012년도 정부 성과계획서 평가』. 국회예산정책처 보고서.

금재덕 · 양승범 · 이정욱 · 정장훈 · 조문석. (2014). 「성과관리제도의 운영실태에 관한 분석: 중앙행정기관을 중심으로」. 『현대사회와 행정』, 24(1): 189-212.

금재덕 · 임소영. (2016). 「한국과 미국의 성과주의 예산의 제도화 비교분석」. 『한국행정연구』, 25(3): 129-168.

기획재정부. (2009). 『2009 나라살림』(예산개요 참고자료).

김주환. (2009). 「정부업무평가제도에 대한 운영평가연구: 자체평가의 운영방향을 중심으로」. 『정책분석평가학회보』, 19(3): 187-218.

김창봉. (2011). 『복권기금사업 평가를 위한 성과평가체계 고도화 작업에 관한 연구』. 기획재정부 보고서.

김현민. (2010). 『재정성과주의 관점의 R&D 사업 성과평가 방안 연구』. 한국과학기술기획평가원 보고서.

류호상 · 정석창. (2013). 『산림청 자체평가체계 개선방안에 관한 연구』. 산림청 보고서.

박노욱. (2007). 「우리나라 재정 성과관리제도의 현황 및 평가」. 『재정포럼』, 9: 6-17.

박노욱. (2009). 「재정성과관리제도의 국제적 동향과 시사점: 주요 쟁점을 중심으로」. 『재정포럼』. 7: 8-10.

박노욱. (2015). 『재정사업 성과평가제도 개선』. 한국조세재정연구원 보고서.

박노욱 · 박선영 · 이보화. (2013). 『재정사업 자율평가와 PI보드 확립 및 연계방안』. 한국조세연구원 보고서.

박승규. (2012). 「정부성과관리제도의 통합화 및 개선방안에 관한 연구: 산림청 성과관리제도에 대한 인식조사를 중심으로」. 고려대학교 석사학위논문.

박중훈·이광희. (2008). 『성과정보의 내용 및 생산방법의 적절성에 관한 연구』. 한국행정연구원 보고서.

박창균. (2013). 『2012 경제발전경험모듈화사업: 한국의 재정사업 성과관리 제도』. 기획재정부 보고서.

박홍엽. (2012). 「재정성과목표관리제도의 운영실태 분석과 개선방안: 성과계획서를 중심으로」. 『예산정책연구』, 1(2): 167-202.

방문규. (2009). 「재정사업자율평가 결과가 예산결정에 미치는 영향 분석」. 성균관대학교 국정관리학과 박사학위논문.

배득종·강경훈·허웅·최용락. (2013). 『2012 경제발전 경험모듈화사업: 재정관리정보시스템 구축·운영 경험 및 방법론』. 기획재정부 보고서.

신상훈·차경엽. (2009). 『성과보고서의 성과목표치 및 데이터 품질 적정성 검사방안 연구』. 감사연구원 보고서.

신홍철. (2008). 「대한민국 정부의 성과관리 과제와 개선방안」. 『관리회계연구』, 7(3): 19-59.

오영민. (2014). 「재정사업성과평가제도의 운영성과와 제도적 개선방안」. 『재정포럼』, 12: 6-22.

오영민. (2016). 「우리나라 성과주의 예산제도의 재정성과정보 활용에 대한 실증연구: 재정성과목표관리제도 성과정보 활용의 효과성 분석을 중심으로」. 『한국정책학회보』, 25(1): 551-577.

원종학·금재덕. (2012). 『성과정보 신뢰성 제고를 위한 통제시스템 구축방안』. 한국조세연구원 보고서.

유재원·김영미. (2006). 「성과관리를 통한 지방정부의 책임성 확립: 영국 Best Value의 교훈」. 『지방행정연구』, 20(1): 21-44.

윤수재·임동진. (2009). 『중앙행정기관 성과관리시스템의 실태분석 및 개선방안 연구』. 한국행정연구원 보고서.

윤수재·임동진. (2016). 『효율적인 통합평가제도 구축을 위한 실태분석 및 개선방안』. 한국행정연구원 보고서.

윤희숙·박현. (2005). 『재정사업평가체계의 발전과정과 현황: 해외사례를 중심으로』. 한국개발연구원 보고서.

이광희·윤수재. (2012). 「성과관리와 평가체계의 관계에 대한 비교 연구: 캐나다와 한국 사례를 중심으로」. 『행정논총』, 50(1): 37-65.

이석환·조주연. (2010). 「성과평가제도의 수용성에 영향을 미치는 요인에 대한 연구」.

『한국사회와 행정연구』, 20(4): 269-291.
이인섭·금재덕. (2007). 『성과관리 시행계획(성과계획) 수립 및 평가 방법』. 국회예산정책처 보고서.
이정철·이정욱. (2017). 「공공조직 구성원의 성과관리 수용성에 관한 연구: 중앙행정기관을 중심으로」. 『한국조직학회보』, 13(4): 33-69.
이환성·김용훈. (2013). 『성과관리계획 수립·운영실태 및 개선방안』. 한국행정연구원 보고서.
임동진·윤수재. (2010). 「중앙행정기관 성과관리제도의 운영실태 및 만족요인 분석」. 『정책분석평가학회보』, 20: 83-114.
장지인·지성권·송신근. (2007). 『정부기관 성과관리시스템 운영실태 및 성과 연구』. 한국관리회계학회 용역보고서.
정무경. (2011). 「우리나라 행정부와 국회의 성과정보 활용에 관한 실증분석: 재정사업자율평가 결과를 중심으로」. 『한국행정연구』, 20(4): 1-29.
조문석·이정욱. (2016). 「공공부문 통합적 성과관리에 관한 연구: 중앙행정기관을 중심으로」. 『현대사회와 행정』, 26(1): 77-103.
조선일. (2016). 「성과관리 관리체계 효율성 분석: 재정사업 성과관리제도를 중심으로」. 『한국인사행정학회보』, 15(3), 67-90.
조희제. (2011). 「성과정보의 활용에 미치는 영향요인 연구: 성과와 예산의 연계성 분석을 중심으로」. 서울시립대학교 행정학과 석사학위논문.
최성은·임완섭·김지선. (2007). 『사회재정지출 성과관리 및 효과분석 방안』. 한국보건사회연구원 보고서.
최형준·이정욱. (2016). 「공공조직 성과정보 활용에 영향을 미치는 요인에 관한 연구」. 『정부학연구』. 22(1): 52-81.
하미승. (2007). 「행정조직 BSC의 효과성 결정요인에 관한 연구: 한국정부의 중앙부처를 대상으로」. 『한국행정연구』. 16(3): 31-68.
황혜신. (2016). 「통합재정사업평가제도의 도입과 성과관리에서의 자율성 확대」. 『KIPA Issue Paper』, 통권 39호(2016. 6.).
Behn, R. D. (2014). *The Performance Stat Potential: A Leadership Strategy for Producing Results*. Washington, D.C.: Brookings Institution Press.
Jones, L. R., & Euske, K. J. (1991). Strategic misrepresentation in budgeting. *Journal of public administration research and theory: J-PART*, 1(4): 437-460.
Moyhnihan, D. P. (2008). *The Dynamics of Performance Management: Constructing Information and Reform*. Washington, D.C.: Georgetown University Press.
Van Dooren, W., Bouckaert, G., & Halligan, J. (2010). *Performance Management*

in the Public Sector. Oxon: Routledge.

Wholey, J. S., & Hatry, H. P. (1992). The case for performance monitoring. *Public Administration Review*, 52(6): 604-610.

Wholey, J. S. (1999). Performance-based management: Responding to the challenges. *Public Productivity & Management Review*: 288-307.

제8장 한국복지국가의 진단과 개혁과제

김미숙·김상욱·강신욱·정영호·김안나·조명래·이주연·하태정. (2012). 『사회통합 중장기 전략개발 연구』. 사회통합위원회/한국보건사회연구원 정책보고서.

김연명. (2002). 『한국복지국가 성격논쟁 I』. 서울: 인간과 복지.

김연명. (2013). 「한국 복지국가의 성격과 전망: 남부유럽복지체제와의 비교를 중심으로」. 『한국사회복지조사연구』, 36: 27-59.

김주영. (2010). 「이슈분석: 여성의 경력단절과 노동시장 재진입」. 『노동리뷰』, 2010(8): 36-50.

변영우. (2012). 「새로운 사회적 위험에 따른 사회지출 구조변화가 소득분배와 경제성장에 미치는 영향」. 연세대학교 박사학위논문.

보건복지부. (2014). 「향후 5년간 사회보장에 관한 마스터플랜: 제1차 사회보장 기본계획('14~'18) 수립」. 보건복지부 보도자료.

성명재. (2011). 「조세 재정지출 분포의 현황과 국제비교」. 『재정포럼』, 183: 36-51.

양재진. (2012a). 「저소득 노인의 소득보장 강화를 위한 노후소득보장제도의 재구조화와 재정동원 전략」. 『정책연구』, 174: 29-58.

_____ (2012b). 「한국복지국가의 발전 전략: 복지제도 개혁과 정치사회적 기반 형성 과제를 중심으로」. 『시민사회와 NGO』, 10(2): 3-40.

_____ (2014). 「제도주의적 권력자원론과 한국의 노동, 자본, 정치가의 복지정책 선호에 관한 실증연구」. 『한국정치학회보』, 48(2): 79-102.

양재진·민효상. (2013). 「한국 복지국가의 저부담 조세체제의 기원과 복지 증세에 관한 연구」. 『동향과 전망』, 88: 48-96.

원종욱. (2102). 「2011 한국보건사회연구원 사회보장재정 장기추계」. 사회보장재정추계 및 통계발전을 위한 정책토론회 발표문.

이명진, 양재진. (2013). 「복지국가와 국가경쟁력: 사회투자지출을 통한 복지-경제의 선순환 구조 가능성 검증」. 『한국정책학회보』, 22(1): 83-107.

이상호. (2012). 「노동 존중 복지국가?: 복지국가의 주체 형성과 노동조합의 사회 연대 전략」. 조흥식 편. 『대한민국, 복지국가의 길을 묻다』(pp. 387-413). 서울: 이매진.

정무권. (2009). 『한국복지국가 성격논쟁 II』. 서울: 인간과 복지.

조준모·이규용·이상돈·박성재. (2009). 『국가경쟁력 강화를 위한 외국 인력 유치정책 방향』. 법무부 용역보고서.

최성은.양재진. (2014). 「OECD 국가의 여성 일-가정양립에 대한 성과: 자유주의 경로의 검증」. 『한국정책학회보』, 23(3): 273-301.

홍주환. (1995). 「정부의 공공부문 임금가이드라인 정책에 대한 비판적 검토」. 『노동사회연구』, 4: 49-56.

Esping-Andersen, G. (1990). *The Three Worlds of Welfare Capitalism*. Cambridge: Polity Press.

__________________ (1999). *Social Foundations of Postindustrial Economies*. New York: Oxford University Press.

__________________ (2000). The Sustainability of Welfare States into the Twenty-First Century. *International Journal of Health Services*, 30(1): 1-12.

__________________ (2002). *Why We Need a New Welfare State*. New York: Oxford University Press.

Golden, M., & Pontusson., J. (1992). *Bargaining for Change: Union Politics in North America and Europe*. Ithaca: Cornell University Press.

Hausermann, S., & Schwander, H. (2012). Varieties of Dualization?: Labor Market Segmentation and Insider-Outsider Divides Across Regimes In P. Emmenegger, Hausermann, S., Palier, B., & Seeleib-Kaiser, M.(Eds.), *The Age of Dualization: the Changing Face of Inequality in Deindustrializing Societies*(pp. 21-51). New York: Oxford University Press.

Iversen, T., & Wren. A. (1998). Equality, Employment, and Budgetary Restraint: The Trilemma of the Service Economy. *World Politics*, 50(4): 507-546.

Katzenstein, P. J. (1985). *Small States in World Markets: Industrial Policy in Europe*. Ithaca: Cornell University Press.

Kuhnle, S.(2004). Productive Welfare in Korea: Moving Towards a European State Type? In Mishra, R., Kuhnle, S., & Gilbert, N.(Eds.), *Modernizing the Korean Welfare State: Towards the Productive Welfare Model*(pp. 47-64). New Brunswick: Transaction.

Freudenberg, M. (2003). *Composite Indicators of Country Performance: A Critical Assessment*. OECD STI Working Paper.

Mishra, R. (1984). *The Welfare State in Crisis*. Brighton, UK: Wheatsheaf Books.

OECD. (2013). *Strengthening Social Cohesion in Korea*. Paris: OECD.

Morel, N., Palier, B., & Palme, J. (2012). *Towards a social investment welfare state?*. Bristol: The Polity Press.

Rothstein, B., Samanni, M., & Teorell, J. (2012). Explaining the welfare state: power resources vs. the Quality of Government. *European Political Science Review*, 41(1): 1-28.

Schustereder, I. (2010). *Welfare State Change in Leading OECD Countries: The Influence of Post-Industrial and Global Economic Developments*. Ute Wrasmann: Gabler Verlag.

Yang, J. J. (2013). Parochial Welfare Politics and the Small Welfare State in South Korea. *Comparative Politics*, 45(4): 457-475.

제9장 미래정부의 정부간재정관계

곽채기. (2005). 「주민참여예산제도의 기본모형과 운영시스템 설계 방안」. 『한국지방재정논집』, 10(1): 247-276.

______ (2016). 『시·군 조정교부금제도 개선 방안 연구』. 한국지방재정학회.

국회예산정책처. (2017). 『대한민국 재정 2017』.

김재일·김종호·김태일·이인원·장덕희. (2011). 『중앙-지방의 사회복지 재정 분담제도 개선방안 연구』. 단국대학교 산학협력단.

김현아. (2008). 「정부간 재정관계의 재정립: OECD 주요국가의 보조금 운용사례를 중심으로」. 『재정학연구』, 1(1): 187-210.

나중식. (2005). 「주민참여예산제도의 운영모형에 관한 비교연구: 브라질·미국·한국을 중심으로」. 『지방정부연구』, 9(2): 133-158.

문광민·윤성일. (2015). 「지방세 비과세· 감면의 경제적 효과」. 『지방정부연구』, 19(1): 257-277.

손수정. (2016). 「제4차 산업혁명, 지식재산 정책의 변화」. 『STEPI Insight』, 196: 1-27.

엄태호·윤성일. (2013). 「지방정부 주민참여예산제도의 제도화 수준에 미친 영향요인에 관한 연구」. 『국가정책연구』, 27(4): 39-64.

____________ (2014). 「지방세지출예산제도 도입이 지방세 비과세·감면에 미친 영향에 대한 평가」. 『정책분석평가학회보』, 24(3): 163-187.

오건호. (2014). 「복지재원 증세 방안 검토」. 비판과 대안을 위한 사회복지학회 학술대회 발표논문집.

유태현·곽채기·국중호·김재훈·원구환·이재원·임상수. (2017). 「중앙지방재정 관계의 발전방향」. 한국지방재정학회.

윤성일·성시경·임동완. (2014). 「주민참여예산제도의 분화」. 『사회과학연구』, 25(3): 385-410.

이승종. (2005). 『지방자치론–정치와 정책』. 서울: 박영사.

임성일. (2005). 「재정분권의 진행 상태에 관한 분석과 향후 과제–보조금제도 주도형 재정분권으로부터의 전환」. 한국재정학회 추계학술대회 발표논문.

______ (2013). 「우리나라의 중앙·지방정부간 재정관계 재정립」. 『저스티스』, 134(3): 394-427.

전상경. (2011). 『현대 지방재정론』. 서울: 박영사.

하능식. (2016). 「재정분권 수준의 평가와 정책적 시사점」. 한국지방세연구원.

한국지역언론인클럽·한국지방재정학회·한국지방세학회. (2017). 「지역언론인 클럽 초청 재정분권 공약 토론회: 제19대 대통령선거 지방재정 분야 정책제안」.

행정자치부. (2017). 『2017년 지방교부세 산정 해설』.

황소하. (2016). 「지방재정조정제도의 형평화 효과와 재정력 역전: 경기도 조정교부금 제도를 중심으로」. 『한국지방재정논집』, 21(3): 93-125.

『경향신문』. 「사회복지세 신설 땐 연 20조 더 걷혀 증세·복지재원 동시 해결」. 2013. 8. 11.

Lausen, M. (2008). *Design for democracy: Ballot and election design*. Chicago: University of Chicago Press.

Oates, W. E. (1972). *Fiscal Federalism*. New York: Har-court Brace Jovanovich.

__________ (1985). Searching for Leviathan: An Empirical Study. *American Economic Review*, 75(4): 748-757.

OECD & KIPF. (2016). *Fiscal Federalism 2016: MAKING DECENTRALISATION WORK*.

Wright, D. S. (1988). *Understanding Intergovernmental Relations*. (3rd ed.). Belmont, CA: Wadsworth.

제10장 국제관계와 한국행정의 과거, 현재 및 미래

구민교. (2012). 「동남아시아 국가들이 바라보는 자본주의의 미래: 신자유주의적 사회화와 아시아적 가치의 확장 사이에서」. 『국제지역연구』, 21(3): 93-127.

구현우. (2010). 「발전국가의 산업화정책 변동에 관한 제도론적 분석–역사적 제도주의를 중심으로」. 부산대학교 대학원 행정학과 박사학위논문.
김근배. (1989). 「한국과학기술연구소(KIST) 설립과정에 관한 연구: 미국의 원조와 그 영향을 중심으로」. 서울대학교 대학원 석사학위논문.
류상영. (1996). 「박정희 정권의 산업화전략 선택과 국제 정치경제적 맥락」. 『한국정치학회보』, 30(1): 151-179.
류상영. (2001). 「포항제철 성장의 정치경제학: 정부-기업관계, 연속논쟁, 지대추구」. 『한국정치학회보』, 35(2): 67-87.
박태균. (2005). 「1965년 한일국교 정상화 이후 한반도와 일본: 한일회담 시기 청구권 문제의 기원과 미국의 역할」. 『한국사연구』, 131: 35-59.
오오타 오사무. (2000). 「韓日 請求權交涉 硏究」. 고려대학교 대학원 사학과 박사학위논문.
이현진. (2008). 「한일회담과 청구권 문제의 해결방식: 경제협력방식으로의 전환과정과 미국의 역할을 중심으로」. 『동북아역사논총』, 22: 73-97.
이현진. (2010). 「국교정상화 이후 한일경제협력 논의의 전개과정」. 『사림』, 35: 281-309.
장성호. (2002). 「미국이 한국의 정치변동에 미친 영향 분석」. 『한국동북아논총』, 24: 145-160.
장준갑. (2007). 「케네디 행정부의 대한 정책(1961-1963)」. 『미국사연구』, 25: 133-157.
정일준. (2007). 「한국 민주주의와 미국-박정희 정권시기 한국 정치변동에 대한 미국의 공개 개입과 불개입을 통한 개입을 중심으로」. 『기억과 전망』, 17: 202-238.
조수종. (1996). 「대일청구권자금이 초기한국경제의 발전에 미친 영향: 자금의 성격과 직접적인 효과를 중심으로」. 『한국동서경제연구』, 7: 61-89.
조윤제. (2011). 『對外與件과 韓國의 經濟發展: 1950-70年代 外資의 역할을 中心으로』. 한국은행 조사부: 한국은행 금융경제연구소.
한공택. (1997). 「전후 한국의 세계자본주의체제 편입과 미국의 대한 원조」. 『부산정치학회보』, 8(1): 209-229.
홍석률. (2005). 「1960년대 한미관계와 박정희 군사정권」. 『역사와 현실』, 56: 269-302.

Koo, M. G. (2011). The U.S. Approaches to the Trade-Security Nexus in East Asia: From Securitization to Re-securitization. *Asian Perspective*, 35(1): 37-57.

강우철. (2012). 「일본공적개발원조 정책의 변화: ODA정책문서의 원조이념에 대한 이해관계자의 정책제언을 중심으로」. 『국제개발협력연구』. 4(2): 119-156.

국제개발협력위원회. (2015). 『제2차 국제개발협력 기본계획』.

국회예산정책처. (2010). 『공적개발원조(ODA) 사업 평가』.

권율 · 이주영 · 유애라. (2014). 『2013년 ODA에 대한 국민인식 조사』. 대외경제정책연구원.

기획재정부. (2013). 「ODA 예산확대를 위해 국민적 공감대 형성이 중요」. 기획재정부 보도자료.

김은미 · 김지현. (2009). 『한국 원조체계의 분절(fragmentation)이 원조효과성에 미치는 영향 및 개선방안』. 한국국제협력단.

박건우 · 김은미 · 지명근 · 정헌주. (2017). 「정부부처별 공적개발원조의 특성에 관한 탐색적 분석: 2008년부터 2012년까지 한국 사례를 중심으로」. 『행정논총』, 55(1): 175-199.

박복영 · 김형종 · 박진수 · 엄주석. (2014). 『2014년 ODA에 대한 국민인식 조사』. 국무조정실 연구용역보고서.

박수영 · 박예린. (2014). 『국제개발협력에서 원조투명성 의의 분석: IATI와 원조투명성지수를 중심으로』. 한국국제협력단.

엄영호 · 황정윤 · 정헌주. (2014). 「한국 ODA의 구속성 여부에 관한 경험적 분석」. 『행정논총』, 52(1): 123-144.

오기출. (2014). 「한국 공적개발원조(ODA) 현황과 문제점 및 대안」. 『계간 민주(민주화운동기념사업회)』, 10호.

윤수재 · 강정석 · 홍재환 · 서용석 · 박상철 · 박용균. (2013). 『조달 우수 중소기업의 ODA사업 참여방안』. 한국행정연구원 수시과제보고서.

장혜영. (2014). 「공적개발원조 정책과 국회: 국회의원의 행정부 감시 책무성을 중심으로」. 『한국정당학회보』, 13(2): 255-285.

전용일 · 김통원 · 임병인 · 문선웅. (2011). 『국내 주요 기관 공적개발원조(ODA) 체제 평가 연구』. 국무총리실 연구보고서.

정헌주. (2014). 「공적개발원조를 둘러싼 갈등과 사회적 합의 구축 방안」. 국민대통합위원회. 『국민대통합 정책연구협의회 이슈보고서 Vol. 4. 사회적 합의와 타협』.

______ (2015). 「글로벌 사회에서의 위험」. 하연섭 편. 『위험사회와 국가정책』 (pp. 107-127). 서울: 박영사.

조현주 · 박건우 · 정헌주. (2015). 「한국 지방정부의 공적개발원조(ODA) 결정요인

에 관한 실증 분석: 지방의 국제화 수준을 중심으로」. 『지방행정연구』, 29(1): 261-289.
참여연대. (2012). 『2012년 ODA정책의 문제점과 개선 방향에 관한 의견서』.
한국국제협력단. (2013). 『국제개발협력의 이해』. 서울: 한울아카데미.
한국수출입은행. (2015). 『2015 세계 ODA 통계자료집 숫자로 보는 ODA』.
홍재환·김태균·손혁상·황원규. (2012). 『ODA 정책사업의 평가체계 연구』. 한국행정연구원.
KoFID. (2013). 「원조투명성은 왜 중요한가?」. 『KoFID Issue Brief』.
KoFID. (2016). 「실망스런 "아시아국가 최초"의 한국ODA 정보공개」. KoFID 논평.

Cruz, M., Foster, J., Quillin, B., & Schellekens, P. (2015). *Ending Extreme Poverty and Sharing Prosperity: Progress and Policies*, Policy Research Note. World Bank Group.
Hashmi, N., Birdsall, N., & Kharas, H. (2014). *The Quality of Official Development Assistance*. Center for Global Development.
Jepma, C. (1991). *The tying of aid: Development Centre Studies of OECD*. Paris: OECD.
Minister of Justice of Canada. (2014). *Official Development Assistance Accountability Act*.
OECD. (2010). *Development Assistance Committee Peer Review of Japan*.
______ (2012). *Development Assistance Committee Peer Review of Korea*.
______ (2014). *OECD Development Cooperation Peer Reviews: Japan*.

국가법령정보센터(www.law.go.kr)
대한민국 외교부(www.mofa.go.kr/)
영국 Development Tracker(http://devtracker.dfid.gov.uk)
일본 원조 홍보 홈페이지 ODA가 보이시나요?(http://www.jica.go.jp/oda/)
참여연대(www.peoplepower21.org/)
EDCF(www.edcfkorea.go.kr/)
KOICA(www.koica.go.kr/)
ODA KOREA(www.odakorea.go.kr/)
ODA Watch(www.odawatch.net/)
OECD(www.oecd.org/)

제12장 성공적인 미래 정부

문명재. 「소프트 공적개발원조(ODA) 사업」. 『서울신문』. 2011. 7. 25., 30면.
문명재. 「전자정부 일등을 지키는 게 더 힘들다」. 『서울신문』. 2011. 5. 14., 26면.
문명재. 「추락하는 정책은 날개가 있다」. 『서울신문』. 2011. 2. 7., 30면.

『문화일보』. 「공무원, 나이들수록 민간전문가보다 역량 떨어져」. 2016. 5. 19.

찾아보기

ㅈ

지은이 소개(차례순)

문명재 연세대학교 행정학과 교수

장용석 연세대학교 행정학과 교수

황정윤 연세대학교 행정학과 박사수료

홍순만 연세대학교 행정학과 교수

김택규 연세대학교 행정학과 석사과정

나태준 연세대학교 행정학과 교수

유나리 연세대학교 행정학과 박사수료

윤경준 한성대학교 행정학과 교수

조윤직 연세대학교 행정학과 교수

박성민 성균관대학교 행정학과 교수

조문석 한성대학교 행정학과 교수

이정철 연세대학교 행정학과 박사수료

이정욱 연세대학교 행정학과 교수

양재진 연세대학교 행정학과 교수

최영준 연세대학교 행정학과 교수

윤성일 연세대학교 SSK 전임연구원

구민교 서울대학교 행정대학원 교수

정헌주 연세대학교 행정학과 교수

김은미 연세대학교 행정학과 박사과정

김공록 연세대학교 SSK 전임연구원

미래 사회와 정부의 역할

초판 인쇄 2017년 6월 20일
초판 발행 2017년 6월 30일

지은이 문명재 외
펴낸이 김영훈
편집인 전영완
펴낸곳 도서출판 문우사
주소 경기도 고양시 일산동구 정발산로 24, T2-814호(장항동, 웨스턴돔타워)
전화 031) 901-6542, 070) 4200-6542 **팩스** 031) 906-6542
홈페이지 www.munu.co.kr **대표메일** moonwoosa@hanmail.net
출판신고번호 제396-2013-000113호

ISBN 979-11-85994-40-6 93350

값 25,000원